卫生健康职业教育校企合作创新教材

现代家政学导论

（供现代家政服务与管理专业用）

主　编　张怀磊

副主编　黄艳男　郑敏娟

编　者　（以姓氏笔画为序）

邱娜娟（江门市中家职业培训学校）

张怀磊（广东江门中医药职业学院）

郑敏娟（广东江门中医药职业学院）

徐书雨（广东江门中医药职业学院）

黄伟坚（广东江门中医药职业学院）

黄艳男（清远职业技术学院）

彭　颖（广东江门中医药职业学院）

戴月甜（广东江门中医药职业学院）

魏雅君（广东江门中医药职业学院）

中国健康传媒集团
中国医药科技出版社

内 容 提 要

　　本教材是"卫生健康职业教育校企合作创新教材"之一。本教材全面融合国内外现代家政产业的历史与发展现状，注重理论联系实际，以家政起源、现代家政学科形成、家庭与现代家庭需求、家政细分服务领域为主线，内容包括分家政与现代家政学、现代家庭、现代家庭需求、家庭生活管理、家庭成员照护、现代家庭饮食与膳食、家务劳动、茶艺花艺香艺、家庭教育、现代家庭保健共10个模块、37个项目，分层次、分重点、介绍现代家政的范畴和主要内容。本教材可以作为高职高专院校现代家政服务与管理专业教材，也可作为相关人士的参考用书。

图书在版编目（CIP）数据

现代家政学导论/张怀磊主编．—北京：中国医药科技出版社，2024.6
ISBN 978-7-5214-4499-5

Ⅰ.①现…　Ⅱ.①张…　Ⅲ.①家政学–高等职业教育–教材　Ⅳ.①TS976

中国国家版本馆CIP数据核字（2024）第042723号

美术编辑　陈君杞

版式设计　南博文化

出版　**中国健康传媒集团** | 中国医药科技出版社
地址　北京市海淀区文慧园北路甲22号
邮编　100082
电话　发行：010-62227427　邮购：010-62236938
网址　www.cmstp.com
规格　787×1092mm $\frac{1}{16}$
印张　$16\frac{3}{4}$
字数　345千字
版次　2024年6月第1版
印次　2024年6月第1次印刷
印刷　北京京华铭诚工贸有限公司
经销　全国各地新华书店
书号　ISBN 978-7-5214-4499-5
定价　**69.00元**

获取新书信息、投稿、为图书纠错，请扫码联系我们。

数字化教材编委会

主　编　张怀磊

副主编　黄艳男　郑敏娟

编　者（以姓氏笔画为序）

邱娜娟（江门市中家职业培训学校）

张怀磊（广东江门中医药职业学院）

郑敏娟（广东江门中医药职业学院）

徐书雨（广东江门中医药职业学院）

黄伟坚（广东江门中医药职业学院）

黄艳男（清远职业技术学院）

彭　颖（广东江门中医药职业学院）

戴月甜（广东江门中医药职业学院）

魏雅君（广东江门中医药职业学院）

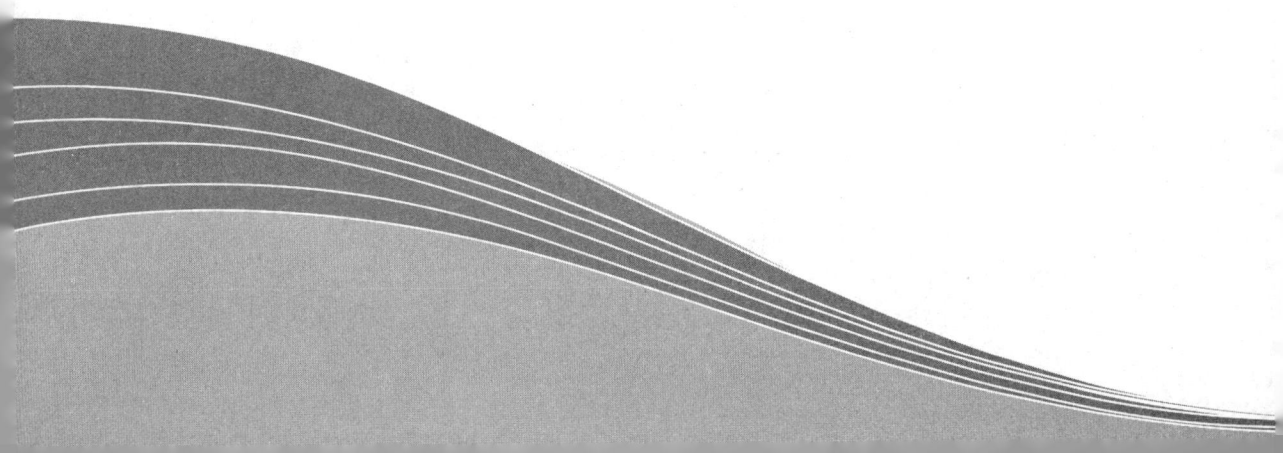

前言

近年来，随着家庭消费能力提升，家政服务业市场需求日益旺盛，市场需求加速释放，行业细分日益深化，行业规模达到万亿级，已经成为稳增长、促就业的新兴业态。产业的快速发展倒逼教学、教材的持续优化。

现代家政学导论是高职院校现代家政服务与管理专业的重要基础课程，是高职院校现代家政服务与管理专业必修课和核心主干课程。目前现代家政学导论教材的研究开发工作尚属空白，市场需求较为迫切。本教材的编写团队根据高职院校人才培养目标和高职高专学生的学习特点，依据理论必须、够用为度、重在技能的原则，以激发学生学习兴趣、夯实专业基础、提升综合素质为宗旨，项目引领任务，融"教、学、做"为一体，编写这本具有鲜明高职教育特色的实用教材。

本次编写由张怀磊任主编，黄艳男、郑敏娟任副主编。具体编写任务如下。张怀磊（模块一），魏雅君（模块二），张怀磊（模块三），戴月甜（模块四），郑敏娟、彭颖（模块五），徐书雨（模块六），黄艳男（模块七），徐书雨（模块八），戴月甜（模块九），黄伟坚、邱娜娟（模块十）。

在编写过程中，采纳了部分高职院校师生、企业人员的意见，参考借鉴了专家学者的专著、教材和论文等，在此对他们表示诚挚的谢意。

由于编者水平有限，本教材难免存在不足之处，敬请读者批评指正。

编　者

2023 年 5 月

目录

模块一 家政与现代家政学

模块二 现代家庭

模块三 现代家庭需求

模块四　家庭生活管理

模块五　家庭成员照护

模块六　现代家庭饮食与膳食

模块七　家务劳动

模块八　茶艺、花艺、香艺

模块九　家庭教育

模块十　现代家庭保健

模块一　家政与现代家政学

学习目标

通过本章内容的学习，学生能够：

1.知识目标

（1）理解家政产生的历史背景与发展脉络。

（2）掌握家政学的理论基础、发展状况。

（3）理解现代家政产业的最新发展机遇。

2.技能目标

（1）能够掌握家政学的发展脉络与理论基础。

（2）能够认识到我国现代家政服务产业发展前景。

（3）能够理性地看待现代家政服务与管理专业及产业发展机遇。

岗位情景描述

案例描述　浆洗过的雪白衬衫、黑色或白色的背心、黑色的领结、黑色的燕尾服、笔挺的黑色长裤和锃亮的黑色皮鞋，还要加上一丝不乱的头发和永远笔挺的身板，这就是人们眼中英式管家的标准装束。这样的管家形象已经深入人心。英式管家大概在中世纪时期出现，只有王室或世袭的贵族和有爵位的名门才有资格正式雇佣，因此，他们也成为了贵族身份的象征。电影《霍华德庄园》中安东尼·霍普金斯饰演的老管家亨利就是英式管家最好的代表：严谨，忠实且服务周到。他管理着一支包括家庭教师、厨师、保镖、花匠、裁缝、保姆、仆人的家庭服务队伍；不仅要安排整个家庭的日常事务，更是主人的私人秘书和亲信；作为管理佣人的CEO，他经过专业训练或世袭传承，有极高的自身素质和丰富的生活知识。

讨论　1.家政是否是一个所有人都能胜任的职业？

2.家政的专业性体现在哪些方面？

项目一　家政与家政学

一、家政的概念

近年来现代家政服务产业快速发展，市场需求日益旺盛、行业细分日益深化、与新技术新模式的结合日益紧密，越来越多的创新服务、创新技术、创新模式涌现，带动家政专业作为一门学科快速发展。家政学作为一门既古老又年轻的学科，与人们家庭生活联系最紧密的应用型学科之一，同时也是最代表人们对美好生活憧憬的学科之一。根植于现代家庭对美好生活的旺盛需求，传统意义上的"小家政"正在新时代背景下显现出勃勃生机，并创造出大量市场机遇。

（一）家政在西方的起源

家政这一概念，在不同的国家、不同的历史时期均有发展，虽在不同国家、不同时期对家政的含义、理解不尽相同，但主旨并不偏离家庭事务管理的范畴。一般都认为家政就是对家庭中对各个家庭成员的各项事务进行管理。有学者认为，"家政"一词起源于古代希腊的奥依科诺米卡（oikonomika）一词，据说奥依科诺米卡的词源是希腊语中的oikos和nomos两个词，oikos是家庭，而nomos则是法、规则的意思，即探求"家的法则及规则和秩序"的学问，因此将其理解为"家政"。公元前300多年，古希腊思想家色诺芬撰写出世界上第一部家庭经济学著作《家政论》，研究古希腊的私人生活领域，被视为古希腊家庭史研究领域的核心史料之一。古希腊哲学家亚里士多德认为实践学科有大三部分，即：伦理学、家政学与政治学。伦理学研究个人的善，家政学研究家庭的善，政治学研究城邦的善，其共同的目的是实现个人生活、家庭生活和城邦生活的完美融合。

（二）家政在我国的历史源头

在我国灿烂的历史文化传统中，历来重视家庭的作用，家政的身影不时显现。我国古代的思想家、政治家十分重视家庭教育和家庭管理。《礼记·大学》明确提出"古之欲明明德于天下者，先治其国；欲治其国者，先齐其家；欲齐其家者，先修其身；欲修其身者，先正其心；欲正其心者，先诚其意；欲诚其意者，先致其知，致知在格物。物格而后知至，知至而后意诚，意诚而后心正，心正而后身修，身修而后家齐，家齐而后国治，国治而后天下平。"这就是我们耳熟能详的"齐家·治国·平天下"的理论。东汉《释名·释亲属》解释伯父时说，"父之兄曰世父，言为嫡统继世也。又曰伯父，伯，把也，把持家政也"。南北朝颜之推的《颜氏家训》、宋朝司马光的《家范》、明朝姚儒的《教家要略》等著作中均有教子、治家、杂艺、涉务等家政相关内容，并且涉猎相当广泛。概括来说，"修身齐家""家国一体"等思想理念，集中体现了我国本土家庭管理、家庭教育的核心思想和价值理念，是我国本土家政的历史源头。

（三）家政的概念

家政的英文名称是home economics，其意义重在治理家庭生活。home即家，意指遮蔽风雨、养育子女的场所，是培养个人自我品质及造就他人获得适应世界能力的场所；economics即经济，意指在经济的基础上来理家，对家的时间、精力和金钱等做有效的管理。家政这一名称，并非是对home economics的直译，它源自中国传统文化中治家的理念，治家的目的是为了获得和谐、稳定的生活，这与home economics的宗旨在根本上是契合的，其具体包含以下含义。

1.家政是指家庭事务的管理。"家"是指家庭、家族，"政"是指行政与管理。

2.家政是指家庭生活办事的规则或者行为准则，包含家训、家风、族规等相关行为准则。

3.家政指家庭生活中实用知识与技能、技巧。

综上，家政是家庭中对有关各个家庭成员的各项事务进行科学认识、科学管理与实际操作，以利于家庭生活的安宁、舒适，确保家庭关系和谐、亲密以及家庭成员的全面发展。

二、中西方历史中家政的实践

家政服务的实践，可谓历史久远，东西方均有不同的探索与尝试，小至家庭大到宫廷，都有家政服务的痕迹。现在享誉世界的英式管家已成为家政服务中的经典案例。英国宫廷讲究礼仪、细节，将管家的职业理念和职责范围按照宫廷礼仪进行了严格的规范，英语中的管家"butler"一词最早源自法语的"bouteiller"即贵族或宫廷宴会上的司酒官，经过持续的发展与严格的规范，逐渐形成英式管家这一全新的职业，私人管家也由此产生，成为全球家政服务的经典案例。甚至时至今日，英国还设有宫务大臣这一职务，负责王室成员的一日三餐、衣饰管理、待客出行、庆典游乐、王室财务运转、人力资源等家务服务。

我国的家政服务在历朝历代均有不同程度的发展，最早可以追溯到封建社会建立之初，由于封建大家族私有财产的累积，大家族会雇佣他人担任专业管家人员，管理的事务囊括衣食住行等各个方面，分工明细，责任明晰，并由此出现了专业家政人员。比较典型的代表是我们称之为"管家"的这一群体。管家是旧社会里称呼为地主、官僚等管理家产和日常事务的地位较高的仆人。管家最大的作用是规划和监督府上的人事，享有独立的权利与职责。

在明清时期，家政服务的表现形式与雏形愈来愈明朗化，其管理人员分工明细，责任明晰，例如，管家专门负责家中大小事务，厨子专门负责饮食，丫鬟负责内宅相关事物，以及账房、门房、家丁、奶妈、书童、粗使丫头、老妈子等各色相关人员。四大名著之一的《红楼梦》就将官宦家庭中细致的分工与服务展现得淋漓尽致，荣国府的总管房赖大负责荣国府的全面工作，二管家林之孝主要负责财政，周瑞负责收租，吴新登负责银库房，并且贾府的丫鬟众多，每个主人公身边都有一个最得力的贴身大丫鬟。

另一个比较典型的例子是，很多描述乾隆年间清宫剧的影视作品中，凡是大贪官和珅出现的场景，他的大管家刘全也往往都会出镜。刘全作为和珅的大管家，关于他的记载不多，但在和珅的官场生涯中却是不可缺少的人物。和府对外的经营、接待、收取礼品等均由刘全负责，不仅管理着和珅整个家族的日常各项事物，代理和掌管和家所经营的店铺，甚至实际掌管了崇文门税关的税收。在和珅倒台时，刘全与和珅同时入狱，并被嘉庆帝宣布为和珅二十大罪的首犯。和珅自尽后，刘全被流放黑龙江。可以说作为管家刘全见证了和珅的一生，见证了和珅全部的官场生涯。

三、家政学

家政和家政管理有着比较悠久的历史和传统，虽然一般人对于家政学尚不算熟悉，但在工业革命之后，由于现代服务业的蓬勃发展，家政学作为一门学科正逐渐发展、完善，并重新登上历史舞台。

（一）家政学的创立

将家政作为一门科学来研究，始于美国。19世纪初叶，资本主义国家随着工业化、都市化的加速发展，家庭在其功能、结构等方面以及人们对家庭的认识方面，都发生了前所未有的变化，从而引起了所谓"家庭危机"，这样就导致了有关学者和有识之士重新来审视、探讨家庭管理、家庭消费等一系列和"治家"有关的问题，于是，家政学就应运而生。一般认为1841年，美国学者卡特琳·比彻尔撰写的《家庭经济论》（家事簿记）是家政学科创立的一个重要事件。

（二）家政学的内涵

对于家政学的内涵，学术界一直处在争论之中。针对不同的国家或地区，有不同的理解。

1.美国家政学学会　1912年，美国家政学学会提出：家政学是一门专门的学问，包括经济、卫生、衣食住行等方面，是管理家庭所必需的学问。1924年，美国家政学学会对这一概念进行了更新，认为家政学是研究一切有关家庭生活安逸与效率的因素，运用自然科学、社会科学及艺术知识解决理家问题及一切相关问题的综合学科。二战后美国家政学学会又进行了定义修订，认为家政学是一门以提高人类生活素质及物质文明、提高国民道德水准、推动社会进步、弘扬民族精神为目的，从精神与物质两个方面进行研究，以实现家庭成员在生活上、心理上、伦理道德上及社会公德上得以整体提升的综合科学。

2.日本家政概论研究委员会　1970年，日本家政概论研究委员会的文件提出：家政学是以家庭生活为中心，进而延伸到与之密切相关的社会现象，并包括人与环境的相互作用，从人与物两个方面加以研究，提高家庭生活水平的同时开发人的潜力，为增进人类幸福而进行实证及实践的科学。

3.国际家政学会　1972年国际家政学会《关于家政学定义的宣言》提出：家政学是为最恰当地满足家庭成员的身体方面、社会经济方面、美的方面、文化方面、情感方面、知识方面的欲求，探讨家政生活的结构及其与地域社会间关系结构的学科。

4.《新时代百科全书》　1980年，美国《新时代百科全书》对家政学的理解是，这一知识所关注的，主要是通过种种努力来改善家庭生活：一是对个人进行家庭生活教育；二是对家庭所需的物品和服务的改进；三是研究个人生活、家庭生活中不断变化的需要和满足这些需要的方法；四是促进社会、国家、国际状况的发展以利于改进家庭生活。

5.《家政学概论》　1986年，王乃家在《家政学概论》中认为：家政学是在了解家庭的起源、性质、结构、功能、关系的基础上，用科学的态度和方法着重研究现代家庭生活各方面的经营和管理，指导家庭生活科学化的一门学问。

6.《社会学学科大词典》　1996年，高放等主编的《社会学学科大词典》对家政学的解释是：家政学是以家庭生活为研究对象的一门学科。它研究和探索家庭生活规律，是以提高和改善家庭的物质生活、文化生活、伦理情感、社会交往、生活质量为目的的学问。

7.教育部《普通高等学校本科专业目录》　2012年9月，教育部颁布实施的普通高等学校本科专业目录的新旧专业对照表中，将家政学专业作为特设专业列入本科目录，学科归属于社会学。普通高等学校本科专业目录（2022年版）仍保持此设置。

综合上述观点，我们认为家政学主要是以现代人类的家庭生活作为主要研究的对象，运用自然科学、社会科学和人文科学等的研究方法，改善家庭生活方式、强化成员素质、指导人们提高家庭物质生活、文化生活及伦理情感生活质量的综合性应用学科，归属于社会学范畴。其应用范围涉及家庭生活的方方面面，包括家庭中的物质生活活动、精神生活活动和管理组织活动，物质生活如食物烹饪、居室家具、健康照护等；精神生活如家庭教育、人际关系、家庭文化活动等；管理组织活动包括家庭成员的角色关系、权力结构、管理风格、管理家庭生活的原则、家人关系的协调等内容。

项目二　家政学的发展脉络

目前，在我国家政学的学科知识尚未普及，人们对家政学的认识普遍滞后，一般认为"家政"即"家务"，对家政学这一学科的认知也存在诸多误区。家政学很多时候被刻板地认为是培养保姆和钟点工的专业，家政学的真正内涵和价值还没有得到社会公众的理解与认同。然而事实上，现代家政学学科领域的发展和创新是与时俱进、极富生命力的。无论是其微观的还是宏观的专业学科领域都已发生了巨大变化，对此我们有必要重新认识。

一、家政学的起源

自人类社会产生以来，家政及家政思想就与人类家庭生活相生相伴、密切相关。自古以来，东西方都有其独特的家政哲学思想。但毋庸置疑的是，将家政作为一门科学加以研究并运用于社会实践则是近代以来的事情。

现代家政学诞生于18世纪西方资本主义国家，是欧美工业革命时代，社会、经济、政治变革的产物，是社会现代化、城镇化的必然结果。近代以来人类社会经历了史无前例的社会变革。现代科技进步促进了社会生产力的发展。机械化、电气化及社会分工的细化全面带动了人类的生活方式、价值观的巨大变化。家用电器的普及以及家务劳动社会化、产业化把人们从繁重的家务劳动中解放出来，催生出度假产业、文化娱乐产业，家庭生活应当更为休闲，舒适的文化与氛围逐渐形成。

与此同时，成衣工业、食品工业、服务行业的兴起和发达，使家庭功能发生根本改变。人们通过家庭中衣食住行的日常生活和家人间物质的、精神的相互慰藉，得以休养生息、养精蓄锐，以健康的身心再投入到社会生产中。社会分工协作体系越来越清晰，个体通过自身的专业劳作获得维系生活的相关资源，以此维系周而复始的日常生活。与自给自足的农耕社会相比，在现代工业社会中，衣食住行已经成为左右国民经济的国民消费生活，成为社会经济的重要组成部分。而社会则通过家庭源源不断地获得丰富的、健康的劳动力，以推动社会经济的发展。从这个意义来说，家庭不仅是消费生活的据点，也是为社会提供劳动力的再生产基地。同时，家庭还是一个民族、一个国家赖以繁衍发展的人力资源的生产基地。

家庭是社会的基本组织单位。家庭生活质量的高低直接关系到社会劳动力资源质量的高低。国民家庭生活质量的保障是社会稳定的根本条件。在充满发展与动荡的西方工业革命时代，具有改良主义色彩的家政学从她诞生之初起就因其能解决劳资矛盾、消除社会贫困、保证社会稳定，能为社会培育、提供优质劳动力资源的有力措施而倍受重视。针对危害人类自身生活质量的各种社会问题，现代家政学研究逐渐认识到家庭生活问题就是社会问题，而国民生活大多是以"家庭"为基本单位展开的社会活动，并同时认识到将其作为社会政策课题加以研究的重要性和迫切性。

现代家政学创立始于美国由农业社会转向工业社会的社会转型时期，通过对传统的家庭生活方式进行现代化的改造，来达到提升人们家庭生活质量、完成人的现代化的目的。美国1880—1890年的10年间，最初于初中，继而在高中，以女性为教育对象，全面设置以裁缝、烹饪、育儿等家务技能、持家知识为主的"家庭科"这一课程。旨在从基础教育阶段开始提高国民的生存技能，培养国民当家理财、操持家务的能力，最终达到以最低的社会成本获得最大的社会效益这一终极目标。而真正意义上的家政学始于19世纪末20世纪初。国内外的专家学者一致认为，1899年纽约柏拉特塞特湖第一次家政学会议的召开，标志着家政学作为一门独立学科的诞生。艾伦·理查德通常被认为是家政学学科的创始人。1917年，家庭科便成为职业教育的组成部分，被纳入职业教育法。

二、家政学的发展轨迹

家政教育最早发端于19世纪60年代的美国，当时是以城市和农村地区的妇女为教学对象，主要目的是提高城乡妇女自身的修养，创造健康积极向上的家庭生活。

19世纪末20世纪初，美国艾伦·理查德希望通过建立家政学学科为女性在科学训练和职业发展上提供更多的机会，提高女性的社会地位。1841年，美国卡特琳·比彻尔编著了《家庭经济论》一书，书中就家庭生活中的实际问题进行了探讨和分析，阐述了家庭事务的管理方法。

1869年，美国爱荷华州立学院首先面向女性开设了厨房、面包房及餐厅的实习课程，3年后，该校设置了正式的家政课程。1873年，堪萨斯农学院成立了家政系。1874年，伊利诺依工业大学成立了家政文理学院，课程设置除涵盖自然科学、艺术、人文和社会科学等基础课程外，还包括了家政学相关的专业课程。到1890年，美国共有30多所大学建立了家政学系或开设了家政学课程。

1889年，日本瓜生寅编著了《通信教育女子家政学》，书的前半部分是"家事要法"，后半部分根据日本的实际情况进行了修订和增补，这本书是以日本的中上层家庭生活为基轴，试图构建系统化的家政理念和家政教育内容。其目的在于解决家庭生活的实际问题，提高家庭生活质量。

1899年，由纽约州校董会秘书梅尔维尔·杜威推动，在纽约柏拉赛特湖畔召开第一届柏拉赛特湖会议，此次会议以家事的各个层面作为讨论主题。与会人士同意以家政（home economics）作为这个领域的总称，并对家政做了解释。大意为"家（home）是庇护的住所，是养育儿童的所在，是培养个人自我牺牲品质以造就他人获得适应世界能力的场所。经济（economics）是指对家的时间、精力和金钱做经济有效的管理"。此次会议不仅开启了连续10次的柏拉赛特湖会议，更象征着以home economics命名的现代家政学正式成长为一个独立学科。

1915年，美国农业部成立家政科，1923年又扩大为家政局，负责农村家政教育的推广。全美几乎所有州和县农业推广机构都设有家政推广员。其主要职责之一就是选拔并培训地方带头人；这些志愿带头人在家政推广员的指导和帮助下，把农村妇女组织成家庭生活各个领域的兴趣小组。通过家庭示范和家务咨询等活动帮助农村妇女学习有关家务料理、饮食营养与健康、服装衣着、环境美化及子女教育等方面的知识，以改变农民家庭生活条件，提高其生活质量。

1924年，美国家政学会提出家政学应该包含儿童研究的内容，涵盖各阶段儿童的养护。

1928年，希德格拉德·尼兰在家政学研究杂志上发文，反对科学管理，也反对将家政学局限于家务管理，认为家政学"应该将注意力转到家庭管理中无形的方面"。提议家政学的研究内容不应该局限于家务管理。之后，美国家政学发展日趋多元化，将人文科学作为家政学研究内容的一部分。

20世纪70年代密歇根州立大学在《家政学未来委员会的报告》中提到"为了更好地理解人类和它周围环境的相互作用，我们必须整合各个领域的知识成为一个综合性的整体"。霍恩和尼科尔斯在1980年提出，家庭在变化的环境中遇到的复杂问题需要一种跨学科的视角。1970年，日本家政学的研究内容从"以家庭生活为中心"修改为"以家庭生活为中心的人类生活"。1984年，为了强化家政学综合学科的特性，研究内容修改为"以自然、社会、人文诸科学为基础进行研究"。

2001年，鲍尔等家政学家共同研究出一个家政学学科的知识体系，并于2009年重新进行修订。这个知识体系以人类基础需要为核心，将家政学学科视为开放的生态系统，并突出了个人、家庭与社区在这个系统中的关键性作用。引入生活过程发展理论，强调从人一生的跨度来思考人的福利问题。

2008年，美国家政学会发布了《家庭与消费者科学教育国家标准》，试图为家政教育提供一个更为清晰的教学标准。其中明确指出家政课程的目的是：一方面让个人和家庭在一生都处于安宁幸福的状态；另一方面促进人一生中最佳的营养和康乐。

家政学一直以来建立在自然科学、社会科学、人文科学基础上，围绕提高人类生活质量这一核心，随着产业分工日趋精细，家政学逐步演变为家庭和消费者科学，这一专业教授学生所有关于组建家庭的知识与要素，并延伸出儿童发展、家庭关系、消费经济学、个人理财、服饰设计、家庭成员照护、食品与营养学、住房管理、室内设计、服装与织物、人类发展等领域。

三、家政学在我国的发展

我国自清末就一直在努力向先进国家学习，以期望突破困境。到20世纪初期，很多学科都经由日本引入国内，家政学正是其中之一。我国最早开始投身于家政教育的人士也多有在日本学习的经历，因此在20世纪初，日本的家政教育理念在中国传播得很快。

1897年4月12日，梁启超在《时务报》上发表《变法通议论女学》一文，大声疾呼，"故治天下之大本二：曰正人心，广人才，而二者之本，必自蒙养始。蒙养之本，必自母教始。母教之本，必自妇学始。故妇学实天下存亡强弱之大原也"，将"强国保种"的政治诉求与发展女子教育直接联系在一起。

1903年，《癸卯学制》颁行，通过了由张百熙、荣庆、张之洞等人主持制订的《蒙养院及家庭教育法》，这是我国对家庭教育进行的最早的专门立法。

1906年，慈禧太后"面谕学部，振兴女学"。1907年，清政府颁布《奏定女子学堂章程》，规定"女子小学堂以养成女子之德操与必须之知识技能并留意使身体发育为宗旨"，同时颁布了《奏定女子师范学堂章程》，提出"以养成女子小学堂教习，并讲习保育幼儿方法，期于裨补家计，有益家庭教育为宗旨"。女子小学堂中有手工、缝纫等课程，女子中学有家事、园艺、缝纫三科。并规定，女子学校家事、园艺宜授以食、衣、住及伺候、育儿、经理家产并栽培、烹饪等事。

民国期间延续并发展了家政教育的传统，把家政教育作为女子教育的重要方面，逐渐纳入初等教育、中等教育、师范教育和高等教育的序列之中，家政教育获得了持续的发展，形成了比较完备的女子教育体系。

1919年，北京女子高等师范学校（即北京师范大学前身）首先创设我国教育史上的第一个家政学系，为家政学在我国的新发展迈出了艰难的第一步。其后，燕京大学、复旦大学、金陵女子学院、岭南大学、辅仁大学、协和大学、四川大学、东北大学等大学相继开设家政系。虽然当时办学条件有限，办学规模都不大，但能从时局出发，图存求变，开创先河，还是取得了显著的成效。

中华人民共和国成立以后，在全国高等学校院系调整中，国内大学不再设家政系，家政教育就此远离高校的学科体系，家政学作为一门独立学科处于停滞发展状态。但家政学的知识与技能，比如幼儿教育、缝纫、烹饪、居室装饰等具体的技能在职业教育中并未中断。

一门学科发展与应用的社会意义取决于这门学科是否适应社会生产力的发展和社会的需要。随着我国社会经济持续发展，极大地提高了广大人民群众的生活水平，各种现代化生活用品、工具不断进入家庭，迅速发展的社会改变着人们的家庭结构、家庭观念和家庭管理，人们越来越不满足于把家庭作为求生存、求保暖的庇护所，而是希望成为舒适、愉快的、提升物质与精神生活的场所。在这样的时代背景下，我国家政学迎来新的发展时期。

1985年，河南妇女干校开办"女子家政班"；1986年，武汉家政研究中心在湖北武汉成立。1988年我国第一所全面、系统地传授家政学知识的"武汉现代家政专修学校"成立，并于1998年晋升为家政学院。此后，浙江省树人大学、杭州师范大学、广西师范大学、四川大学、武汉职业技术学院、吉林农业大学、聊城大学东昌学院等高校陆续创设家政专业。长春工业大学于2003年开始招生家政学硕士研究生。2012年家政学学科首次入选《普通高等学校本科专业目录》，这标志着家政学正在朝着规范化、学科化的方向发展。

项目三　家政学的理论基础

家政学作为一门人文社会科学，研究家庭生活规律，以提高家庭生活质量为目的的一门综合性应用学科，是社会学的一个分支。家政学是将家庭中所有的生活资源和对环境资源利用作为逻辑起点，研究人与环境之间相互作用的科学。同时，家政学属于新兴综合性交叉学科，其强烈的综合性、应用性、务实性的专业特质以及实际服务领域的广泛性，使得该专业与社会学、心理学、教育学、管理学、护理学、营养学等学科的关联性很强，具有博采众长的特点。

一、家政学基本理论

（一）社会学理论

社会学是一门和经济学、政治学、法学等学科一样"古老"的现代社会科学。它把各种形式的"社会"（如家庭、家族、群体、关系网、社会组织、社区、社会资本等）产生、维持和变迁的过程作为自己的研究对象，把解决社会问题、维持社会秩序、推动社会进步作为自己的主要使命。家政学的理论根基家庭社会学，是社会学分支学科，主要研究家庭制度的起源、演变，家庭的结构、职能、成员关系及各种现代家庭问题。其基本理论是以家庭生活资源以及对资源的利用为逻辑起点，弄清家庭发展的基本要素和基本规律，是家政学研究的基础。

1.家庭制度　婚姻与家庭是人类社会生活的重要组成部分，对社会运行发挥着重要的作用。对家政服务产业而言，可以说，婚姻与家庭需求是家政服务产业产生与持续发展的主要源泉。

婚姻通常是男女之间按照社会风俗或法律的规定而结为夫妻关系的一种社会制度，体现着社会成员自然属性和社会属性的统一。家庭是由具有婚姻、血缘或收养关系的人们组成的长期共同生活的群体，是人类生活中最基本、最重要的一种群体形式。婚姻关系是家庭关系的核心。家庭是社会的细胞，最富有感情色彩的社会初级群体，是人与社会关系的桥梁，家庭也逐渐演化为一种社会制度。

家庭结构的要素很多，不同的要素产生不同组合，形成家庭的不同结构和类型。家庭社会学研究各种家庭类型的产生、变化和特点，从而促使人们自觉地把握各种家庭中的要素，推动家庭持续健康的发展。常见的家庭结构要素，有以下几项。

（1）家庭关系　家庭成员间的交往构成家庭关系。家庭社会学注重研究面对面沟通、交往的家庭关系，研究制约家庭关系的各种因素，寻找协调家庭关系的最佳模式。

（2）家庭角色　家庭角色主要是指家庭成员在承担家庭义务和享有家中权利方面所表现出的一定行为模式。家庭社会学研究家庭角色的变化以及影响这种变化的环境因素和心理因素。

（3）家庭管理　家庭的建设涉及衣、食、住、行。包含家务劳动、娱乐休息、安全等各方面，是一个复杂的工程。作为家庭社会学前身的家政学曾专门研究这个问题，现代的家庭社会学包容了这一内容，为人们提供管理家庭的技巧和艺术。

（4）家庭观念　家庭的存在产生家庭观念，家庭观念是家庭变化的先导。家庭观念包括婚姻观、道德观以及法律观。20世纪中叶以后，各种观念变化加快，东西文化冲突，对家庭观念的探讨愈来愈成为家庭社会学的重要方面。

（5）家庭的演化　家庭是历史的产物。在家庭社会学研究的第一阶段侧重于研究家庭的起源和演化。当代家庭社会学注重于对家庭未来的研究，着力探索未来家庭的模式。

2. 人的社会化理论　人的社会化是指个体学习社会的价值观念和各种社会规范，去认识社会，适应社会，从而达到改造社会，调适心理，发展和完善个性的目的的过程，也就是人从"生物人"转向"社会人"的过程。而家庭是人社会化的重要载体。处于不同时期的家庭，家庭社会化的任务不同，童年期是社会化的关键时期，家庭中的亲子关系，家长的言传身教，对儿童的语言、情感、角色、经验、知识、技能与规范方面的习得均起潜移默化的作用。一般来说，人的社会化都将逐步经历适应夫妇关系、学习和适应父母角色、适应家庭人员的变动，例如子女离家、新成员进入家庭或夫妇一方去世等，这些适应的过程都对家庭需求、家庭服务产生直接的影响。

3. 社会角色理论　社会角色理论是颇受学术界与社会公众关注的社会心理学理论之一，它在认识和分析一个人的社会活动具有一定现实意义。角色理论认为，演员在舞台上的表演，即按剧中人的方式行动，或以剧中人的态度对待周围的事物及自己，是由剧本、场景、导演的指示、同伴演员的表演、观众的反应以及演员本身对角色的理解和扮演技能等来决定的。在现实生活舞台活动着的人，也类似于角色。一个社会是由许多具有不同身份和地位的人所组成的，按照社会功能产生互助关系的大系统。当一个人履行某一地位的权利与义务时，他就在扮演一个角色，而我们每个人都是多个社会角色的集合。这里的剧本就是社会生活本身；这里的场景就是面临的客观环境或具体情境；这里的同伴演员就是相互关联的同事或对手；这里的导演常常是领导决策者、家长、教师等；这里的观众就是周围真实的旁观者或假想的人群。每一个人在限定的范围内究竟怎样表演，取决于他对自己所承担角色的熟悉和理解程度，以及由他的总经历所形成的扮演技能及才能。但是，无论由谁来扮演某一角色，其行为都是有一定的相似性，因为这是由"社会剧本"决定的，而其差异性则主要是由每个人对自身角色的不同理解或不同的角色技能所造成的。

（二）心理学理论

心理学是一门研究人类心理现象及其影响下的精神功能和行为活动的科学，兼顾突出的理论性和应用性。心理学包括基础心理学与应用心理学，其研究涉及知觉、认知、情绪、思维、人格、行为习惯、人际关系、社会关系、性格等许多领域，也与日常生活的许多领域比如家庭、教育、健康、社会等发生关联。心理学一方面尝试用大脑运作来解释个体基本的行为与心理机能，同时，心理学也尝试解释个体心理机能在社会行为与社会动力中的角色。实际上，很多人文和自然学科都与心理学有关，人类心理活动其本身就与人类生存环境密不可分，与人文社会不可分割。心理学延伸出的服务心理学，则对家政专业产生非常具体的指导作用。

1.弗洛伊德人格结构理论 弗洛伊德的人格结构理论是指在弗洛伊德的学说中，人格被视为从内部控制行为的一种心理机制，这种内部心理机制决定着一个人在一切给定情境中的行为特征或行为模式。弗洛伊德认为完整的人格结构由三大部分组成，即本我、自我和超我（图1-1）。

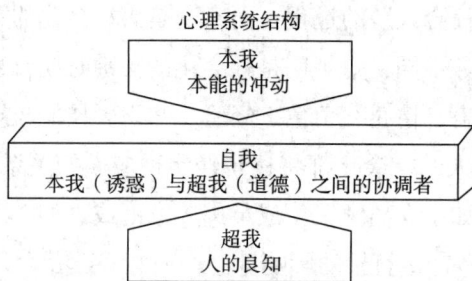

图1-1 人格结构的组成

（1）本我 本我是人格结构中最原始部分，从出生日起算即已存在。构成本我的成分是人类的基本需求，如饥、渴、性三者均属之。本我中的需求产生时，个体要求立即满足，故而从支配人性的原则而言，支配本我的是唯乐原则。例如婴儿每感饥饿时即要求立刻喂奶，决不考虑母亲有无困难。

（2）自我　自我是个体出生后，在现实环境中由本我中分化发展而产生，由本我而来的各种需求，如不能在现实中立即获得满足，他就必须迁就现实的限制，并学习到如何在现实中获得需求的满足。从支配人性的原则看，支配自我的是现实原则。此外，自我介于本我与超我之间，对本我的冲动与超我的管制具有缓冲与调节的功能。

（3）超我　超我是人格结构中居于管制地位的最高部分，是由于个体在生活中，接受社会文化道德规范的教养而逐渐形成的。超我有两个重要部分：一为自我理想，是要求自己行为符合自己理想的标准；二为良心，是规定自己行为免于犯错的限制。因此，超我是人格结构中的道德部分，从支配人性的原则看，支配超我的是完美原则。

人格结构中的三个层次相互交织，形成一个有机的整体。它们各行其责，分别代表着人格的某一方面：本我反映人的生物本能，按快乐原则行事，是"原始的人"；自我寻求在环境条件允许的条件下让本能冲动能够得到满足，是人格的执行者，按现实原则行事，是"现实的人"；超我追求完美，代表了人的社会性，是"道德的人"。

在通常情况下，本我、自我和超我是处于协调和平衡状态的，从而保证了人格的正常发展。如果三者失调乃至破坏，就会产生心理障碍，危及人格的发展。

2.行为主义理论　行为主义心理学产生于20世纪初的美国，是美国现代心理学的主要流派之一，也是对西方心理学影响最大的流派之一，其代表人物有华生、斯金纳、班图拉等。

行为主义一反传统心理学的基本观点，而主张对人的行为进行研究。认为心理学不应只是研究人脑中的那种无形的像"鬼火"一样不可捉摸的东西即意识，而应去研究那种从人的意识中折射出来的看得见、摸得着的客观东西，即人的行为。他们认为，行为就是有机体用以适应环境变化的各种身体反应的组合，这些反应不外乎是肌肉的收缩和腺体的分泌。它们有的表现在身体外部，有的隐藏在身体内部，其强度有大有小。他们认为，具体的行为反应取决于具体的刺激强度，因此，他们把"刺激—反应"作为解释人一切行为的公式。行为主义理论认为，心理学的任务就在于发现刺激与反应之间的规律性联系，这样就能根据刺激而推知反应，反过来又可通过反应推知刺激，从而达到预测和控制行为的目的。

例如，斯金纳在巴甫洛夫经典条件反射基础上提出了操作性条件反射，他自制了一个"斯金纳箱"，在箱内装一特殊装置，压一次杠杆就会出现食物，他将一只饥饿的老鼠放入箱内，它会在里面乱跑乱碰，自由探索，偶然一次压杠杆就得到食物，此后老鼠压杠杆的频率越来越多，即学会了通过压杠杆来得到食物的方法。斯金纳将其命名为操作性条件反射或工具性条件作用，食物即是强化物，运用强化物来增加某种反应（即行为）频率的过程叫作强化。斯金纳认为强化训练是解释机体学习过程的主要机制。

3.马斯洛的需要层次理论 马斯洛的需要理论是依据人类的基本需要提出的。马斯洛提出，基本需要有不同的层次，由下而上分为生理需要、安全需要、归属与爱的需要、尊重的需要、自我实现的需要（图1-2），其中生理需要是最基本的需要，自我实现是高层次的需要。需要的出现遵循着层次排列的先后顺序，一般来讲，人只有在低级需要得到满足的基础上才会产生对高一级需要的追求。如果一个人的衣、食、住条件尚未得到保障，那么他会全力以赴去工作，以获得最基本的物质保障；在基本的生存需要得到满足之后，他才会考虑如何进一步学习，如何获得成就，如何得到他人的尊重，如何实现自我等。

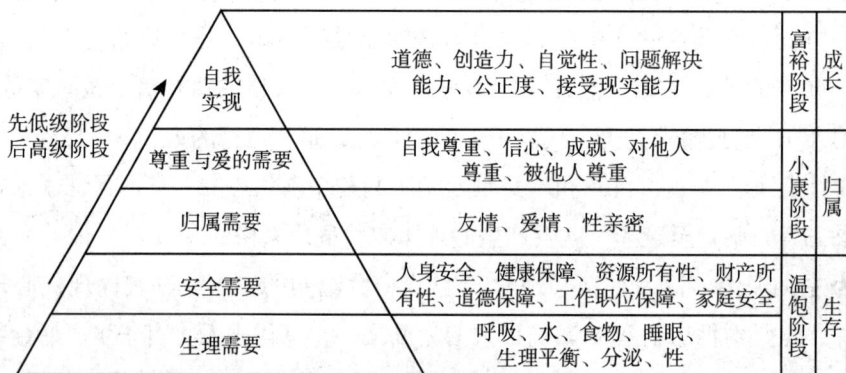

图1-2　马斯洛的需要层次理论

（三）教育学理论

教育学是一门研究人类的教育活动及其规律的社会科学，以教育现象、教育问题和教育规律为研究对象。它的重点是教育现象，即有目的、有意识地培养人的社会活动，它的中心是教育问题，即教育过程中的一般规律和各种问题。在家政专业范畴中，家庭教育是教育学的重要领域。

1.多元智能理论 多元智能理论是由美国当代著名心理学家和教育学家加德纳博士于1983年系统地提出的人类智能结构理论。这一理论认为，智能是一种创造力和解决问题的能力的体现，而智能本身是多元化的，每个人身上都存在着很多种类型的智能，包括语言智能、数理逻辑智能、音乐智能、空间智能、身体运动智能、人际交往智能、自我认识智能、认识自然智能。多元智能理论认为，每一种智能在人类认识和改造世界的过程中都发挥着巨大的作用，具有同等的重要性。多元不是一个数字概念，而是开放性的概念。多元智能理论倡导弹性的、多因素组合的智力观，认为每个人的智力都有其独特的表现方式，每一种智力也有不同的展现形式，所以倡导全面的、多样化的人才观，提倡个性化的因材施教。

2.蒙台梭利教育理论　蒙台梭利教育是目前在教育界中应用很广泛的教育学原理。其创始人蒙台梭利出生于意大利，是意大利历史上第一位女医学博士。蒙台梭利教育法是一种全面提升儿童素质，发展儿童潜能的教育方法。她巧妙地利用儿童自身的成长要求，在不损害儿童的自由与快乐的前提下，实现教育的目的。蒙台梭利认为儿童存在着与生俱来的"内在生命力"，这种生命力是积极的、不断发展的，具有无穷的力量；而教育的任务是激发和促进儿童的"内在潜力"的发展；儿童不是成人进行灌注的容器，也不是可以任意塑造的泥和蜡，教师和父母必须认真研究、观察儿童，了解他们的内心世界，在儿童自由与自发的活动中，帮助儿童获得身心发展。据此，蒙台梭利为学前儿童创造设计出一整套有效引导儿童迅速成长的训练方法。

3.奥尔夫音乐教育　奥尔夫音乐教育是世界著名、影响广泛的三大音乐教育体系之一，是一种先进而独特的音乐教学法。它用儿童喜闻乐见的形式如说儿歌、拍手、做游戏、讲故事、唱歌等，培养儿童的乐感，尤其是节奏感和听力，使儿童能够感受音乐带来的快乐，热爱音乐。奥尔夫的音乐教育原理用一句话即可概括，就是原本性的音乐教育。原本的音乐是和动作、舞蹈、语言紧密结合在一起的，它是人们内在的一种音乐，是接近自然、源于生活的，是每个人都能学会和体验的，即：人们不是作为听众，而是作为演奏者参与其中，奥尔夫音乐教育法非常适合于儿童。

（四）管理学理论

1.科学管理理论　科学管理理论诞生于20世纪初，由弗雷德里克·温斯洛·泰勒在长期调查研究的基础上提出，它将人类的管理思想从抽象的经验管理发展到具体科学的标准化管理，它的诞生是人类管理学科的一次飞跃和革命。科学管理理论认为，管理的目的是提高劳动生产率，而提高劳动生产率的重要手段是用科学管理的方法代替传统管理的方法。

泰勒对科学管理作了这样的定义，他说："诸种要素——不是个别要素的结合，构成了科学管理，它可以概括成，科学不是单凭经验的方法；协调，不是不和别人合作，不是个人主义；最高的产量，取代有限的产量；发挥每个人最高的效率，实现最大的富裕。"这个定义，既非常清晰地阐明了科学管理的真正内涵，又综合反映了泰勒的科学管理思想。科学管理理论提出的工作定额原理、标准化原理、计件工资制、劳资双方的密切合作等思想，至今仍在被广泛使用。

2.过程管理　过程管理是企业比较头痛的事情，工作过程、工作环节很多、很复杂，往往难以有效监督、管理，但整个企业链又是一个完整的体系，如果任何一个过程、环节出问题都将影响到整体。因此，过程管理理论认识到过程管理的重要性，并将管理过程与管理职能作为主要研究对象。一般认为，管理过程理论的创始人是法国古典管理学家法约尔。1916年，法约尔提出管理包括计划、组织、指挥、协调和控制五种要素，也就是管理的五种职能，这五种职能构成了一个完整的管理过程。法约尔对于管理职能的划分，被管理学广泛采用。

3. 系统理论　系统理论认为组织就是一个系统，由相互依存的众多要素所组成，局部最优不等于整体最优，管理人员的工作就是确保组织中各部分能得到相互的协调和有机的整合，以实现组织的整体目标。同时，系统理论认为管理者必须重视组织与周围环境产生相互影响、相互作用的过程，一个组织的成败取决于其管理者能否及时察觉环境的变化，并及时做出正确的反应。

二、家政学应用理论

家政学的应用理论包含对家庭日常生活诸方面的系统研究，研究处理家庭具体事务的实用知识、管理方法与操作技巧。家政学的应用研究要满足现代家庭生活的实际需要，回答人们在家庭生活中提出的问题。家政学应用研究属于技术家政学范畴，使家政学研究直接指导现实生活，具体包括家庭照护、家庭膳食与营养、家务劳动、保健学等相关工作范畴，因此受到护理学、营养学、中医养生保健学等应用型学科的直接影响。

1. 护理学　护理学是以自然科学和社会科学理论为基础的研究。维护、促进、恢复人类健康的护理理论、知识、技能及其发展规律的综合性应用科学。护理学是医学科学中的一门独立学科，包含了自然科学，如生物学、物理学、化学、解剖学、生理学等知识。其中，纽曼健康系统理论、奥伦自理理论、罗伊适应模式等是护理学的主要理论。

2. 营养学　营养学是研究食物与机体的相互作用以及食物营养成分（包括营养素、非营养素、抗营养素等成分），在机体里分布、运输、消化、代谢等方面的一门学科。人以及多数动物摄入食物以获得足够的营养素。摄入食物后，经过消化、吸收、代谢，利用食物中身体需要物质（养分或养料）以维持生命活动。通过适当的营养干预能够起到优化健康或者预防、管理、治疗疾病的目的。营养学中营养素、不同生命周期的营养需求、食物选择、膳食计划、食谱设计等知识与技术对家政行业具有重要的现实指导作用。

3. 中医养生保健学　中医养生保健学是指在中医理论的指导下，探索和研究人类生命生长发育、寿夭衰老的成因、机制、规律，阐明如何颐养身心、增强体质、防治疾病，以达到更好的生存状态、延年益寿的理论和方法的实用性学科。主要研究中医学、营养学、中医养生保健、健康评估与管理等方面的基本知识和技能，进行中医养生保健与中医疗养调理，如：中医推拿、按摩保健、中医针灸、刮痧调理、亚健康的检测与调理、药膳的制作等。

项目四　现代家政与我国的现代家政产业发展机遇

随着我国城镇化持续推进，家庭结构小型化、人口老龄化和二孩、三孩政策的推行，激发了大量家庭服务的潜在需求，现代家政服务行业迎来快速发展周期。我国家政服务业市场规模增长较快，已进入万亿级市场行列。在政策推动行业规范化发展、居民消费水平提高、市场对育儿和养老服务需求明显增加等因素的共同推动下，我国家政服务市场的前景将更加广阔。同时，现代家政服务业作为新兴产业，不仅对保障民生、扩大就业具有重要作用，还在促进消费，推动服务行业结构优化升级，推动经济内循环方面产生积极影响。

一、家庭服务社会化

随着我国社会经济水平的持续发展，人均可支配收入快速提高，我国国民的消费能力、消费意愿持续提升，家庭服务社会化的趋势明显，家庭服务社会化已成为推动现代家政产业发展的核心动力。随着人们对生活质量的追求越来越高，母婴服务、养老服务、家庭服务等需求日渐增大。近年来，我国家政服务业迅猛发展，市场规模保持20%左右的增速，已形成一个数量庞大且稳定的市场。家庭服务业是关乎国计民生的重要服务产业之一，发展家庭服务业，完善家庭服务体系，对实现我国经济社会发展、和谐社会建设具有重要意义。

（一）市场需求

根据调研数据显示，44.8%中国城市消费者会经常且连续地雇用家政服务人员，46.7%中国消费者需要白天在家服务的不住家服务形式。在繁忙的工作与必须育幼、养老的矛盾下，我国消费者使用家政服务频率较高且有时间规律，越来越多的家庭具备了购买社会化家政服务的条件，家政服务业将释放出巨大的需求。与此同时，家政服务市场需求也呈现以下特点。

1.专业化要求更高、更细致　具备家政需求的用户，对家政服务人员的专业能力要求越来越高。对家政服务人员的需求已不仅停留在如做饭、居家保洁、清洗衣物、搬运等简单的初级劳动技能层面，而是更加注重如老年照护、母婴照护、营养膳食、儿童教育、家务管理、养生保健、收纳整理等知识技能型服务，更加注重家政服务人员所拥有的知识技能与专业水平。

2.服务质量标准化　目前国内家政服务质量虽然整体上正在改善，但行业中仍然存在

"小、散、乱"的特点。随着人们消费层次和消费需求不断提升，对家政服务质量要求越来越高，用户对服务的标准化要求越来越看重，严格的服务标准规范、标准化的评估体系是提升服务质量的基础，也是让消费者满意的重要依据。

3. 需求即时化　在移动互联网和大数据等信息技术发展的大背景下，传统的家政服务正处于向互联网转型的过程中。随着互联网家政服务平台的快速发展，用户需求将越来越即时化，用户需求线上化、及时化趋势极为明显，对家政平台及家政服务企业的响应速度提出了挑战。

（二）服务供给

在如此庞大的市场规模之下，家政行业存在巨大的人才缺口，根据统计，全国家政服务人员缺口在3000万左右。目前家政服务行业人员缺口仍然较大，存在供不应求状态，千金难求好"阿姨"的现状十分明显。不过需要指出的是，家政行业呈现结构性人力资源供给的短缺与剩余，中高端家政出现"用人荒"和"招人难"，低端家政出现"找活难"的供需失衡现状，中高端服务人员供给严重失衡。

（三）市场细分

家政服务领域不断扩展，已不仅仅限于简单劳务型的家政服务。随着家政服务需求日益多元化和个性化，家政服务领域多样化、专业化，市场需求进一步细分。在传统服务的基础上，家政服务不断拓展服务项目，延伸服务内涵，尤其是针对特殊人群如老年人、孕产妇、婴幼儿、高端家庭以及涉外家庭等的家政服务领域越来越细致，专业化程度较高的健康照护、膳食营养、养老照护、月子护理、育儿母婴等新兴高层次服务类型逐步进入家政服务范畴，老年照护、母婴照护、病患照护等多样化多层次专业性的健康照护型家政服务需求呈现井喷式增长。在"一老一小"家政支持政策的背景下，健康照护型家政服务因其服务场景清晰、专业技术含量高、服务适用性强，市场价格远远要超过家庭保洁等传统类型的家政服务，更成为推动行业结构性调整、行业迭代发展的重要经济增长点，更为家政企业所关注，成为家政服务的新的增长点。2020年2月，健康照护师名列国家人力资源部公布16个新职业之一。目前，家政服务涉及的细分产业已有20个门类、200多种服务项目。

二、现代家政产业发展趋势

（一）家政产业作为朝阳产业，行业营收规模持续扩大，行业发展越来越规范化

中国社会的家庭小型化、人口老龄化和生育政策的推行，创造了大量家政服务的潜在需求。家政服务行业既是朝阳产业，也是民生产业，对于吸纳就业、促进乡村振兴具有重大推动力。行业近年来始终保持高速的增长，在国民经济中的占比也不断提高，可以预见，未来

行业市场营收规模将持续扩大。中国家政服务行业将朝规范化发展，随着政府政策的完善、家政服务行业规范性与服务质量的提高，家政服务行业逐步迈入扩容提质阶段。

（二）家政服务O2O平台深入发展，推动行业数字化转型加快

在中国移动互联网和大数据等信息技术发展的大背景下，传统的家政服务正处于向互联网转型的过程中。家政服务O2O平台的运营模式不仅丰富了中国家政服务业企业的商业模式（如员工型和平台型等），通过技术完善服务功能，还利用平台优势拓展服务内容（如建立从业人员数据库进行考核和培训、开展家政相关产品的销售等）。家政服务行业数字化转型正在快速推进，用户需求线上化趋势极为明显，相关企业将借助互联网家政平台、本地生活平台等线上渠道获客，实现数字化转型。此外，在数字化的赋能之下，未来行业将借助技术手段，实现人才选用、人才培育、人员管理的智能化与可持续化。

（三）家政行业竞争赛道细分日益明显，服务多样性显著提升

中国家政服务行业市场细分日益深化，对于技能水平要求高的家政细分工种，用户付费意愿较高。随着社会经济的发展，中国家政服务行业分工更加明确，家政服务的范畴也在逐步扩大，覆盖范围也从低技术含量的家居清洁等工种向高附加值的家庭教育等工种拓展。未来人们对高品质生活期望必然日益增强，家政企业应深化家政服务业与医疗、教育等行业的融合发展，建立细分领域的服务优势和行业规范，做长做细相关产业链，满足顾客多样化需求。中国的城镇家庭大部分居于小区之中，具有用户黏性强的特点。而家政服务业行业的特点是轻资产、重人力成本，故未来发展的方向是最大化劳动力、节省服务成本和人工成本，从而促进了家政服务社区化发展，并在此基础上开发与其他生活服务融合的趋势。

三、现代家政产业存在的问题

1.人员构成复杂，综合素质有待提升　我国家政服务人员主要来源于城镇下岗职工、退休人员、农村外来务工人员以及一部分失学的未成年人。这些从业人员绝大部分文化水平不高，在从事工作时大多也未经过相关技能培训，完成工作仅依靠个人生活经验。从事家政服务行业人员年龄普遍偏高，在从事专业性要求较高的岗位并对其进行培训时，对知识的接受能力差，导致从事对专业性要求较高的岗位如月嫂、育儿嫂、护理等人员紧缺。

2.培训内容不规范，专业能力不足　家政服务业的规范专业培训教材匮乏，我国各地对家政服务行业的从业人员进行的相关培训内容各异，甚至同一城市不同公司培训内容也不尽相同。培训机构为获得政府补贴，在培训过程中往往流于形式，大多只进行简单的岗前培训，时间短，内容单一，只重视理论，忽视实际操作，在课时分配上没有参照国家规定。而且在培训过程中没有重视家政服务人员的道德培养以及人际沟通能力、安全防范能力教育。

3. 法律法规不完善，行业发展不规范 现阶段我国家政服务业没有明确的能够完全适用的法律，主要依据的法律仅为《劳动法》《劳动合同法》，而这也仅限于会员制和员工制的家政公司。我国现阶段家政服务业发展形式主要还是中介制，而中介在发生纠纷时不承担任何法律责任，家政服务人员与客户之间的劳动关系往往只依靠口头约定，而不签订劳动合同，二者一旦发生纠纷，《劳动合同法》也不在适用范围内，且家政服务人员的各项社会保障也难以得到保障。

4. 社会认可度低，人员流动性大 在传统观念中，家政服务往往被人们简单地认为等同于保姆，保姆的工作包括洗衣、做饭、收拾屋子等一切室内家务，有时甚至还涵盖照顾儿童或老人及外出采买食材。而受封建思想的影响，保姆工作就是旧社会中的"老妈子"，所以其在社会中的地位比较低下，在工作过程中常常不被人们尊重，社会认可度低。虽然现在家政服务逐渐趋于专业化，技术含量不断增加，但社会现状仍然很难改变。正因为职业的社会认可度低，加之社会保障和薪酬难以达到与付出相对等，导致人员流动性极大。

5. 政府扶持政策落实与行业监管措施不到位 近年来，国家针对家政服务业的发展下发了许多文件，各省市也根据自身发展现状及特点制定了相应的发展措施和扶持政策，这一定程度上促进了家政市场的活跃程度。但是，政府在对家政服务业进行政策扶持时，对相关优惠政策是否落到实处缺乏有效监管手段。此外，家政服务行业在发展过程中缺乏完善的监督体系，监管措施不到位，作为具有直接监督责任的行业协会往往不作为，导致家政服务行业乱象丛生、发展缓慢。

四、发展现代家政产业的意义

1. 家政服务业的发展，促进着家庭生活质量提高和家庭生活幸福美满 现代社会，一方面是竞争激烈、生活节奏加快、双职工家庭增多，大家都追求事业上发展，能用于家人沟通和家务劳动的时间减少，家庭功能向社会转移，家人关系容易出现问题；另一方面人们对家庭精神生活、物质生活质量以及对子女教育与赡养老人等又有比较高的要求。家政服务业的出现，正好为家庭承担了这部分任务。

2. 间接地促进了社会文明建设与精神文明建设 社会是由家庭来组成的，家庭的生活的质量以及状态，直接影响到社会的稳定发展，所以家政服务员的工作提高了家庭精神生活和物质生活质量，家政服务业给社会剩余的劳动力提供了新的就业岗位也减少了失业，这就是直接促进了家庭生活稳定以及幸福指数的增加，进而促进了社会的安定与精神文明建设。

3. 家政服务业作为市场需求量巨大的第三产业，具有强大的就业吸纳能力 作为第三产业的重要组成部分，家政服务业是蕴含着巨大发展潜力的朝阳产业，在增加就业、改善民生、调整产业结构等方面有着非常重要的意义。

答案解析

一、单选题

1.一般认为现代家政学科产生的标志是（　　）。

A.1899 年纽约柏拉特塞特湖第一次家政学会议

B.《癸卯学制》的颁行

C.1873 年堪萨斯农学院成立了家政系

D.1889 年日本瓜生寅编著了《通信教育女子家政学》

2.弗洛伊德认为完整的人格结构由三大部分组成，即（　　）。

A.本我、自我、他我　　　　　　B.本我、自我、超我

C.本我、自我、唯我　　　　　　D.本我、真我、空我

3.需要层次理论是由心理学家（　　）提出的。

A.华生　　　　　　　　　　　　B.班杜拉

C.斯金纳　　　　　　　　　　　D.马斯洛

二、多选题

4.在现代服务业中被广泛使用的"服务标准化"理念是源于（　　）。

A.科学管理理论　　　　　　　　B.过程管理理论

C.系统管理理论　　　　　　　　D.权变管理理论

5.关于现代家政服务产业，以下描述错误的是（　　）。

A.家政行业从业人员构成复杂，综合素质有待提升

B.家政产业竞争赛道细分越来越明显，服务多样性显著提升

C.家政服务行业数字化转型速度加快

D.家政服务作为老旧产业，不具备发展潜能

三、问答题

6.如何理解家庭服务社会化？

书网融合……

重点回顾

模块二　现代家庭

学习目标

通过本章内容的学习，学生能够：

1.知识目标

（1）理解家庭产生的历史背景与发展脉络。

（2）掌握家庭的类型、特点、功能。

（3）理解我国现代家庭的主要问题。

2.技能目标

（1）能够掌握家庭的类型、特点、功能。

（2）能够认识到我国现代家庭的主要问题。

（3）能够理性地看待我国现代家庭的主要问题及其发展。

岗位情景描述

案例描述　李姐退休后闲不住做起了月嫂。最近一次下单后，她拿着客户给她的"奖励"，非常开心地跟大家分享，她觉得客户的褒奖是对她最好的认可。但就在昨天，公司收到了客户的投诉。管理人员把投诉信给李姐看了，她忍不住哭了。客户说："头一天让她扔的东西，她也不扔，非得等到我再次看见当面跟她说，她才会帮我扔掉。"李姐委屈："我是怕浪费啊，好好的东西，扔掉了多可惜啊。"客户说："我跟她说了，那天晚上我自己带宝宝，让她回房休息，她也不走，过一会儿跟我说很多话，我都不搭理她，就出去了。第二天早上又频繁的不敲门进我房间，我后来烦了就直接把门锁上了。"李姐委屈："第二天就下班了，我是想多给她交代些事情。"管理人员对她说："你委屈什么，客户说的对。"

家政服务业，要把客户当成亲人，但高于亲人。当成亲人，就是真心实意地去对待客户，去为他们服务。高于亲人，就是要和他们保持一定的距离，要有距离感。

讨论　1.你觉得李姐做得对吗？如果好，好在哪里？哪里又有不足呢？

　　　　2.家政服务中要注意现代家庭的特点体现在哪些方面？

项目一 家庭的起源与现代家庭

一、家庭的概念与起源

家庭不是从来就有的，也不是一成不变的。它是一个社会历史范畴，是人类社会发展到一定历史阶段的产物。可以说，人的一生离不开家庭。家庭的概念，在不同的国家或地域、不同的历史时期，均有所不同，我们应深入理解有关家庭的一切，理解其产生与演变的过程。

（一）有关"家庭"

在中国汉语言文字中，"家"是一个会意字。从甲骨文字形上看，上面是"宀"，表示与室家有关，下面是"豕"，即猪。古代生产力低下，人们多在屋子里养猪，所以，房子里有猪，就成了家的标志。家的本义是"屋内，住所"。

我国古代的《说文解字》中有，"家，居也。从宀，豭省声。"《易·家人》释文："人所居称家。是家仅有居住之意。"这是从居住的角度解释什么是"家"。

家庭一词是经演变发展而来，其基本含义是指一家之内。如南朝宋《后汉书·郑均传》："常称疾家庭，不应州郡辟召。"

家庭，也指以婚姻和血统关系为基础的社会单位，成员包括父母、子女和其他共同生活的亲属。唐代刘知幾《史通·辨职》中有，"班固之成书也，出自家庭；陈寿之草志也，创于私室。"宋代欧阳修《刘丞相挽词二首》中之二："平昔家庭敦友爱，可怜松槚亦连阴。"

在国外，起初有些人甚至把家庭理解为"奴隶"。比如，在拉丁文中，家庭称"familla"，"家庭"在罗马人那里，不是指夫妻及其子女，而只是奴隶。"familius"的意思，是一个家庭的奴隶；而"familla"则是指属于一个人的全体奴隶。

有人认为，必须同时说明婚姻和血缘两种家庭关系，才能说明"家庭"二字。目前来看人们更认同这一概念：即家庭是一种由具有亲密私人关系的人所组成的群体，这种亲密的私人关系被认为是持久的并且是跨越代际的。家庭关系包括了个人在过去、现在和未来对亲密关系的社会性建构。这些关系通常包括婚姻关系和血缘关系，但是，它们或许也会包括其他的关系，例如收养关系和特殊的仪式性关系。

（二）对家庭认识的深入

对家庭含义本质的认识，是从近代才开始的。马克思认为："每日都在重新生产自己生命的人们开始生产另外一些人，即繁殖。这就是夫妻之间的关系，父母和子女之间的关系，也就是家庭。"

奥地利心理学家弗洛伊德认为，家庭是"肉体生活同社会机体生活之间的联系环节"。

美国社会学家伯吉斯和洛克在《家庭》一书中提出："家庭，是被婚姻、血缘或收养的纽带联合起来的人的群体，各人以其作为父母、夫妻或兄弟姐妹的社会身份相互作用和交往，创造一个共同的文化。"

中国社会学家孙本文认为，家庭是夫妇、子女等亲属所结合的团体。

费孝通认为，家庭是父母子女形成的团体。

（三）对家庭的深层次理解

家庭是由婚姻关系、血缘关系或收养关系结合成的生活组织。人们常把家庭称为社会的细胞，是构成人类社会的最小的单位。家庭成员共同居住在一起，共同进行生产和消费，而且根据血缘关系（亲与子、兄与弟之间的关系）相结合，也称为人类社会的生物再生产单位。

家庭是以男女间的经济分工为基础而形成的。包括在更高级的地区集团内，在同型的地区集团之间，以回避外婚和近亲婚为原则，并保持着近邻关系，是一种制度化的社会单位。因此，它是人类特有的普遍单位。

社会设置，即组织起来满足一个社会基本需要的社会结构。从社会设置来说，家庭是最基本的社会设置之一，是人类最基本、最重要的一种制度和群体形式。从功能来说，家庭是儿童社会化、供养老人、性满足、经济合作，即普通意义上人类亲密关系的基本单位。从关系来说，家庭是由具有婚姻、血缘和收养关系的人们长期居住在一起的共同群体。

在功能论者看来，在以前，家庭大多是自给自足、满足家庭成员的大多生理和心理需求的单位、群体，有经济生产、安全保卫、教育、社会化、宗教等功能，进行物质、人口、精神财富再生产。如今，家庭的部分功能由教育、宗教等其他社会设置来分担了。但功能主义者认为家庭的社会化、感情陪伴、经济合作、性规范功能依然为社会的良性运行起到重要的作用。

二、家庭的演变

家庭不是从来就有的，它是人类社会发展到一定历史阶段的产物，最早的原始人是没有家庭，没有婚姻制度的。随着社会生产的进步，家庭结构也在随之进化，逐步由较低阶段向较高阶段发展，由较低的形式演进到较高的形式。学术界对家庭演化的形态有不同看法，通常认为它经历了血缘家庭、普那路亚家庭、对偶家庭、一夫一妻制家庭四种发展形态。

（一）血缘家庭

它是人类历史上第一种家庭形式。在原始社会的旧石器时代，人类原始族群在进化与自然选择规律的作用下，经过长期经验的积累，认识到不同年龄人的生理差别，在内部逐渐地选择了按辈分划分的婚姻，即年龄相近的青壮年兄弟姐妹相互通婚，排斥了上下辈之间的婚姻关系。这时，姐妹是兄弟的共同妻子；兄弟是姐妹的共同丈夫，夫妻都有共同的血缘。血缘家庭既是一个独立的生产单位，又是一个独立的生活单位。

（二）普那路亚家庭

普那路亚是夏威夷语，意为"亲密的伙伴"。这个名称是从最早发现实行这种家庭形式的夏威夷群岛的土著人那里来的，由共妻的一群丈夫即"普那路亚"，共夫的一群妻子也互称"普那路亚"。这种家庭制度是群婚制发展的最典型的阶段。原始社会发展到石器中、晚期，由于人工火的发明和石器的不断改进，人类狩猎活动和原始农业的进一步发展，促进了生产力水平的提高，人类居住地相对地稳定下来；又由于人口的繁衍，一个血缘家族不得不分裂成几个族团。为了扩大物质资料生产，满足日益增长人口的生活需要，族团之间必须保持一定的经济合作和社会联系，于是便产生了各族团之间的通婚。同时，人们逐渐认识到族外通婚对后代体质发育有益，并形成了同母所生子女间不应发生性关系的观念，于是在家庭内部开始排除亲兄弟姐妹间的婚姻关系，实行两个氏族之间的群婚。这就是普那路亚家庭形式。

（三）对偶家庭

它是原始社会母系氏族公社时期的一种家庭形式，由普那路亚家庭发展而来。这种家庭由一对配偶短暂结合而成，所生子女属母系所有。早期对偶婚是夫对妻暮合晨离。晚期对偶婚发展为夫居妻家，但不是长久的，随时可以离异。这种对偶家庭不是氏族公社的独立的经济单位，社会的基本组织仍是母系氏族。家庭内男女平等，共同照料子女。对偶婚已从群婚时代单纯的性关系转变为一种广泛的社会联系。男子和女子一起劳动、消费，世代仍按母系计算。对偶婚实行的结果是给家庭增加了一个新的因素，即除了生母之外，已有可能确认生父。

（四）一夫一妻制家庭

一夫一妻制家庭产生于原始社会末期。它的确立是文明时代开始的标志之一，并适应于整个文明时代。它诞生的动力是财富的增加和按父系继承财产的要求。随着两次社会大分工的实现和生产力的发展，男子在生产和财富的分配中逐渐占据主导地位。为把自己的财产转交给自己真正的后代，必然要求妇女保证贞操，只能有一个丈夫。

一夫一妻制家庭同对偶家庭相比，具有以下两个特点。

1.夫权高于一切。由于丈夫在家中掌握了经济大权，从而形成了对妻子的愈来愈大的统治权。

2.婚姻关系比较牢固。双方已不能任意解除婚姻关系，一夫一妻制这种家庭形式自从产生以后也不是一成不变的，在社会发展的不同时期有着不同的表现。

从家庭的起源及其演化史我们可以看出，第一，家庭是一个历史范畴。各种家庭形式不是从来就有的，也不是一成不变的，而是随着人类社会的进步不断发展变化的。第二，自然选择和生产方式的进步是家庭演化的根本动力。自然选择的力量在人类早期家庭形式的产生过程中发挥着巨大的作用。随着人类社会的发展，生产方式的进步则成了推动家庭制度演化的根本动力。家庭史是一个非常古老而复杂的问题，许多问题还有待人们进一步研究。

项目二　家庭的类型、特点、功能

一、家庭的类型及其特点

家庭的主要类型有核心家庭、主干家庭、联合家庭和特殊家庭等类型。

（一）核心家庭

核心家庭是指由一对夫妻及其未成年子女或未婚子女组成的家庭。目前，核心家庭已成为我国主要的家庭类型。核心家庭的特点是人数少、结构简单，家庭内只有一个权力和活动中心，家庭成员间容易沟通、相处。

（二）主干家庭

主干家庭又称直系家庭。是指由两代或两代以上夫妻组成，每代最多不超过一对夫妻，且中间无断代的家庭。在我国，主干家庭曾为主要家庭类型，但随着社会的发展，此家庭类型已不再占主导地位。主干家庭特点是家庭内不仅有一个主要的权力和活动中心，还有一个权力和活动的次中心存在。

（三）联合家庭

联合家庭是指包括父母、已婚子女、未婚子女、孙子女、曾孙子女等几代居住在一起的家庭。联合家庭的特点是人数多、结构复杂，家庭内存在一个主要的权力和活动中心，几个权力和活动的次中心。

（四）特殊家庭

特殊的家庭主要包括单亲家庭、重组家庭、丁克家庭等家庭形式。

1. 单亲家庭 指由离异、丧偶或未婚的单身父亲或母亲及其子女或领养子女组成的家庭。单亲家庭的特点是人数少、结构简单，家庭内只有一个权力和活动中心，但可能会受其他关系的影响。此外，经济来源相对不足。

2. 重组家庭 指夫妇双方至少有一人已经历过一次婚姻，并可有一个或多个前次婚姻的子女及夫妇重组的共同子女。重组家庭的特点是人数相对较多、结构复杂。

3. 丁克家庭 指由夫妇两人组成的无子女家庭。丁克家庭的数量在我国逐渐增多。丁克家庭的特点是人数少、结构简单。

二、家庭的功能

家庭是小社会，社会是大家庭。社会发展中的一切现象在家庭生活中或多或少地有所反映。例如，在金融危机的影响下，大多数家庭都会减少消费开支；在楼价不断高升的情况下，有些家庭放弃了买房的念头。而家庭具有一些基础功能，具体表现在以下四个方面。

（一）家庭的早期学习功能

孩子在呱呱坠地以后，最先接触的是生育自己的母亲，其实就是家庭了。可以说，孩子最初的学习源泉，就是母亲和家庭。学习一般是指在某种刺激的作用下，即特定条件或变数，采取适合于学习目标的行动和态度从而取得的相对的改变。也就是说，家庭就是孩子出生后学习新事物的最初场所。在我国，由于现在有许多家庭属于双职工家庭型，因此，把不满周岁的幼儿送往托儿所的家庭逐渐增多。从某种意义上讲，负责照料幼儿的保育员起着极其重要的作用，因此，让保育员与幼儿的母亲保持密切的联系是积极有效的做法。

（二）家庭的根据地保护与情爱功能

人是有感情的动物，需要别人的爱与情谊，同时也需要关爱他人，家庭成员共同生活在一起，可以满足人类爱与归属的需求。

纵观历史长河，家庭生活是人类生活的一个重要内容。在家庭发展史的这个时间纵轴上，我们了解到，每个时间段家庭生活的内容并不是完全相同的。在远古时代，家族成员都是住在同一个地方的，早晨他们一起出去狩猎，到傍晚，他们就会回到居住的洞穴。从中世纪到近代，虽然人类的生活方式产生了变化，但是，家庭还是人们生活的主要场所。那么，现在家庭又变成什么样了呢？当然，家庭仍然是人们生活的基础，但是，似乎已经不是人们的主要活动场所了。由于社会经济、政治的变化，人们形成了"早出晚归"的习惯。人们早晨就离开了家，学生去学校，工作的人去上班，晚上回家，这样日复一日地生活着。因此，现在大多数家庭成员的情况是"白天不在、晚上回家"型。但是，不管是远古，还是今天，家庭都发挥着根据地的作用。

（三）家庭的紧张缓和功能

在一天紧张的学习和工作后，我们需要休息和放松，为自己充电，从而使自己更容易投入第二天的工作，而家庭无疑是舒适、宽松的场所。现代社会中家庭的功能之一，就是缓和紧张。现代家庭的生活节奏越来越快，这本身是好的，但是，从另一个角度来看，很容易使家庭充满紧张气氛，如果忽视了家庭能够缓和紧张的作用，则很容易造成孩子问题行为的发生。

兰尼曾说过："一个美满的家庭，犹如沙漠中的甘泉，涌出宁谧和安慰，使人洗心涤虑，怡情悦性。"其实，从某种程度来说，这句话形容的是家庭具有缓和紧张气氛的功能。就如一条绳子，在长时间的紧绷下，总会有断了的一天，其实人也一样。随着生活节奏越来越快，竞争越来越激烈，很多家长都认识到，要不断地为孩子充电，以使他们更好地适应社会。这个苦心，是任何人都不会质疑的。但是家长要懂得把握一个度，如果"过度"，只会适得其反。很多时候，我们把孩子逼得很紧，特别是有的家长，把孩子所有的空余时间都安排在补习班里度过，以至于有的学生宁愿在学校住宿也不想回家，甚至会做出叛逆的事情，这无疑是让他感觉不到"家"缓解紧张的作用了。很多时候，家长总是抱怨孩子不理解自己的苦心，但是家长有真正地花心思去了解孩子吗？其实，我们可以换位思考一下，当我们在工作岗位辛苦了一天回到家，又有人督促你做这做那，你会感觉怎样呢？如果你能理解了，那么你应该能理解"家"的紧张缓解功能的重要性了。

（四）家庭的教育功能

一般来说，在孩子的成长过程中，随时随地都在向家庭成员学习经验、思想和行为模式，并获得各方面非正规的培养教育，因此，家庭教育是家庭内在的、固有的功能之一。家庭可说是最基本的教育组织，个人人格特质、价值观念与生活习惯大都在家庭中学习而来，父母就是孩子的主要学习对象。对父母而言，从孩子出生开始，就一直在教导他们如何吃喝、说话及一些生活细节。也由于家庭具有教育功能，家庭成为儿童社会化最重要、最基本的学习场所。家庭不仅要为社会提供"生物人"，更重要的是为社会提供"社会人"。所以，家庭是实现由"生物人"向"社会人"过渡的第一个场所，也是向新生一代实施终身教育的地方。这个重要功能的存在也决定了家庭并不仅仅是为孩子提供维持生存、健康发展所必需的物质生活资料，为了孩子能够适应社会生活，家庭还必须为之提供良好的精神环境，传授社会生活经验、道德规范以及社会生产的知识、技能，使之掌握独立生活和进行劳动的本领。

当前，《中华人民共和国宪法》及新《中华人民共和国婚姻法》都明确规定："父母有抚养和教育未成年子女的权利和义务""父母有管教和保护未成年子女的权利和义务"，指出教育子女是每个有子女的公民所必须认真履行的义务，不允许任何人借故推却，解释了家庭的教育功能与家庭的不可剥离性。在此，也体现了家庭教育的重要性。长期以来，家庭的教育功能处于自发状态，随着社会的发展，它日益呈现出自觉加强的趋势。这一方面说明了教育的进步，人类以自我完善为目的的建构已经渗入每个家庭；另一方面也说明了家庭的进步，从维持生存的需要产生了发展的需要，这是家庭功能演变中的巨大变化。

（五）性的功能

性是人类的本能，性冲动的发泄或满足是人类重要的行为之一，除了生育与情爱功能外，家庭也提供了一个可以正常从事性爱活动、满足性需要的场所。虽然婚外性关系由古至今都存在着，但家庭夫妻间的性活动才是被合法认可的。因此，家庭中的性活动通常不能逾矩，否则会受道德、良心与法律制裁。总之，家庭中的性满足也是家庭的重要功能之一。

（六）经济的功能

家庭为了成员的生活与生存，必须经由经济活动以获得食物、金钱或服务。在狩猎时代，家人外出猎取食物，在农牧社会，家庭就靠豢养牲畜或农业开垦维生。近代则外出工作赚钱换取生活所需，当然也有人在自己家中开设店铺维生。一般而言，农牧时代家庭经济活动的范围较小，现代工商社会则常在离家较远的地方工作。家庭就是一个生产与维生的基本单位，没有经济上的收入，家庭可能也无以为继。

（七）休闲娱乐的功能

家庭也是成员从事经济活动之余的休闲与娱乐处所，家庭成员之间也可以相互取悦，或共同从事一项休闲活动，或是利用家庭内外的相关休闲娱乐设施，以修身养性，调节身心健康。

不过，并非每个家庭都能发挥上述的功能，不正常或失常的家庭常使家庭功能不良，进而伤害家庭成员。有学者研究发现，功能正常的家庭具有下列的特征。①家庭成员能相互珍惜、疼爱与表达情感；②有良好的沟通；③有共同的承诺；④花时间相聚在一起；⑤共享的宗教与价值观；⑥积极地面对家庭的压力与危机。

不具备这些特征的家庭，家庭的功能可能无法充分发挥，甚至会危害家庭成员的正常成长与发展。

华尔希在以往研究的基础上提出，健康且功能健全的家庭具有以下十个主要特征。

（1）家庭成员间能相互关怀、支持、休戚与共，有密切的关联与承诺；

（2）尊重家庭每个成员，不论老少，其个别差异、自主性与个别需求都受到尊重，并能增进每个成员的幸福与发展；

（3）配偶间能相互尊重、支持，并能拥有均等的权力与责任；

（4）在对孩子的教养、保护与社会化，以及对其他家庭成员的影响中，能发挥领导与权威的教育功能；

（5）家庭组织稳定，成员相互间的互动具有明确、一致与可预测性等特质；

（6）家庭能顺应因家庭内外在需求所导致的改变，能有效地面对压力与问题，并且能掌握人生各周期中的各种挑战与转变；

（7）家庭成员间彼此的承诺和相互的期待明确，所以能相互坦然沟通，愉快的互动，并且有情绪表达及同理反应的空间；

（8）家庭能有效地解决问题、克服冲突；

（9）家庭成员能共享一套信念与信仰，因而相互信任，能把握问题，代际间能亲密相处、彼此相融；家庭成员有共享的良好的伦理价值观，并能关怀人类的幸福或社区的利益。

（10）基本的经济稳定性，亲戚之间能有心理上的相互支持，并有健康的家庭人际关系网络，和社区及较大社会体系的支持系统。

华尔希认为，这些特征可以说环环相扣，交互影响，某一项特征欠缺就会影响整体家庭功能的发挥，因而这些特征可以当作检测家庭功能的指标。

项目三　婚姻、爱情与现代家庭

婚姻与家庭是人类社会生活的重要组成部分，对社会运行发挥着重要的作用。婚姻家庭中的两性关系是人类的基本关系之一，至今仍然处于不平等的状态。我们首先要了解婚姻的概念及其本质，看到婚姻与爱情的关系，然后分析中国当代婚姻家庭的角色，最后讨论我国婚姻现状。

一、婚姻的概念及其本质

（一）婚姻的概念

对于"婚姻"一词，我国古代的解释主要着重于婚姻的形式——嫁娶仪式，以及由婚姻这一事实而衍生而来的社会关系——夫妻关系和姻亲关系。

婚姻是最常见的社会现象之一。中国古时，"婚"指妇家，"姻"指婿家（夫家），且"婚"与"昏"是不分的。这是因为那时将婚礼看成阴礼，必在黄昏阳去阳来之时进行。所以东汉郑玄注《仪礼·士昏礼》时说："士娶妻之礼，以昏为期。因而名焉。"郑玄还说"女氏称昏，婿氏称姻"，即妻子与丈夫的父母称为婚姻。这是"婚姻"的原来词义，显然与现在的"婚姻"的词义不同。

从社会学视角来看，"婚姻"是男女两性之间一种特定的社会关系。"对一夫一妻制来说，结婚是由社会批准的男女之间的特殊社会关系，它是形成家庭的基础和家庭的核心。"

在《婚姻和家庭的起源》一书中，前苏联学者谢苗诺夫则认为："婚姻是两性关系的一定社会组织。它必须以结婚双方负有一定的为社会所承认的权利和义务为前提。凡未经社会核准的两性关系都不是婚姻，即使这种关系具有长久的性质亦一样。"西方则把婚姻关系看作一种契约关系。

因此，我们对婚姻作如下定义：婚姻是基于爱情基础之上的为社会或国家所认可的男女两性结合、维持适应和解体的过程，即婚姻过程。婚姻，是为一定的社会制度所确认的男女两性的结合。

从客观基础上看，首先，婚姻的生理基础是一个正常人达到一定的年龄和生理成熟阶段后，出现的对异性的向往和性的要求；其次，婚姻的心理基础主要指由男女遗传因素所决定的和生理因素而造成的性心理活动。主要包括对男女性别角色的认同、性机能反应和性的欲望；再次，婚姻的社会基础主要表现在社会环境因素对婚姻关系生成、维持适应和解体的制约作用。主要包括性环境因素、个体的经济社会地位、社会意识形态和国家的政治法律制度等。

至于婚姻的过程，则主要包括择偶过程、嫁娶过程、维持适应过程和解体过程（离婚或自然解体）。这一过程往往通过一定的仪式并由婚姻所衍生的社会关系具体表现出来。

（二）婚姻的本质

婚姻作为一种社会现象、一种社会制度，是在人类男女两性关系发展到一定阶段后才出现的，夫妻关系、姻亲关系是它的产物。婚姻的本质表现为自然属性与社会属性的统一。

婚姻的自然属性主要表现在男女两性基于性爱的需要而实现性的结合，从而满足男女两性性生理和性心理的需求，以及通过婚姻这种形式繁衍后代的需要。

婚姻的社会属性主要表现在男女两性通过婚姻关系实现结合，从而在社会生活中实现人性的完美和统一。

人的社会性决定了人们必须克服男女两性行为的随意性，社会必须对人们的两性行为严格加以控制，人们的两性行为必须遵守一定的社会规范、要求。纵观人类婚姻的发展历史，任何阶段的婚姻，都离不开社会规范这个社会基础。社会对于婚姻进行规范的主要手段就是社会风俗和法律。因此，依照社会风俗或法律的规定，为社会风俗和法律承认的两性结合才是真正的婚姻。

婚姻的本质主要通过其社会属性表现出来。因为，性虽然是婚姻的基础和主要内容，但并不等于婚姻的全部。除此之外，婚姻还包括由法律和习惯所固定下来的夫妻关系、姻亲关系等，包括权利与义务、自由与责任的统一。

二、婚姻在当代中国家庭中的作用

诺贝尔奖得主贝克尔曾在《家庭论》中谈到过："婚姻是一个利益联盟体，彼此遵循契约精神，通过各取所需和共同付出的效率互补，来保持最小经济单元体的利益最大化。"

恩格斯早在《家庭、私有制和国家的起源》当中指出，以婚姻为基础的家庭模式，是随着私有制的出现而出现的，是国家形式的基础。私有制的出现，导致了生产资料和生产力向某一个人或某几个人手上相对集中，而不拥有生产资料和生产力的人，只能通过依附于生产资料和生产力的拥有者来获取这些生产资料进行生产，保障自己的生活。婚姻作为组建家庭的基础，自然也具有家庭的重要属性——利益交换，以及资源分配。

健康的恋爱关系有助于和谐社会的建设，是婚姻的重要基础，婚姻的主要标志是建立家庭，以婚姻为基础的家庭不仅起着调节两性关系的重要作用，而且还担负着自然职能（实现人口再生产和性爱职能）和社会职能。当然，在不同的社会制度下，这些职能的内容和具体表现有所不同。

南京大学许琪从教育、职业和收入三个维度分析了中国夫妇的婚姻匹配模式，发现在教育性别差异发生逆转之后，中国夫妇在教育方面的婚姻匹配模式也发生了性别逆转，但在职业和收入两个方面，男高女低的传统婚配模式依然存在。北京大学董浩分析了中国教育婚姻匹配的百年变迁，发现夫妻双方的教育婚姻匹配呈明显的上升趋势。经济因素是婚姻匹配达成的重要条件。中国社会科学院大学胡静凝分析了县域婚姻市场中的相亲实践，发现在城市情境和消费文化的影响下，农村青年的相亲约会与物质消费挂钩，县城里的婚房是农村男性参与婚姻市场角逐的基本砝码。

三、我国婚姻现状

当前，我国晚婚现象突出，婚姻形成延迟化。我国平均初婚年龄推迟。根据《中国人口和就业统计年鉴2023》第二部分——2022年人口变动情况抽样调查数据中"全国15岁及以上人口分年龄、性别的婚姻状况"的样本数计算梳理发现，各年龄段人群中，25至29岁年龄段未婚率为51.3%，30~34岁年龄段未婚率达到了18.4%，35到39岁年龄段未婚率为8%。民政部公布的数据显示，2022年全国共办理结婚登记683.5万对，比上年下降了

10.6%，结婚率为4.8‰，比上年下降了0.6个千分点。此外，各地的初婚平均年龄也基本接近30岁，比10年前推迟了近4岁。

婚恋观念和婚恋行为更多元、更开放，社会包容度更高。

第一，择偶标准多元化。相较于传统，当下青年人的择偶标准更加务实，看重职业与收入、住房、家庭条件等经济因素。研究表明，在高等教育扩张、生活成本迅速攀升、双职工家庭大量存在的社会背景下，男性越来越多地根据教育程度、社会经济水平等指标来进行择偶，两性择偶偏好开始走向趋同。当然，除了物质条件之外，人们也看重感情、文化水平、个人性格、容貌气质等因素。

第二，离婚的社会包容度增加，离婚的社会和文化约束力减弱，感情在婚姻关系的重要性增加。民政部《2022年民政事业发展统计公报》数据显示，2022年全年依法办理离婚手续287.9万对，其中，民政部门登记离婚210.0万对，法院判决、调解离婚77.9万对。

第三，不育人数增加，"性－婚姻－生育"链条的部分松脱。研究表明，作为当前或未来的生育主力军，"90后""00后"倾向于理想子女数为0的比例有较大的提高。

在城市化、受教育水平和理性化程度提高、自我意识增强以及生活方式变化等因素的大背景下，人们个体性提升，对生活自我反思增加，养儿防老功能弱化，来自社会和家庭的催生压力减少，人们逐渐找不到生孩子的意义。

在自由主义、个体主义和性解放观念的影响下，人们对于婚前同居和婚前怀孕的行为包容性更高。同居在我国已经成为较为普遍的家庭行为。如有研究显示，1970年以前出生的群体，婚前同居的比例不超过10%，且增幅较小。1970年以后出生的群体，婚前同居的比例有了大幅增加，尤其是1980—1989年出生的群体中，婚前同居的比例已达到三分之一。但是，也有研究显示，1957—2002年出生的女性受访者中，有21.5%的女性发生过至少一次未婚怀孕。91.9%在调查时都已婚，只有8.1%在调查时并未或尚未走入婚姻。这提示我们，当前生育和婚姻之间的联系依旧被大多数人所遵循和维护。

项目四　我国现代家庭的主要问题

一、我国现代家庭现状

改革开放以来，中国的婚姻家庭在很多方面都发生了巨大变化。

（一）家庭职能的变化

传统的中国家庭，是社会的中心，因此承担了极多的社会功能。中华人民共和国成立以来，家庭的许多功能开始外移并走向社会，主要表现在经济功能的变化、生育功能的退化、赡养功能的弱化、教育功能的分化四个方面。

1.家庭的经济功能包括生产功能和消费功能。在计划经济时代，由于"高积累、低消费"政策的实行，家庭消费功能趋于平均化；随着经济的发展、收入的不断提高，城市居民的消费能力、消费层次迅速提升，家庭消费功能开始呈现多元化特征，在"量入为出，勤俭持家"的家庭消费主基调下，"超前消费"已成为时尚。在20世纪50年代，随着公有化运动，生产功能由家庭外移到了社会，传统农村家庭的生产功能基本丧失殆尽。随着社会生产力的不断发展，工农业生产社会化程度的不断提高，家庭的生产功能将趋向弱化。

2.家庭的生育功能呈现退化的趋势。在中国传统社会，宗族信仰和"多子多福"观念带来的是家庭生育功能的强化。在当代，由于计划生育政策的推行，导致人口生育率下降，预示着家庭生育功能的退化。与此同时，随着生物医学的不断发展，人工授精、借腹生子、宫外培育等手段的利用，使得家庭独有的生育功能受到前所未有的冲击。

3.家庭的赡养功能趋向弱化。在当代中国，家庭结构的小型化以及农村留守老人的增多，使"传统共居"模式发生了改变，削弱了家庭的赡养功能。传统的家庭养老将发生瓦解和分化，社会养老将增强，家庭养老和社会养老的互补趋势将形成。

4.家庭的教育功能的分化也是显而易见的。家庭教育与学校教育、社会教育共同构成了现代教育体系的三大支柱，虽然三者具有目标一致性，但也存在各自不同的属性。家庭教育有着学校教育和社会教育难以取代的特殊功能，不应成为学校教育的延伸，家长也不是学校老师的"助教"。在家庭结构小型化的当下，不少家长带有明显的功利主义倾向，只关注孩子学业成绩的好坏，不重视对孩子品德和习惯的培养，对家庭教育的理解和实践还未脱离"学业中心主义"。国际21世纪教育委员会向联合国教科文组织提交的报告《教育——财富蕴藏其中》指出，面向21世纪教育的四大支柱是要培养学生学会认知、学会做事、学会共处、学会做人。而要达到这几项教育目标，家庭教育无疑发挥不可替代的作用。在此背景下，家庭教育不再是家长对孩子施加影响的一种单向教育活动，而是家庭成员间特别是父母与子女间的一种相互学习、相互促进的双向教育活动。

（二）家庭结构简化和多样化

家庭结构简化指的是家庭户数增多，家庭规模变小；而家庭结构多样化指的是家庭类型增多。如图2-1所示，2020年全国家庭户4.94亿，相比2010年的4.02亿户增长了23.1%，年均增长2.08%，家庭户数量增幅显著高于人口增幅，且增幅及增速明显提升。在计划生育政策实施后，我国平均家庭规模持续变小，并且2020年的下降速度增快。2020年家庭户户均人口2.62人，比2010年的3.10人减少0.48人。1人户和2人户的占比持续上升，其中1人户的升幅显著加大，3人户的占比明显下降，而4人户占比略有上升，5人户及以上户的占比较低且不断下降。其中值得注意的是，1人户的比例已经从2010年的14.53%增加到2019年的18.45%，预示我国独居单身化趋势明显。第七次全国人口普查资料显示"家庭户规模继续缩小，主要是受我国人口流动日趋频繁和住房条件改善年轻人婚后独立居住等因素的影响。"另外，在家庭现代化发展、人口城乡流动增加和互联网蓬勃发展等时代背景下，单身家庭、非婚同居家庭、丁克家庭、隔代家庭、空巢家庭等新型家庭模式不断增多，家庭形态呈现出多样化形态。

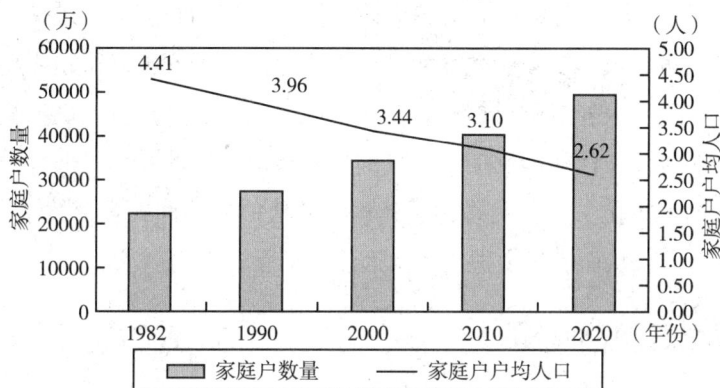

图2-1　1982—2020年家庭户数量及户均人口变动态势

（三）家庭关系民主化和平等化

首先是夫妻关系平等化。根据第二期（2000年）和第三期（2010年）中国妇女社会地位调查显示，与2000年相比，女性参与家庭事务决策比例有了很大提升，夫妻共同商量已成主流。与2010年相比，认为夫妻家庭实权差不多的人提高了7.5%。在大件商品购置、买房等重大家庭事务决策中，夫妻共同商量的比例达到60%以上，在孩子升学/择校方面的比例达到了72.5%。

其次是代际关系方面，相较于过去，当代儿媳的家庭权力有所提升。与祖辈女性在养育代际支持上的"缺席"不同，子女数量较少的父辈女性往往积极建构与子辈女性之间的关系，以求化解子辈们难以应对养家和育儿风险所带来的养老缺位问题。张爱华的研究表明，中年女性企图通过出让工作权利和因此带来的家庭权力丧失和主体性消融的方式，来生产融洽的代际关系与和睦的家庭伦理，换取子辈的感激、依恋以及未来养老的可能性。计划生育政策的实施间接促进了婆媳关系的平等化。相关婚姻研究表明，独生女是其父母唯一的赡养者、情感和精神寄托，被赋予了继嗣与继承家产的权利，家庭地位大大提升。值得注意的是，中国家庭以往是父系单系化，但现在女性经济地位大幅上升，多重因素叠加，已婚女性与娘家纽带比过去增强了，出现了以情感推动的家庭结构双系化。

（四）家庭伦理转向

当市场机制不断渗入社会机制中时，原本成员之间彼此关爱、承担责任和义务的家庭内在逻辑也被经济理性所侵蚀，在我国表现为自我中心式的个人主义。有研究用"无功德的个人"来形容农村中剥削父辈以不断增加自己财富，满足个人享受，却未履行养老责任甚至虐待老人的年轻一代。研究表明，近年来，我国城市家庭内部存在着"恩往下流"的现象，越来越多的父母为他们的成年独生子女购买住房。人们用"啃老"来描述这种代际关系不平衡的现象，并对其加以指责。另有研究则从另外的角度对此进行了分析，认为经济发展、老年人寿命延长、子女受教育程度、房价上涨使子女独立得越来越晚，特别是中产阶级的子女。按照中国养老的反馈模式来说，此时的子女并未进入反哺期，所以不算是啃老。在非反哺期时，子代能够反馈给亲代的只有情感，由此，会更加尊重亲代的意见和感受。同时，认同家本位文化的父母为了建构与子代的"协商式亲密关系"，心甘情愿地对子女无私奉献付出，从而满足中国父母永远活在子女心中的追求。

二、我国家庭现存问题

（一）家庭压力增加

研究表明，计划生育政策通过严格的人口控制手段改变了家庭的外在结构——家庭规模缩小、家庭代数减少、有老家庭占比提高、家庭性别结构失衡、家庭生命周期重心后移，而家庭外在结构的变化和人们对优生优育价值导向的内化，使得当代中国的家庭功能和家庭关系发生变化。其中，家庭功能发生的变化指的是家庭生育功能弱化和异化、家庭赡养功能弱化和高成本的"育儿焦虑"。首先，养老需求得不到满足。根据第七次人口普查的数据，我国65岁以上人口占比激增至13.5%，比2010年增加了6.81%。一方面，我国已经迈入深度老龄化的门槛之中（根据联合国的标准，65岁以上人口占比超过7%就属于老龄社会，达到14%就是深度老龄），另一方面，随着受教育年限提高、人们经济水平提高、住房条件的改善，进城务工人数的不断增多，空巢家庭也随之不断增多。子女不在身边，老年人的生活照料和情感慰藉需求得不到充分满足。在"爱幼有余而养老不足"的家庭资源分配方案下，子女对老年人的经济赡养能力也有所下降。少子化让每个家庭的孩子越发金贵，"精养"模式下，育儿成本不断提升。在学校生源、财源、师源分配不均和中产焦虑等因素影响下，教育内卷现象得以产生，家庭教育成本明显攀升。据新浪教育《2017中国家庭教育消费白皮书》抽样统计，学前教育阶段教育支出占家庭年收入的26%，义务教育和高中教育阶段占21%，大学阶段占29%。据调查，全国0~3岁的婴幼儿现有约4200万，其中三分之一有比较强烈的托育服务需求，但实际供给仅为5.5%左右，供需缺口大。

（二）女性工作-家庭冲突明显

相关调查表明中国劳动力参与率的性别差距从1990年的9.4个百分点上升到2020年的14.1个百分点，与此同时，包括美国在内的其他主要经济体的性别差距正在缩小。当前，女性工作-家庭失衡的重要原因是传统性别观念下的家务劳动性别分工不均。数据显示，2018年居民每天陪伴照料孩子生活的平均时间为36分钟。其中，男性17分钟，女性53分钟，女性是男性的3倍。在家务劳动观念上，男性偏向于将做家务劳动与否视作是自主选择，而女性则偏向于将家务劳动视作是自己的责任和义务。女性比男性感受到更多家庭对工作的干扰，而男性比女性感受到更多工作对家庭的干扰，性别观念而非性别角色决定了干扰方向。女性承担主要抚育幼儿和赡养老人的责任最明显的后果就是减少了工作参与机会和母职惩罚。尤其是在20世纪末到21世纪初，我国减少了对托育服务的公共支持，以及50岁的退休年龄的政策设定会使女性主动或者被动地回归家庭，重新专注于家庭照料活动。研究表明，老年人照料者承受着工作和家庭的双重压力，其中女性照料者面临的困境更大，被动或主动放弃就业的比例更高。其中在1989—2015年的26年间，母亲的平均工资增长率比非母亲低1.6%，子女数量对女性工资均具有显著的负向影响，且母职长期惩罚效应在近年来不断加剧，这与近年来子女照料中的以教育为代表的社会性抚育负担明显增大有关。最近一项调查发现，2019年中国女性的薪资均值仅为男性的81.6%。

（三）家庭暴力问题

最近的一些研究表明，中国的家庭暴力现象还是比较普遍的。家庭暴力不仅包括对身体的暴力、性的暴力，还包括精神暴力，即冷暴力。中国全国妇联2017年的一项调查表明，在中国，约有30%的家庭存在不同程度的家庭暴力，其中被施暴者九成是女性，日益突出的家庭暴力问题严重地侵害了妇女的合法权益，加剧了婚姻的动荡，危害了社会的安定。

（四）家庭养老问题

中国目前的养老制度尚不健全，养老保险制度基本上停留在现收现付水平上，难以形成积累。目前中国已经进入了老龄化社会，尤其是随着第一代独生子女的父母逐步迈入老年人行列，老龄人口规模必将急剧上升，无论是其经济来源保障、社会服务保障，还是精神慰藉保障，都遇到了空前的挑战，养老问题极为突出。家庭养老功能的弱化要求加强社会养老机构建设，但是中国社会养老机构还远远不能满足老年人养老需求，况且这一模式在其他国家运行过程中出现的问题也很多。因此，探索符合中国国情的养老模式，以保障老年人的合法权益，具有极大的急迫性。

（五）未成年人的家庭教育问题

影响儿童身心发展的教育方式除了学校教育、社会教育，还有家庭教育。而在家庭教育方式中最具影响力的还是亲子教育。目前，中国亲子教育问题主要表现在独生子女的教育问题、单亲家庭子女的教育问题和农村留守儿童的教育问题。就独生子女来说，由于他们出生在一个没有兄弟姐妹的特殊家庭环境中，从小受到祖辈、父母等家人的娇惯，很容易形成以"自我"为中心、任性、孤僻、依赖性强等社会化偏差问题；就单亲家庭子女来说，由于常常会遭到周围人的歧视，而有些单亲父（母）因自身的心理和生活压力并不能给予孩子及时的心理疏导和细心照顾，易使孩子形成孤独、无助、焦躁与自卑的脾性；而一些农村留守儿童由于缺少父母的看护，他们的要求不能及时得到父母亲的满足，他们的创新能力难以得到培养，再加上很容易接触到社会上一些不良的个人或群体，因而难以抵制各种诱惑，身心得不到应有的发展。

目标检测

答案解析

一、单选题

1．"每日都在重新生产自己生命的人们开始生产另外一些人，即繁殖。这就是夫妻之间的关系，父母和子女之间的关系，也就是家庭。"这是（　　　）对家庭一词的理解。

    A.弗洛伊德　　　　　　　　　　B.马克思、恩格斯

    C.E.W.伯吉斯　　　　　　　　　D.孙本文

2．学术界对家庭演化的形态有不同看法；通常认为它经历了血缘家庭、普那路亚家庭、（　　　）、一夫一妻制家庭四种形态。

    A.核心家庭　　　　　　　　　　B.主干家庭

    C.联合家庭　　　　　　　　　　D.丁克家庭

3．兰尼曾说过："一个美满的家庭，犹如沙漠中的甘泉，涌出宁谧和安慰，使人洗心涤虑，怡情悦性。"其实，从某种程度来说，这句话形容的是家庭（　　　）的功能。

    A.教育　　　　　　　　　　　　B.经济

    C.紧张缓和　　　　　　　　　　D.休闲娱乐

二、多选题

4．以下属于我国家庭现存问题的有（　　　）。

    A.家庭压力增加　　　　　　　　B.未成年人的家庭教育

    C.家庭养老　　　　　　　　　　D.女性工作引发的家庭冲突

5.家庭暴力包括（　　　）。

    A.身体的暴力　　　　　　　　　　B.性的暴力

    C.精神暴力　　　　　　　　　　　D.暴力沟通

三、问答题

6.我国现代家庭中家庭职能的变化有哪些?

书网融合……

重点回顾

模块三 现代家庭需求

通过本章内容的学习，学生能够：

1.知识目标

（1）理解家庭生命周期与家庭需求的关系。

（2）掌握家庭生命周期理论与分析家庭需求的基本方法。

（3）理解家庭需求与家庭生活质量。

2.技能目标

（1）能够掌握与使用家庭生命周期理论。

（2）能够认识到家庭需求的阶段性与独特性。

（3）能够有效分析与捕捉现代家庭需求。

岗位情景描述

案例描述　在现代家政培训基地，培训讲师在给学员们分享作为家政行业的从业人员，应当如何精准把握客户需求。她的例子是这样的：假设这样一个场景，我们都是汽车4S店的推销员，今天分别有3组客户来看车，我们应当如何根据他们的需求，来推荐最合适的车型。

第一组：小李，女，今年大学刚毕业。

第二组：小王夫妇，他们的第二个宝宝去年刚出生。

第三组：老李夫妇，今年刚退休，打算自驾短途周边游。

讨论　1.假设你是推销人员，以上3组客户应当分别推荐何种车型？

　　　　2.为何不同的客户推荐的车型不同，其中是否有规律？

　　　　3.上述规律适用于家政服务行业吗？

项目一　家庭生命周期

一、家庭生命周期概述

（一）生命周期的概念

任何个体都始终处于成长与变化之中，每种生物都必然经历一系列的变化阶段，比如人的一生要经历从母体中孕育，幼儿成长为充满活力的少年，逐渐进入最有实力与创造力的青壮年期，再到慢慢衰老直到离开世界，这就是人类的生命周期。而任何事物的发展都有类似的阶段性，到了某个特定的时间节点，就会"周期性"呈现某种规律，这种阶段性的变化过程就是"生命周期"。

生命周期的概念应用很广泛，特别是在政治、经济、环境、技术、社会等诸多领域经常使用。生命周期作为一种研究方法，通过对生命中各个阶段所包含的时间、内容、模式等方面的描述研究，来寻求和把握研究对象的性质、特征及其变化发展规律。具备生命周期的思维、方法可以帮助我们预测事物未来的发展，从而采取正确的发展策略。生命周期思维有很多经典的运用，比如"产品生命周期""APP生命周期""企业生命周期""开发生命周期模型""用户生命周期"等。生命周期之所以会被用于家庭分析，原因在于家庭作为整个社会结构中不可缺少的一个重要主体，也具有一定的周期性，具备一定内在规律，作为家政产业的管理者与服务者应当对这个规律加以把握。

（二）家庭生命周期的概念

家庭生命周期是从时间角度分析家庭的主要概念，最早在1903年就被提出，且被应用于营销学和消费者行为学的研究中。在解释消费者行为和市场细分时，家庭生命周期是一个重要的人口统计变量，不论是在商品或服务的消费领域及其他商业领域均是如此。

家庭是社会生活的基本单位，具有相对稳定性、持久性和连续性的特点，并且随着家庭组织者的年龄增长，而表现出明显的阶段性特质，随着家庭组织者的寿命终止而消亡。研究家庭的生命周期对于了解家庭在不同阶段的家庭需求具有十分重要的指导作用。

家庭生命周期是一个家庭从形成、发展直至解体呈循环运动的过程，它体现了家庭从形成到解体的阶段性变化规律。婚姻家庭的生命过程中，家庭生活规划必然受到家庭生命周期的牵动，在家庭生活规划时必须考虑到家庭生命周期的阶段性，方可达成该阶段所设定的目标。同时，不同阶段出现不同的问题，每一阶段附带必须克服的发展任务，当所拥有的技能无法应对这一阶段所面对的需求时，家庭生活质量就会受到影响，严重的会导致家庭解体、重组。

二、家庭生命周期理论

家庭生命周期理论最初由美国人类学家格利克于1947年提出。在市场营销学中，特指消费者作为家庭成员所经历家庭各个阶段形态的变化，用以分析和揭示消费者在不同阶段消费的形式、内容和特征等，从而作为市场细分的变量。大致可以分为单身阶段、新婚阶段、满巢阶段、空巢阶段、退休阶段和鳏寡阶段六个阶段。家庭生命周期理论认为家庭在不同的生命阶段上有不同的内容和任务，其理论具有较强的开放性，即研究者可以按照研究内容和研究目的，选择和划分需要的家庭生命周期，这样其理论会比其他家庭社会学理论有更强的适应性，也因此演变出多种的流派、模型。

（一）格利克家庭生命周期模型

格利克提出，家庭生命周期是从一对夫妇的婚姻演变到家庭开始，经历扩充、扩充完成、收缩、收缩完成等阶段，直至消亡的动态发展过程。他根据标志着每一阶段的起与结束的人口事件，第一次提出了清晰且相对完整的家庭生命周期，将家庭生命周期划分为形成、扩展、稳定、收缩、空巢、解体等六个阶段（表3–1）。并认为每个阶段都面临不同的主要问题，要达成不同的主要目标。

表3–1 格利克家庭生命周期模型分期

阶段	起始	结束
形成	结婚	第一个孩子的出生
扩展	第一个孩子的出生	最后一个孩子的出生
稳定	最后一个孩子的出生	第一个孩子离开父母亲
收缩	第一个孩子离开父母亲	最后一个孩子离开父母亲
空巢	最后一个孩子离开父母亲	配偶一方死亡
解体	配偶一方死亡	配偶另一方死亡

（二）杜瓦尔的家庭生命周期理论

杜瓦尔认为就像人的生命那样家庭也有共性的生命周期和不同发展阶段上的各种任务。而家庭作为一个单位要继续存在下去，需要满足不同阶段的需求，包括生理需求、文化规范、人的愿望和价值观。家庭的发展任务是要成功地满足人们成长的需要，否则将导致家庭生活中的不愉快，并给自身发展带来困难。具体而言，家庭生命周期包括相互联结的八个阶段（表3-2），每个阶段都有不同的任务。杜瓦尔所提出的生命周期的思想更为系统，论述中更多的是将家庭生命周期等同于个人的生命历程，在不同的阶段需要扮演不同的角色，所以她的划分方法在社会心理学具有更广泛的适用性。

表3-2　杜瓦尔家庭生命周期理论分期

阶段	平均长度（年）	定义	家庭问题
1.新婚	2（最短）	结婚、妻子怀孕	性生活问题 计划生育问题 交流与沟通问题 适应新的社会关系
2.第一个孩子出生	2.5	最大孩子介于0~30个月	父母角色的适应 经济压力问题 照顾幼儿的压力 母亲健康问题
3.学龄前期	3.5	最大孩子介于30个月~6岁	儿童身心发育问题 孩子上幼儿园问题
4.学龄期	7	最大孩子介于6~13岁	儿童身心发展问题 离家上学问题 适应学校环境问题
5.青少年期	7	最大孩子介于13岁~离家	学习问题 性问题 异性交往和恋爱
6.青年期	8	最大孩子离家~最小孩子离家	父母开始有孤独感 更年期问题 疾病开始增多 重新适应婚姻关系 照顾高龄父母
7.空巢期	15	父母独处至退休	重新适应俩人生活 计划退休后的生活 疾病问题
8.老年期	10~15	退休至死亡	适应退休生活 经济收入下降 生活依赖性增强 面临老年病、衰老、丧偶、死亡

（三）家庭财务生命周期理论

梅修、墨菲和罗杰斯认为，在确定和分析消费者金融需求方面，家庭生命周期是比年龄更为重要的因素，因此，引入家庭生命周期概念可以更为恰当地分析家庭的理财需求。各生命周期阶段均有不同的理财要重点考虑的因素，如表3-3所示，在人生的不同阶段有不同的财务状况，有不同的风险承受能力，有不同的理财目标；因此可以根据财务生命周期，来了解不同人生阶段的财务需求及财务目标，进行有目的的理财活动。如单身和家庭形成期在事业和生活方面注重享受即重智力投资；在成长期注重对孩子的培养和投资；在成熟期既重视孩子也不忽视自身的享受；在衰老期更注重健康方面的投资。

表3-3　家庭财务生命周期表

周期	定义	年龄	特征
单身期	起点：参加工作 终点：结婚	一般为18~30岁	自己尚未成家，在父母组建的家庭中 从工作和经济的独立中建立自我
家庭形成期	起点：结婚 终点：子女出生	一般为25~35岁	婚姻系统形成。家庭成员数随子女出生而增长（因而经常被称为筑巢期）
家庭成长期	起点：子女出生 终点：子女独立	一般为30~55岁	孩子来临，加入教养孩子、经济和家务工作，与大家庭关系的重组，包括养育下一代和照顾上一代 家庭成员数固定（因而经常被形象地称为满巢期）
家庭成熟期	起点：子女独立 终点：夫妻退休	一般为50~65岁	重新关心中年婚姻和人生的问题 开始转移到照顾更老的一代 家庭成员数随子女独立而减少（因而经常被称为离巢期）
家庭衰老期	起点：夫妻退休 终点：夫妻身故	一般为60~90岁	家庭成员只有夫妻两人（因而经常被称为空巢期）

三、家庭生命周期理论的应用

（一）家庭生命周期与家庭发展任务

家庭发展任务是指家庭在生命周期各个阶段所面临的、普遍出现的、需要家庭成员共同去解决的问题。家庭生命周期与常见的家庭发展任务的关系见表3-4。

表3-4　家庭生命周期与发展任务

家庭阶段		发展任务
家庭形成期	1.新婚阶段	a.夫妻努力经营婚姻，达到双方皆满意的关系 b.建立家庭在财务、家务分工等运作的规则 c.调整双方与家人间的关系 d.规划和准备孕育下一代 e.怀孕时做好生理、心理调适

续表

家庭阶段		发展任务
家庭扩展期 家庭稳定期	2.家有婴幼儿阶段	a.承担父母角色，并促进婴幼儿的生理、心理发展 b.建立一个舒适的家庭生活环境
	3.家有学龄前儿童阶段	a.知道孩子的特殊需要（如：安全的环境）和兴趣，并促进其发展 b.父母须调适照顾小孩所需耗费的体力及时间
	4.家有学龄儿童阶段	a.准备生育第二个、第三个孩子 b.保持家庭与学校之间良好的互动关系 c.父母共同协助孩子的学习和课业 d.参加和子女有关的活动，维持稳定的亲子关系
	5.家有青少年阶段	a.随着孩子逐渐成熟，父母宜鼓励孩子独立，并调整亲子间的关系 b.父母重新关心并建立自己的兴趣及生涯
家庭收缩期 家庭空巢期	6.子女离家阶段	a.父母给予子女在就学、工作与婚姻上的协助 b.维系家庭成为家人重要支持的来源
	7.中年父母阶段	a.夫妻间婚姻关系的再度适应 b.调整及适应和成年子女之间的互动关系 c.适应为人祖父母的角色 d.增加对小区及休闲活动的参与
家庭空巢期 家庭解体期	8.老年家庭阶段	a.面临退休的问题，而需要重新适应新的社会角色 b.学习调试因老化所带来的生理上的改变，适应半失能、失能的生活状态 c.适应配偶死亡的失落，并再度适应独居生活

（二）家庭生命周期与家庭需求

家庭生命周期理论自产生以来，就一直经历着不断修改、充实、完善的过程，并持续深化、发展。由于家庭具有明显的阶段性特征，在不同的阶段会产生不同的主要任务与需求，家庭将这些任务与需求交由社会化家庭服务机构通过服务来解决，正是现代家政服务发展的起点。一般来说，家庭生命周期直接影响家庭在某一个阶段的具体需求。

1.家庭形成期 最鲜明的特征是"多元"，这个时期，刚刚以新成立的家庭为起点，独立去面对世界，关注的事项非常多，需求也较为多元，诸如旅游、购房、金融理财、休闲娱乐、社交、学历提升等。同时，因年龄、性别、所在城市、收入不同，客户特征和需求关注点均呈现明显差异。

2.家庭扩展期 "母婴服务"的关注度提高，这一时期的主题是孕育下一代，因此，健康管理、胎教、膳食营养、孕产妇照护、母婴照护、月子会所、产后康复、婴幼儿用品、婴幼儿食品、亲子教育、家庭教育等服务与产品需求快速涌现，需求相对集中，特点鲜明。

3.家庭稳定期、收缩期 是最"忘我"的阶段。随着孩子的出生，家庭成员增多，家庭步入稳定期，逐渐背负起"上有老下有小"的压力，"一老一小"与家庭维护的压力兼顾。收入和支出均达到高峰，此阶段家庭需求十分多元，且刚需性明显，教育、医疗健康、金融理财、家庭服务、休闲娱乐等需求逐渐增多。

4.家庭空巢期、解体期 医疗康养是主线。此阶段子女已成年，整体财务状况会比顶峰期有所收缩，健康状况有所下降，医疗与健康管理、健康照护的需求大幅增长，更加关注自己和父母的健康和养老问题，同时为子女准备婚嫁金也是该阶段家庭的独有特点。

（三）家庭生命周期在家政服务领域的应用

对家庭生命周期理论的了解有助于家政人员进行家庭需求评估，以便确认个案家庭处在哪种发展阶段以及处在这种发展阶段可能面临的压力，以便更好为客户做出相应的家庭管理建议。具体来说，第一，通过家庭生命周期理论可以了解客户在不同生命周期阶段的主要需求，从而为他们提供更加标准化的规范服务。第二，根据客户的家庭生命周期阶段，提供定制化、个性化的服务，比如为处于扩展期的家庭提供个性化母婴照护服务、特色营养膳食服务等。第三，提供更多的整合性服务方案，根据家庭生命周期理论，可以为不同阶段的、跨阶段的客户提供不同的综合性服务。

四、家庭生命周期理论的意义与局限

家庭生命周期理论综合了婚姻、生育、死亡等重要的家庭课题，对家庭生命周期的研究与分析，可以对家庭需求与发展的机制进行更深入的认识与剖析，在社会学、人类学、心理学都具有重大的意义，对于现代家政学尤其具有指导作用。

家庭生命周期理论重视家庭发展中的阶段性，不同时期的家庭特征与主要矛盾，不同时期的家庭发展任务和家庭需求，不同家庭成员在家庭中的位置和角色的认知及其适应性调整等都对家政服务的发展起到重要的引导作用。

与此同时，家庭生命周期理论也存在着局限性，传统的家庭生命周期概念反映的是一种理想的道德化的家庭模式，与社会的现实状况有一定的出入。有不少学者已认识到这一概念的局限性。他们认为把家庭生命周期分为6个阶段，只适用于核心家庭，而不适用于许多亚洲国家及其他发展中国家中普遍存在的主干家庭或与其他形式的扩大家庭并存的情况；传统的家庭生命周期概念也忽略了离婚以及在孩子成年之前丧偶的可能性，即未包括残缺家庭；还忽略了无生育能力或其他原因造成的"无孩家庭"；对于有不同孩子数的家庭，含有再婚与前夫或前妻所生子女的家庭的差异也未予以反映。

项目二 现代家庭需求

一、家庭需求的概念

家庭需求是家庭为满足其成员的发展，而需要的各种物质的或精神的要求的总和。一般来说，家庭需求是家庭这一主体对自身存在和发展条件的等待状态，这种状态意味着，如果这些条件得不到满足，主体的生存和发展就会受到影响。家庭需要是家庭生活的内在动因，家庭的一切活动都是围绕着家庭需要展开的。

二、家庭需求的特征

1. 客观性 家庭需要作为主体对自身存在和发展的一种等待状态，必然具有客观性，即在一定的现实条件下，必然会产生家庭需要，不以主体自身的意识所左右。它的存在受自然因素、社会因素和文化因素影响。

2. 阶段性 家庭成员个体生命发展具有阶段性，家庭自身的生命周期也具有阶段性的特点，处于不同家庭阶段的家庭需求存在明显的不同与差异。

3. 家庭需求的差异性与一致性的统一 作为一个整体的家庭，其成员之间的需求既存在着差别又存在着共性特征，家庭生活的需求是二者的统一。

三、家庭需求的类别

1. 生理需求 生理需求是家庭最基本、最起码的需求。如满足解饥、御寒、睡眠等所需的食物、衣服、住所等方面的需求。

2. 安全需求 安全需求是家庭成员保障自身安全、健康、工作、财产、家庭安全等的进阶需求。

3. 感情需求 感情需求包括两个方面的内容，一是家庭成员个体的友情与爱情的需求，即人们需要伙伴之间、同事之间的关系融洽或保持友谊和忠诚；以及希望得到爱情，爱别人，也渴望接受别人的爱。二是作为家庭成员的归属的需求，即人都有一种归属于一个群体的感情，希望成为群体中的一员，获得一个安全的港湾，并相互关心和照顾，实际上感情上的需要比生理上的需要更要细致。

4. 尊重的需求 家庭成员个体都希望获得稳定的社会地位，希望个人的能力和成就得到家庭和社会的承认，一般包括内部尊重，即一个人希望在各种不同情境中有实力、能胜任、充满信心、能独立自主；和外部尊重，即获得家庭内部及社会关系中他人的尊重、信赖及认可。

5. 自我实现的需求 自我实现的需求，这也是家庭需求的最高层次，是指家庭成员的理想、抱负得以实现，意味着我们可以做真正的自我，家庭和善美满。

四、家庭需求的限制因素

家庭需求的存在、实现和发展，总体而言会受所处社会发展水平的制约。在时间资源有限性和家庭资源的制约下，家庭的需求往往难以得到全方位的、瞬时的满足，而是更多的呈现出周期性的特点，不同阶段的主要需求往往也不同。同时家庭内部的结构、价值观、原生家庭的影响、家庭资源、家风家训等均会对家庭需求的满足产生影响。家庭需求的满足也有一定饱和界限，即满足需要的生活资料在数量和质量上都有相对的饱和尺度。

五、家庭生命周期、家庭画像与典型家庭需求

根据家庭生命周期理论，家庭在不同阶段存在不同的典型家庭需求，见表3-5。

表3-5 家庭生命周期与家庭主要需求

阶段	家庭主要服务需求
形成	婚恋服务等
扩展	母婴照护、营养膳食、居家清洁等
稳定	家庭教育、母婴照护、膳食营养、收纳整理等
收缩	居家清洁、营养膳食、家电清洗等
空巢	医疗、老年照护、适老化改造等
解体	临终关怀、丧葬服务等

同时，需要注意的是，即使是处于相同生命周期的家庭，由于所在城市、家庭收入、年龄和风险偏好不同，需求和关注点也有所不同。我们将6个阶段的家庭进一步细分，描绘出11种典型家庭画像，分析其典型特征，构建家庭服务需求图谱，并为之匹配相应的服务。

单身时期，描绘"潮玩单身男""都市单身丽人""压力山大男"和"传统单身女"四种典型画像。"潮玩单身男"普遍收入较高，对待结婚生子态度佛系，生活重心在自身，集中于收入、理财和潮玩娱乐上；"都市单身丽人"有自己的事业追求和突出的容貌焦虑，不刻意追求结婚生子，更看重自己和父母的健康与养老；"压力山大男"的当务之急是买房买车、结婚生子，面临较大资金压力；"传统单身女"也关注结婚生子，但将更多的精力放在自己和父母身上，组建家庭后精力会从自身转移到家庭。

家庭形成期可分为"丁克族""都市备孕族"和"传统备孕族"三种典型家庭画像。

"丁克族"收入较高、盈余充足、注重生活品质、经济压力小，很早就开始为自己的养老生活打算；"都市备孕族"有生育计划，对自己、父母和下一代的关注比较平衡，家庭的核心关注点是增加收入，注重理财，并且为生育及抚育过程中的各项事项做好准备，甚至在备孕期间开始做好各项规划；"传统备孕族"家庭中男性会重点关注事业上升和收入增加，而女性则更加担忧因生育而耽误自己的事业发展。

家庭扩展期、稳定期可以分为"平衡型"和"忘我型"两种典型家庭画像。"平衡型"家庭收入水平中等偏上且往往有盈余，虽然会关注父母和子女，但不会因为养老抚小的经济压力过大而忘记关注自己的各种需求，重视家庭教育、重视休闲娱乐，一般存在较多的多元家庭需求转化实际消费，同时对父母的养老和健康关注度较高；而"忘我型"家庭，孩子是目前生活的重中之重，父母其次，最后才是自己，该种类型的家庭需求较为集中。

家庭缩减期、空巢期、解体期可分为"品质养老型"和"关注子女型"两种典型家庭画像。"品质养老型"家庭的典型特征是为子女付出主要精力的阶段结束，家庭重心转向自己，对如何使享受生活、保障自己的养老生活品质尤为关注。而"关注子女型"家庭对于自身的养老，普遍满足于刚性养老需求即可，预期的养老方式比较单一，以居家养老为主，生活重心始终围绕子女甚至孙辈。

项目三　家庭生活质量

一、家庭生活质量概述

随着我国社会经济的持续发展，居民生活水平不断提高，消费质量明显改善，人们对于生活质量的追求越来越高。生活质量一词被广泛使用，但对于它的含义尚未有一个精准的定义。生活质量既可以用来描述较高的家庭物质生活，同样地，也可以被视为精神上的幸福与享受。因此，我们需要认识生活质量这一概念的一些特点，以便可以对家庭生活质量的内涵有更精准的了解和把握。

（一）生活质量的定义

生活质量又被称为生存质量或生命质量，最早由美国著名经济学家加尔布雷，于1958年出版的《富裕社会》一书中提出。生活质量是指"人的生活舒适、便利的程度以及精神上所得的享受和乐趣"，即指人们对生活水平的全面评价。此后这一概念得到了广泛的使用。总的来看，生活质量虽然是个体的感受，但其以生活水平为基础，逐步发展，其内涵具有更大的复杂性和广泛性。之后，诸多学者开始将生活质量作为一个专门的领域进行研究，在促使生活质量和社会客观物质指标体系的完善外，也使学者们逐渐关注居民主观上对精神健康和幸福感的感受。如莫里斯（M.D.Morris）成功构建了由死亡率、预期寿命和识字率三个指标组成的"物质生活指数"评量体系，用来进行社会物质生活水平测量。也有学者从收入与财产、消费、教育、婚姻、文娱休闲、医疗健康、居住条件、社会保障、生活设施等9个方面共36项指标来分析个体家庭的生活质量情况。1992年联合国环境与发展大会上提出了"可持续发展"这一新概念。这一概念推动着人们持续关注人类生存与发展中的生活质量问题，包括客观的生活水平和主观的幸福感两个方面。21世纪以来，沿着主观的、客观的、主客结合的三种研究方向的生活质量研究还在进一步发展与完善之中。同时，有关"幸福感"的研究也汇入到生活质量的研究领域中来，并成为研究的热点。

（二）家庭生活质量的内涵

家庭生活质量即是生活质量这一概念在家庭领域的具体延伸。国外学者波斯顿和特恩布尔等将家庭生活质量做了描述性界定，即能够使得家庭需求得以满足，家庭成员共享生活的各方面条件。国外学者杰斯卡认为家庭生活质量是由家庭结构模式、可用性社交网、适应潜力、家庭理念（如信仰、态度）、疾病等综合影响的家庭需求的满足。我国社会学家风笑天将家庭生活质量定义为：在一定的物质生活条件基础上人们对家庭生活各方面的综合评价。张登国等学者也指出，客观的家庭生活环境和主观的家庭生活感受才能正确反映家庭生活质量。

结合以上定义，我们不难把握，家庭生活质量是建立在一定的物质生活条件基础上，人们对家庭生活各方面的综合评价，具体包括客观指标和主观指标两个维度。客观指标包括物质生活质量、婚姻生活质量、闲暇生活质量、健康生活质量等；主观指标是指对家庭生活质量的总体评价及相关方面的满意度。

二、衡量家庭生活质量的指标

托尔斯泰说："幸福的家庭都是相似的，不幸的家庭各有各的不幸"。家庭是社会的细胞，也是个人最重要的社会关系。家庭生活质量的高低，直接影响到一个人的整体生活质量评价。"幸福"，不是一件简单的事情，甚至不是一个客观、公认的概念。以下，我们从主观指标和客观指标的角度来分析家庭生活质量。

1.**需要层次指标**　根据马斯洛提出的需要层次理论，将需求分成生理需要、安全需要、爱与归属需要、尊重需要和自我实现需要五类，依次由较低层次到较高层次。

2.**主客观结合指标**　人们对于家庭生活质量的评价，一般包括客观指标和主观指标两个维度。客观指标一般把家庭生活质量研究重点放在影响人们生活的物质条件方面，即从居民消费、收入、吃、穿、住、行、社会文化、社会环境、社会服务等方面来看家庭生活质量。主观指标则把家庭生活质量研究重点放在对人们主观生活感觉方面，也就是从反映人们生活的舒适、便利程度的主观感受方面理解生活质量。

3.社会比较指标 家庭生活质量因存在个体的感受等主观因素，而个体的感受往往会受到比较的影响，我们常说的"比上不足，比下有余"表达的就是这个含义，因此社会指标也可作为衡量家庭生活质量的指标之一。我国家庭生活质量指标体系研究主要起源于社会发展指标特别是小康指标研究，一般包括平均工资、消费水平、社会保障情况、人均居住面积、文化娱乐消费支出等因素。

三、家庭生活质量的评估

家庭生活质量的提升由一系列有意识、有目的的探索问题和解决问题活动组成。在日常生活中，我们不断遇到各种问题，能否解决这些问题取决于我们采取什么样的行动。而适当的行动又取决于对家庭目标的设定、问题范围和问题原因的理解。家庭生活与家庭生活质量的提升过程二者是并行的。因此，作为家庭成员或者现代服务业的从业者，在我们逐步提升家庭质量计划和落实帮助提升客户家庭生活质量的介入行动前，需要先评估客户所面临的问题。

1.评估的概念 评估就是根据预定的准则、标准，去衡量家庭的生活质量，准确了解家庭成员的需求和期待以及家庭遇到的问题，并提出相应的解决方案，并与家庭成员沟通以决定方案的可行性。在现代服务业中，我们在服务介入前需要先确定客户的需求及问题的性质，了解客户需求的过程即是评估。评估包括收集问题有关的详细资料，建立工作目标和制定介入策略及相关的工作程序。

2.评估的内容 家庭生活质量评估往往围绕相关的指标进行，一般包括需要层次理论、客观与主观或主客观结合等三个方面，马斯洛需要层次理论用于识别家庭的需求层次；客观生活质量是指生活条件是否达到美好生活指标；主观生活质量是指个体如何评价自己的家庭生活质量；主客观结合则是将主观因素与客观因素按一定的比例或权重综合衡量。

3.评估的操作者 家庭质量评估一般由家庭整体或家庭成员自身进行，但也可以由现代家庭服务业服务者在家庭服务的某些细分的层面进行评估。

4.评估的程序 家庭质量评估的简要程序如下。

（1）定评估主题与范围。对家庭生活质量评估的主题、范围进行明确。

（2）收集资料。收集相关的家庭成员意见、反馈及其他主客观资料。

（3）分析和诊断。对收集到的资料进行分析、诊断、讨论。

（4）得出结论，并提出改善计划。

四、我国现代家庭生活质量中存在的常见问题

在我国社会迅速变迁的背景下，原有传统家庭的稳定状态被彻底打破，现代化及城镇化进程在很大程度上改变了家庭的规模、结构、形态、关系和功能。家庭规模小型化、家庭类型核心化、家庭形态多样化等因素使得家庭功能出现了弱化、转化、外化和社会化等趋势。其中，最具实质性意义的改变即家庭功能的变化，家庭功能与家庭需求出现严重失衡问题，出现物质生活越来越好但幸福指数却下降的现实问题。一般家庭生活质量中常见的问题包括新生家庭与原生家庭关系疏离、婚姻发展阶段的适应问题、家庭成员沟通问题、重物质体验轻感情文化沉淀、现代家庭管理意识与经验不足等。

目标检测

答案解析

一、单选题

1.一般认为家庭空巢的家政服务需求是（　　　）。

    A.母婴护理　　　　　　　　　　B.收纳整理

    C.家电维修　　　　　　　　　　D.养老照护

2.马斯洛的需要层次理论认为人最基础的需求是（　　　）。

    A.生理需求　　　　　　　　　　B.安全需求

    C.归属需求　　　　　　　　　　D.尊重需求

3.以下一般不作为家庭质量评估常用依据的是（　　　）。

    A.居住条件　　　　　　　　　　B.医疗健康

    C.生活设施　　　　　　　　　　D.家庭类型

二、多选题

4.家庭生活质量的评价是基于（　　　）。

    A.物质基础等客观指标为主　　　　B.生活满意度等主观指标为主

    C.客观指标和主观指标相结合　　　D.不依赖于指标

5.以下不属于我国现代家庭生活质量中存在常见问题的是（　　　）。

    A.婆媳关系问题

    B.新生家庭与原生家庭关系疏离问题

    C.家庭成员沟通问题

    D.家政服务难以满足家庭需求问题

三、问答题

6.托尔斯泰说："幸福的家庭都是相似的，不幸的家庭各有各的不幸"。试结合您的家庭情况，分析您认为幸福家庭的具体指标。

书网融合……

重点回顾

模块四　家庭生活管理

岗位情景描述

案例描述　张婆婆88岁，生育了两儿一女，都分别成家，老伴几年前患病去世，这几年就剩下张婆婆一个人独自生活。随着年龄越大，张婆婆的身体机能也渐渐退化了，眼睛看不太清，记忆也有些混乱，自理能力也下降了不少，有时候出门去买东西，走着走着就忘记了回家的路，好几次都是邻居看到了给送回家的。几个儿女商量着共同分担照料老人，每个儿女一个月，因为几个儿女都有各家要照顾，照顾老人就成了难题了。后来小女儿去走访了附近的养老院和医院老人科，跟哥哥们商量着要不就把妈妈送到医院老人科吧，那里有专业的医护人员和老人照护人员，可以更好地看护和照顾老人，离家也不远，费用由几个儿女共同承担，还可以经常去探望，也可以兼顾自己的家庭。

讨论　1.案例中讲述的是家庭服务中的哪个内容？

　　　　2.家庭对养老服务的需求越来越专业化，体现了家庭服务中的哪方面的发展趋势？

项目一　现代家庭管理的目标与意义

一、现代家庭管理的概念

家庭管理与其他组织管理的最大区别在于家庭成员之间的爱，家庭中因为亲情的存在，更多的是强调爱。现代家庭管理遵循着家庭生活管理科学化的原则，合理组织、调配家庭生活和家庭成员之间的关系；遵循家庭管理现代化的原则，采用现代技术方式和工具进行管理，提高家庭管理效率，减轻劳务负担；遵循家庭管理制度化的原则，使每个家庭成员自觉遵守家庭生活原则，使家庭生活规范化，具备高尚品质和美好的情操。

家庭管理是一种有目标的组织活动，是指以提高家庭物质生活质量为中心的一种特殊的家庭组织和建设活动。通过计划、组织、指导、协调、实施等方式，使家庭成员为达到既定的目标而开展的一系列活动。现代家庭管理就是为了实现家庭生活目标，对家庭资源进行动态管理。动态管理，就是因为人是不断成长的，特别是孩子也是在生长发育的；财、物特别是货币是流动性的，因此，管理也应当是一个动态的过程。管理目标是最大限度地发挥人、财、物的效益，对家庭的物质生活和精神生活进行全面的提升，从而提升家庭的生活质量。家庭管理的另一个重要目标，就是要最大限度地发挥家庭的教育功能，使我们的下一代成为社会的栋梁之材。

二、家庭生活管理的基本要素

家庭生活管理的基本要素是家长、资源和价值观。

（一）家长

这里所说的家长，不仅仅是指父母或是一家之长，而是指家庭的管理者，家庭中的每一位成员都可以成为家庭的管理者。家庭中的管理者，就是联合伴侣、子女、上一辈的力量，将家庭管理得井井有条，形成一个完整的家族，实现家和万事兴。

家庭管理的核心是担当家庭经济的夫妻，而最终由谁担任家庭的管理者，在于谁更具备管理能力。在家庭中，每个人都扮演着不同的角色，妻子既是母亲，同时承担着女儿和儿媳的身份；而丈夫既是父亲，也是儿子和女婿的身份，都在承担着相应的责任。夫妻双方首先要管好自己的言行，其次要管好自己的情绪与心态，还要管好自己的职责。作为一个家庭的管理者，要对每一位家庭成员的特性有清晰的认识，每位成员的性格、爱好和习惯都有很大的差异，此时，这个管理者就需要站起来，协调所有人，让有不同习惯和性格的人生活在一起，领导一家人，为达到整个家庭的目标而奋斗，让每个家庭成员都有自己的职责，做出自己的贡献。

要管理好一个家庭，让家庭正常运转，首先要明确家庭中需要管理的对象和内容。家庭管理的内容有三大类，分别是对人、财、物的管理。所谓的"人"，指的是如何协调和处理好家庭成员之间的关系，比如夫妻关系、亲子关系、婆媳关系等，此外，还包括家庭成员之间的分工和权利的平衡，以及儿女的教育问题等；所谓的"财"，指的就是家庭财务，如收入和开支的管理与控制以及各种理财金融活动；所谓的"物"，指的就是家庭中那些一成不变的事物，如房屋的布置、家居用品的存放等。这三大类构成了家庭管理的一个框架，它们就好像是人体的骨骼，支撑着家庭的运转。每一个类别中所蕴含的内容，就像是人体的肌肉将骨头包裹起来；而家庭成员之间的感情和家庭气氛，就像是人体的血液，它们为家庭的健康生存提供了足够的、源源不断的营养。

（二）资源

资源：基本上可以分为人力资源和物质资源两类。

"人力资源"这个术语来自于1954年德鲁克的著作《管理的实践》，他当时认为"人力资源"具有其他任何一种资源都不具备的特质，即：协调、融合、判断和想象。在家庭这个小型的组织中，人力资源大致可以概括为：由一个人的时间、精力、能力、知识、态度、个性、专长、沟通技巧等组成一个家庭具备的劳动能力的总和，并对其进行科学的管理。在家庭人力资源管理中，包括：如何分配自己的时间和精力给家庭成员、充分利用好家庭成员所拥有的资源、发挥家庭成员应有的作用，以保障家庭成员的基本生存和家庭的发展。

物质资源可以划分为个人资源、家庭资源和社会资源三大类。个人资源是指个人收入、股票和储蓄等，它是为家庭成员提供的各种财务支持；物质资源是指家庭中的房屋、家具等，它们为家庭及其成员提供了适宜的生活环境和空间；社会资源是指家庭以外的社会团体，比如亲友、邻居等，对家庭成员提供精神支援，或者是由政府所提供的社区休闲设施、文化娱乐设施、卫生服务等，社会福利机构所提供的物质援助以及相关的法律法规等。

（三）价值观

家庭价值观指的是家庭成员对家庭事务所持有的一种观点、态度或信念，同时它也是评价一个家庭的意义以及理想家庭的标准。家庭价值包括与家人关系、夫妻关系、亲子关系、亲属关系及其他家庭或婚姻事务相关的观念、态度和信念。

所谓的家庭价值观，就是指父母的价值观。父母的价值观对子女的价值观有深远的影响，所以父母要以身作则，让自己的价值观引领自己的行为，这样才能在潜移默化中影响和感染子女，让子女形成正确的价值观；一个家庭的价值观体现在父母对子女的教育上，父母的价值观直接影响着子女未来的人生发展。

树立良好的家庭价值观能够更好地体现家庭的独特性，激发出家庭成员共同的价值标准，更有利于家庭成员去秉持共同的价值观。家庭价值观并不是一成不变的，它也不是一朝一夕形成的，而是在家庭成员的相处中、夫妻之间的沟通中、养育孩子的过程中，逐渐形成、调整和积累起来的。

判断一个家庭的价值观是否符合时代的需求，是看它能否培育出为时代所需要、为社会所普遍认可的文明家风，还要看它怎样运用社会主义核心价值观来引导家庭文明建设，让个人的品德得到锤炼，书写和传颂家庭美德，遵守职业道德，弘扬社会公德。

随着时间的推移，家庭价值观也随着社会的发展和进步而不断变迁和完善。在新时代，由于社会的物质生活水平不断提升，人们在精神层面上对幸福的需求也越来越高，因此，家庭价值观的凝聚力和基石作用日渐凸显。与之形成鲜明对比的是，传统的家庭观念里的家庭结构和家庭生活方式都有了新的改变，家庭关系、亲子关系和代际关系也呈现出新的表现形式。在现代社会，习近平总书记在首次全国文明家庭表彰大会上，提出了一项重要的思想，那就是"要在家庭中培育和践行社会主义核心价值观，引导家庭成员特别是下一代热爱党、热爱祖国、热爱人民、热爱中华民族。要积极传播中华民族传统美德，传递尊老爱幼、男女平等、夫妻和睦、勤俭持家、邻里团结的观念，倡导忠诚、责任、亲情、学习、公益的理念，推动人们在为家庭谋幸福、为他人送温暖、为社会作贡献的过程中提高精神境界、培育文明风尚。"这既是社会主义核心价值观对构建文明家庭的本质要求，同时也是树立正确的家庭价值观，使千千万万的家庭成为国家发展、民族进步、社会和谐的重要基石。

三、家庭生活管理的目标

家庭生活目标是指每个家庭成员的共同意念，是家庭共同的目标；家庭目标的设置应与家庭相适应、明确无歧义；要随时对目标进行检视，不断激励家庭成员为实现目标而努力奋斗；同时，目标要有明确的执行时间及完成期限。根据目标的明确方向、想要的结果和实现结果的过程，构建成三位一体的目标系统。

意义目标：即一个家庭所期待达到的一种抽象的状态，或者说是一种效果，可以为家庭提供明确的方向，激发人的激情。意义目标可以使家庭有目标感、方向感和意义感。

成果目标：即一个家庭通过努力所希望达到的结果，它必须是可量化的、可衡量的，有明确的时间期限的。按照完成时限，成果目标依次可以分为长期目标（即终身目标）、中期目标和短期目标。长期目标是用终生的时间来计划和完成的，如终身职业、身心健康、子女教育等；中期目标可以用五年、十年甚至更长时间来规划，如生育子女或购买房屋等；短期目标可以用一年、三年甚至更短的时间来规划，如购买新的沙发、计划一次家庭聚会、假期旅游等。

行动目标，就是为了实现结果的一个过程，是家庭成员为了实现目标而付诸行动的过程，它的作用就是让家庭成员明确自己需要做什么，确保在过程中不会迷失方向。

在成果目标之前，必须要有一个作为支撑点的意义目标，在成果目标之后，必须要有一个可行路线图的行动目标。

四、家庭生活管理的基本原则

家庭自身存在和发展的客观规律，不同的管理方式会展现出不同的面貌，如何科学地管理好家庭，主要把握以下几方面原则。

1.科学原则　在家庭管理中，运用科学的原则，利用先进的现代技术和方法，发挥家庭的各项职能，保证家庭生活的顺利进行，进而改善家庭生活质量，促进家庭的稳定。

2.计划原则　系统性地做好家庭计划，是首要的家庭管理工作。从家庭生活的各方面进行规划，满足家庭成员不同的需求，对家庭生活的现在和将来都有完整的、长远的计划，例如家务的分配、子女的教育、养老等。

3.民主原则　现代家庭的一个标志是家庭成员之间建立起真正民主平等的关系。民主不仅是家庭成员之间尊重彼此的人格，还是家庭管理决策的工具。家庭中的一切重大事情，应该经民主商讨，取得一致意见再付诸行动。

4.制度化原则　家庭管理制度化就如国家实行法制建设一样。一个好的家庭生活环境，是由于有了家庭日常生活管理制度的保障，把制度、规范在一定程度上固化在家庭成员的行为准则之中。在家庭管理中，要根据家庭生活的实际情况，把握好、运用好家庭管理中的制度，才能达到家庭管理效能的最大化。

五、家庭生活管理的意义

（一）建立和谐的家庭

一个和睦的家庭，需要家庭成员共同参与管理的。家庭管理不仅仅是父母的责任，还需要家长的配合及孩子的参与。随着"三孩时代"的来临，亲子关系处于一种持续的被打破又不断重新建立起来的均衡状态，这是一种具有流动性的、复杂性的关系，因此，在家庭中，经常会出现一些小小的冲突，这是非常常见的事情。家长要对自己的子女进行正确的引导，让他们能积极地参与到家庭管理活动中，不管是家务劳动还是家庭事务，让子女在参与的过程中，培养他们的独立能力。与此同时，也能让子女感受并了解到为人父母的不易，让他们学会理解和感恩。

要构建一个和谐的家庭，就必须从教育、关系、卫生、文化、财务等几个方面着手。

建立和维系一个融洽的家庭关系是非常关键的，要正确处理好夫妻关系、婆媳关系、亲子关系，要重视夫妻双方的感受、重视父母的健康、重视孩子的成长，使家庭中每一位成员都在充满爱、温暖、正能量的家庭生活中，建立正确的家庭价值观。

（二）持续向上发展的家庭

一个家庭的发展，离不开共同的奋斗目标，也离不开共同的价值观。一个积极向上的家庭，是不能缺少包容、理解、尊重、欣赏和感恩的，父母要经常审视自我，更新家庭管理理念，互相激励，互相启发，互相学习，久而久之，就会形成一种积极向上的态势。

（三）形成良好的家风

家风，是家族或家庭世代相传的风尚与风气，影响着后代的命运，决定着家族的兴衰。俗话说得好，幸福的家庭都是一样的，但不幸的家庭，各有各的不幸。确实，受家庭环境、知识水平、社会环境等诸多因素的影响，每个家庭都有本难念的经。一个家庭想要兴旺发达，那是需要一代代人共同努力的结果。在充满爱的家庭环境中，孩子懂得关爱父母、关爱手足；父母尊重孩子，孩子才会学会自尊和尊重他人。父母是孩子学习的榜样，父母的言传身教形成了一个家庭的价值观，也逐渐形成了一个家庭独特的家风。

项目二　家庭管理的基本内容和方法

一、家庭管理的基本内容

家庭管理的基本内容可以分为五类，包括家庭教育管理、家庭关系管理、家庭健康管理、家庭文化管理、家庭财务管理。

（一）家庭教育管理

家庭是人生的第一所学校，家庭教育奠定人健康成长的根基，与学校教育和社会教育相比，家庭教育有其特殊的基本规律。良好的家庭教育源自良好的家庭教育管理，好的家庭教育管理取决于家长的自我完善。在一个有着极其丰富和充分物质条件的社会中，孩子最需要的是心理的陪伴和经验的引导。家长的陪伴和引导能够释放孩子的个性和培养孩子的能力。作为家庭教育管理的陪伴者和引导者，要适应时代的发展，要从以下几方面做出努力。

1.教育观念要与时俱进　家庭教育的效果往往不取决于家长学历高低、知识多少及家庭条件好坏，更多的是取决于家长对孩子教育的重视程度、价值观、教育的知识及个人的行为修养。家庭教育理念在不断更新，家长也要及时更新教育理念，共同承担家庭教育的责任，父母双方要调整好自己的家庭角色，做好时间规划，多陪伴孩子，提升孩子的安全感和幸福感。

2. 父母要言传身教 父母是孩子最好的老师，父母的言传身教潜移默化地影响孩子的品行。父母生活方式、思维方式、教育方式和处世方式，都会对孩子的性格、心理和行为起着关键作用，并且会产生长期、深远的影响。

3. 家长与孩子共同成长 家庭教育既是对孩子的教育，也是对家长自身的教育。家长与孩子共同生活、陪伴成长，是家庭最基本的生活方式。最好的家长应该是持续学习、善于改变的。家长首先要对自己的人生做好规划，要持续学习，不断提升自我，紧紧跟上孩子成长的步伐。只有家长不断进步，孩子才会有所成长。

（二）家庭关系管理

一个人幸福指数的高低，往往建立在和睦的家庭关系上。一个家有了温度，才会有幸福感。所谓的"家庭关系"，指的是以婚姻、血缘或以法律关系为基础，形成的一定范围内的亲属之间的权利和义务的关系。和谐的家庭关系是需要用心经营的，具体表现在以下几方面。

1. 家庭中的三观要一致 家庭关系中的三观，指的是在家庭中形成的世界观、人生观和价值观，是指家庭成员对事物的看法和意见。一个家庭的三观，一定要大致相同，无论是待人接物，还是对事情的看法都是一致的，家庭关系才会和谐。

2. 家庭成员要相互接纳 接纳自我，指的就是能够理性、客观、积极地看待自己，坦然面对和接受自己的不完美和缺陷，并且发自内心地认可自己。接纳家人，就是面对家人的不完美，停止逃避，停止埋怨，学会了解每个人做出行为背后的真实想法。接纳家人，就是无条件地爱家人，接受家人本来的样子，与家人平等地沟通，用心地陪伴，让家人感受到家的温暖。

3. 家庭成员之间要有边界感 所谓的边界感，指的就是我们对自己与他人之间的界限进行了定义，在与他人相处的时候，要清晰地知道哪些事情是可以做的，哪些事情是不可以做的，不会去干涉别人的决策，也不会让别人干涉自己。建立清晰的家庭界限，与原生家庭之间不跨界，互不干扰家庭事务。在任何关系之间，都要有边界感、分寸感，这是最基本的社交原则。保持边界感并不意味着疏离，也意味着排斥；与人建立边界感，是一种替他人考虑的体贴，更是对事物的理性认同。在家庭成员的相处中，当夫妻关系、亲子关系、婆媳关系等失去了边界感，家庭关系就会出现"失衡"的现象。

（三）家庭健康管理

家庭健康管理指的是以家庭为单位，从社会、心理、环境、营养、运动等角度进行全面的健康保障服务，根据家庭成员的性别、年龄、身体状况、社会压力、生活习惯等方面，对他们患病的风险进行分析，进而对健康的危险因素展开全方位的健康评估和管理，协助并引导家庭成员有效地掌握和维护自身的健康。

《"健康中国2030"规划纲要》对健康中国的建设目标与任务进行了明确的阐述。强调要以预防为重点，倡导健康、文明的生活方式，做好家庭健康管理，加强对重大疾病的预防和控制。以家庭为单位的健康管理是推行全社会健康管理的关键一环，因此，从微观层面上提高居民对家庭健康管理的认识，进而从微观层面上改善居民的生活习惯，对于全社会的健康管理观念的形成具有十分重要的作用。最近几年，随着人们对健康认识的不断提高，家庭健康管理的理念也逐渐受大众所熟悉。针对如何做好家庭健康管理，有以下三方面的建议。

1.在日常生活中养好良好的生活习惯　随着我国经济的飞速发展，人们的生活质量发生了翻天覆地的变化，我国面临着慢性病高发的威胁。据研究显示，我国人民的健康状况受到各方面的影响，有8%源于医疗因素，60%源于行为和生活习惯，17%源于环境与社会因素，15%源于遗传因素。而起决定性因素的是人们的日常行为和生活习惯。

在进行家庭健康管理时，要从家人的生活起居开始，要注重家居的环境卫生，让家人和自己都保持良好的卫生习惯；同时还要注意控制自己的情绪，调整自己的饮食习惯，养成良好的锻炼习惯和生活习惯，以上都是预防疾病的首要条件。

2.关注家庭成员的心理健康　在一个家庭的不同成长阶段，家庭成员都有可能出现因自身或外部因素而产生心理健康问题，比如学习压力、工作压力、家庭压力以及两性交往压力等。因此，家庭成员之间要进行平等的沟通和交流，要尊重家庭成员差异化的心理需求。家庭成员之间要互相信任，当对方做了错事的时候，不要一味地指责、批评来否定对方，要多说鼓励和安慰的话；要对不良的情绪进行及时的疏导，营造相互理解、相互信任、相互支持、相互关爱的家庭氛围和融洽的家庭关系。一个轻松、正面、积极向上的家庭氛围，家人之间要相互包容和理解，这是确保家人心理健康的关键。

3.掌握家庭成员的健康状况　家人共同生活的时期，身体上的不适是最容易被发现的。所以，对于家庭成员的健康状况的关注尤为重要。正因如此，才需要对于家庭进行健康保健教育，让每一位家庭成员都能够成为家庭健康的监护者与管理者。当家庭成员中有健康问题出现时，及时调养也是家庭成员互相关爱的体现。

家庭中的每一个成员都应该学习健康管理，将健康管理掌握在自己手中，用自身的实际行动去影响和改变家人和朋友。只有懂得维护健康的知识，并在生活中做到，才能拥有健康。

（四）家庭文化管理

家庭文化指的是以家庭的物质生活为基础，从而形成的家庭精神生活及其成果。它不仅包含了家庭的衣食住行等物质生活中所反映出来的文化色彩，还包括了家庭道德伦理、家庭文化生活、爱情婚姻生活、亲子陪伴生活、隔代照料生活等所反映出来的核心价值与行为准则。

家庭文化肩负着家族精神世代相传的责任，它承担着以爱为根本的文化传承，它反映着家族的集体意志，陶冶着家族成员的人性美德，它无时无刻影响着人们的精神世界，滋养、丰富和充实着人们的精神生活，在不知不觉中对人们的道德意识、价值取向、行为举止和文明素质产生影响，甚至对人生道路选择、人生价值取向、人生发展方向和归宿产生影响。古人说，"道德传家，十代以上，耕读传家次之，诗书传家又次之，富贵传家，不过三代。"清末四大重臣之一的曾国藩就是中国古代最杰出的家风文化践行者，他传承给子孙的家庭文化体现在《曾国藩家训》中，通过言传身教，一代代教化，让曾氏家族200年来名望子孙辈出，八代无一"败家子"。

随着社会的变迁，人们的思想观念也在不断更新。因此，要更加重视家庭文化建设，并引领家庭文化的正向发展，从而将优秀的家庭文化传承下去，这对于对构建和推动和谐家庭与和谐社会的发展有着积极的意义。

（五）家庭财务管理

家庭财务管理就是对家庭的财产进行管理，是为了保障所有家庭成员人生中大事的资金需求。简单来说，就是为了家人在需要花钱的时候，能提前预判且做好相应的保障。优秀的家庭财务管理，并不在于挣得越多越好，而是将资金握在手里，能提前做出规划，为即将发生的事情做好准备，为家庭未来大大小小的目标事件做好储备。

家庭财务管理主要内容包括以下几项。

1. 设定家庭财务目标　为了管理好家庭财务，家庭首先必须在考虑每个成员的不同价值观和需求，制定共同的财务目标。目标是具体的、可衡量的。例如，"存很多钱"是一个很模糊且难以实现的目标，而"每月为孩子存教育基金1000元，为退休养老金存1000元"则是一个更具体的目标，可以按照自己的现实情况，在能力范围内设定目标，就可以很容易实现了。

2. 做好家庭财务预算和计划　每个家庭都应该制定一份能遵守的家庭预算和计划，预算和计划应该符合家庭收入水平和每个成员的需要，包括生活必需品的日常家庭开支，例如，房贷、房租、交通费用、水电煤费用等、医疗费用、学费、娱乐费用、赡养父母等。

3. 家庭财务的增值　家庭财务增值，一般是通过储蓄、投资（如股票、基金、房产等）等手段来增加财务资本，实现教育和养老的资金需求和投资规划。

4.家庭财务的保障 家庭财务的保障，主要是指针对家庭成员的健康、人身、财产保障等的保险计划。人生有太多的不可预料，当疾病、意外发生之前，做好风险规划，提前配置好医疗、重疾、意外、寿险等，可规避风险。

二、家庭管理的方法

家庭管理是一门大学问，怎么管理也是因不同家庭而异，一般可以从以下四个方面做起。

1.做好家庭管理规划 规划的目的是为了让家庭更好的生活，让家庭遇到任何风险的时候，都有能力去抵御风险的发生和管控家庭风险。对家庭生活认真计划安排，是保证家庭稳定正常运作的前提和保证。

2.家庭成员分工明确 随着家庭结构的变化与社会的发展，不同的家庭的分工模式各有不同，但都要做好沟通，分工明确，共同承担家庭的责任。好的分工基于共同的参与、充分的互动；又兼顾到各有所长和家庭内部的具体需求。父亲母亲的角色需相辅相成，应该按照各自的擅长来分工，两者的合作不是刻板的，而是共同参与、互相协作。

3.共同参与家庭管理 孩子有参与家庭、文化和社会生活的权利，有权参与和自己有关的生活，这不是一个选择，而是一个原则。孩子是家庭的一员，父母在处理家庭事务时，能静下心来倾听孩子的意见和心声，这样许多矛盾就会化于无形。让孩子参与家庭事务，并协助解决一些家庭问题，这样既可以维护家庭的和谐，还可以增强孩子的成就感，培养孩子的责任感，而这些都会转化为孩子进行自主学习的原动力。

4.建立信任感和安全感 信任，是一个家庭和谐幸福的关键，对孩子的健康成长也至关重要。在家庭管理里，父母与子女之间，也同样需要信任。作为父母，给孩子以充分的信任，孩子就会乐观自信。信任的产生和安全感息息相关，当我们给予家人足够的安全感时，与对方的相处便会更加温馨美好。

项目三 家庭服务社会发展趋势

一、家庭服务的现状

家庭服务指的是以家庭为服务对象、向家庭提供服务、满足家庭需求的产业，它涉及家务劳动、家庭护理、维修服务、物业管理、社区导购、生活百事等人们日常生活中的方方面面。

随着我国家庭服务行业专业化程度和职业化发展不断提高。"保姆"一词被"家庭服务员""家庭服务师"所替代，反映出家庭服务工作者在自身素质、专业服务技能等方面都在持续地提升，他们的社会地位也日益提高，并得到了大多数人的尊重和认同。家庭服务涵盖的领域随着居民生活水平的提高和消费结构的转型升级，需求更加多样化，消费者对于家庭服务行业细分程度的要求显著提升，服务的标准也越来越高。

家庭服务的发展，一方面体现在服务内容的拓展，家庭教育、家务管理、家庭理财、医疗保健、营养膳食、配送和居家养老等新兴服务进入家庭服务范畴，月子护理、搬家、保洁等服务的专业性也越来越强。与此同时，服务对象不断拓宽，涵盖了从新生儿、幼儿、少年、成年，到单亲家庭、老人和残障人士等不同年龄阶段、不同收入水平的居民群体。

二、家庭服务的内容

家庭服务主要包括居家服务、社区照料服务、养老照料服务和病患陪护服务四个方面。

（一）居家服务

随着社会经济的发展和人们生活方式的改变，居家服务的内涵与外延也在悄然发生着变化。居民健康意识和消费理念逐步升级，新时代的居家服务内容不再局限于提供传统的洗衣、做饭、带孩子"老三样"服务，朝着精细化、专业化、科学化的方向发展。这样的变化与升级，客观上对居家供需服务的精准适配提出了更高要求。

在健康监测、居家护理新手段、新模式、新产品不断涌现的情况下，深化内容创新，拓展服务外延，延伸服务触角，延长产业链条，丰富居家服务内容的创新供给，赋予服务内容以更多的附加价值，推动了居家服务供给侧结构性改革，更提高了居家服务的品牌价值与社会经济效益。

（二）社区照料服务

社区照料服务一般包括社区居家服务和社区公共服务。社区用户黏性强、便利化程度高，能够节约服务成本和人力成本、贴近居民生活，有利于拓展服务范围。社区居家服务、居家养老、日间照料、陪护等服务项目如果建立于社区，不仅便民利民惠民，也是建立幸福社区的重要组成部分，可获得社会效益和经济效益双丰收的效果。

伴随居民收入水平的持续提高，以及新型城镇化、老龄化进程的快速推进，社区服务需求极大释放，居家服务、养老、物业等社区服务市场迅速发展。社区服务业产业化、社会化程度不断加深，已初步形成政府出资、企业投资、社会捐资的多元化投入格局。

（三）养老服务

养老服务指的是为老年人提供必要的生活服务，满足其物质生活和精神生活的基本需求。

党的二十大报告指出："实施积极应对人口老龄化国家战略，发展养老事业和养老产业，优化孤寡老人服务，推动实现全体老年人享有基本养老服务"。推动实现全体老年人享有基本养老服务，为老年人提供基础性、普惠性、兜底性服务，使发展成果更多更公平惠及老年群众，是落实以人民为中心的发展思想、推动共同富裕的重要举措，也是实现全体老年人老有所养、老有所依、老有所乐、老有所安的重要支撑，对于不断增强老年群众获得感、幸福感、安全感，积极应对人口老龄化，具有重要的现实意义。

新形势下，健全养老服务体系，推动养老服务高质量发展，不断创新养老服务模式，探索推行多元互补、多级联动的养老服务运营模式，让老年人享受到科技与社会治理水平进步带来的便利，使高质量的养老服务惠及居家和社区养老的老年人，提升老年群体的便捷感、安全感、舒适感，让每一名老年人都能老有所养、老有所依、老有所乐、老有所安。

（四）病患陪护服务

病患陪护，是具有护理知识和技巧的专业人员在医院、社区或家庭中协助护理人员和病患家属，为失能患者提供安全陪伴、生活照料；在人们生病、行动不便或者有特殊病痛时，协助患者完成基本生活和生存需求。

一人生病，全家受累，这是很多患者家属的亲身感受。病患陪护服务无疑成为了许多独生子女的"救命稻草"。病患陪护从生活护理到专业护理，经过培训的病患陪护人员都可以做到，有了病患陪护，不仅可以减轻家属的负担，老人也能得到更好的照料。

现今市场对病患陪护照料工作者的需求量越来越大，病患陪护市场前景广阔。从需求上看，面对老龄化加剧的现状，老人患病，独生子女无暇照顾成为社会要面临的一大问题。病患陪护从生活护理到专业护理全面照顾病患，有了病患陪护的存在，家属不仅可以减轻负担，老人也能得到更好的照料。从社会意义上看，病患陪护可以满足病患康复的需求，为护理人员减轻工作压力，完善医院服务体系，同时也提供了更多的就业机会。

三、家庭服务的发展趋势

社会经济不断发展、三孩生育政策实施以及人口老龄化程度加快，家庭服务业市场需求日益增长、行业细分日益深化与新技术新模式的结合日益紧密，引发了社会各界高度关注和广泛热议，成为事关"调结构、稳增长、促就业、优民生"的新业态。家庭服务的发展呈现出以下几方面趋势。

（一）家庭服务人才专业化

随着人民生活水平的提高，家庭服务呈现出更多样化发展态势，而培训也将随着服务项目的分化，而进一步细化。传统的保洁等项目培训将进一步细分，更加专业；母婴护理（月嫂）培训成为居家服务培训的主要内容；专业化程度高的家庭教育、家务管理、医疗保健、营养配餐、居家养老等新兴服务培训也将进入家庭服务培训范畴。

家庭服务的高质量发展，应当以人才培养为核心。加大培训指导力度，着力提升家庭服务从业人员整体素质。家庭服务从业人员素质的高低，决定着家庭服务业未来的发展。职业教育和技能培训是全面提升家庭服务从业人员素质的关键环节。根据市场需求、用户需要和从业者的特点，开展不同层次、不同内容、不同等级的职业技能教育和培训，强化家庭服务从业人员的专业化程度和综合素质的培训。

牢固树立人才是第一资源的理念，重视家庭服务人才队伍建设和培养，是促进家庭服务业高质量发展的原动力。

（二）家庭服务行业职业化

家庭服务行业职业化是社会主义市场经济发展的必然要求和趋势。所谓职业化，就是一种工作状态的标准化、规范化、制度化。全面推行家庭服务人员就业岗前培训、岗位技能提升培训、转岗转业培训和创业培训，切实扩大家庭服务人员供给，满足家庭服务产业发展需求。

把家庭服务从业人员作为职业技能培训工作的重点，落实培训计划和培训补贴等各项政策，统一培训机构资质规范，统一培训考核标准、考核程序和考核办法。以规范经营企业和技工院校为主，充分发挥各类职业培训机构、行业协会以及工青妇组织的作用，根据当地家庭服务市场需求和用工情况，开展订单式培训、定向培训和在职培训。依托各类职业技能培训机构，加强家庭服务从业人员实训基地建设，实施居家服务员、养老护理员和病患陪护员等家庭服务从业人员定向培训工程，对居家服务、养老服务和病患陪护服务等机构招聘从业人员进行培训的，按规定给予培训补贴。在市场需求与培训需求的基础上，通过一系列的职业化理论培训与专业化技能训练，切实提高从业人员的综合素养与专业技能水平，分门类、分层次、分阶段为从业者构建通畅的职业晋升通道，为家庭服务业的长远发展提供人才保障和智力支持。

（三）家庭服务数字化转型

在中国移动互联网和大数据等信息技术发展的大背景下，家庭服务行业数字化转型正在快速推进，用户需求线上化趋势极为明显，相关企业将借助互联网家庭服务平台、本地生活平台等线上渠道获客，实现数字化转型。此外，在数字化的赋能之下，未来行业将借助技术手段，实现人才选用、人才培育、人员管理的智能化与可持续化。

互联网家庭服务实现了传统家庭服务的智能线上化，优化了传统家庭服务运作模式，凭借强大的技术支撑，通过优化库存管理、员工管理、服务体验来改善传统中介的运营模式。"互联网+家庭服务"迎合了大众消费习惯，让消费者足不出户就可以享受到专业的到家服务，家庭服务公司通过线上接单服务。"互联网+家庭服务"服务模式，实现现有家庭服务需求和供给的精准对接和高效匹配，优化线上线下融合，协同互动的消费生态，同时也为家庭服务小微型企业和个体提供数据化管理，制定和提升行业服务标准，提升服务水平，为行业发展注入新的活力。

中国的城镇家庭大部分居住于小区之中，具有用户黏性强的特点。引入云计算、大数据、区块链和人工智能等技术，建设智慧管理服务平台，促进线上线下服务融合发展。整合居家服务、社区服务、养老照料服务、病患陪护服务等社区到家服务，链接社区周边生活性服务业资源，建设便民惠民智慧生活服务圈。推进社区智能感知设施建设，提高社区治理数字化、智能化水平。家庭服务的未来发展方向是最大化劳动力使用效率、节省服务成本和人工成本，从而促进了家庭服务社区化发展，并在此基础上开发与其他生活服务融合的趋势。

（四）家庭服务制度规范化

《家庭服务业管理暂行办法》对家庭服务机构、家庭服务员和消费者的权利、义务进行了规范，并对监督管理和有关法律责任进行了界定，让家庭服务业有法可依。

"持证上岗"是家庭服务行业规范化发展的重要趋势，凭借互联网+、大数据等数字化处理技术，构建从业人员"持证上岗"、服务机构"公司化管理"、政府监管"多方联动"的家庭服务管理新体系，形成家庭服务业、政府和市场合力共同监管的有效模式，推进家庭服务信用体系建设，促进家庭服务行业"提质扩容"向高质量发展，共同助力稳就业、促就业。

严格监管和落实家庭服务企业主体责任，特别是互联网家庭服务企业，贯彻实施家庭服务业国家标准、行业标准和地方标准。家庭服务人员依据标准化进行培训、考核，注重道德素质水平的考核，在合格后才可准入市场。同时遵守相应的登记条例，相应的从业人员信息应详细地录入系统以备考核，对于个人信息不明确者严禁从业。根据让家庭满意、让从业人员满意的要求，推行服务承诺、服务公约、服务规范，提高服务质量。依法规范家庭服务机构从业行为，开展市场清理整顿，加强市场日常监管，严肃查处违法经营行为，坚决取缔非法职业中介，维护家庭消费者合法权益。

建立统一的家庭服务综合管理服务平台，依据国家和省有关促进、规范各类家庭服务业发展的政策措施、相关标准等，归集家庭服务机构和家庭服务人员基础信息、信用信息，并依法为公众提供查询等公共服务。家庭服务机构、家庭服务人员实行评价制度，建立家庭服务消费者评价制度，建立家庭服务人员服务经历、服务评价等跟踪评价档案。家庭服务机构、家庭服务人员与家庭服务消费者之间相互进行客观评价，为消费者和家庭服务人员双向选择提供参考。

目标检测

一、单选题

1.以下不是家庭生活管理基本要素的是（　　　）。

    A.家长 　　　　　　　　　　　B.资源

    C.孩子 　　　　　　　　　　　D.价值观

2.下列关于家庭管理的说法有误的是（　　　）。

    A.家庭管理是通过计划、组织、指导、协调和实施等方式，使家庭成员为达到既定的目标而开展的一系列活动

    B.家庭管理是为了实现家庭富裕

    C.家庭管理对家庭资源进行静态管理

    D.家庭管理是一种有方向的组织活动

3.下列不属于家庭管理基本内容的是（　　　）

    A.家庭文化管理 　　　　　　　B.家庭关系管理

    C.家庭健康管理 　　　　　　　D.家庭经济管理

二、多选题

4.家庭生活管理的基本原则是（　　　）。

    A.科学原则 　　　　　　　　　B.计划原则

    C.民主原则 　　　　　　　　　D.制度化原则

5.家庭服务主要包括的内容有（　　　）。

    A.居家服务 　　　　　　　　　B.社区服务

    C.养老照料服务 　　　　　　　D.病患陪护服务

三、问答题

6.什么是病患陪护服务？

书网融合……

重点回顾

模块五　家庭成员照护

学习目标

通过本章内容的学习，学生能够：

1.知识目标

（1）把握孕产妇、婴幼儿、老年人、患者照护的相关服务需求。

（2）掌握孕产妇、婴幼儿、老年人、患者照护的相关基本知识。

（3）掌握照护的基本流程、要点、注意事项。

2.技能目标

（1）掌握孕产妇、婴幼儿、老年人、患者照护的技能。

（2）熟练掌握照护服务的基本流程、工作要点。

（3）能够提供具有人文关怀的照护服务。

项目一　孕产妇照护

岗位情景描述

案例描述　赵女士，27岁，孕37^{+4}，居家待产，平时正常参加产检。于孕38^{+5}时破水入院，顺产一健康男宝宝，出生体重为3.2kg，会阴无侧切、无撕裂，生命体征正常。

讨论　1.赵女士孕期的照护要点是什么？

　　　　2.赵女士产后的照护要点是什么？

一、孕妇照护

1.妊娠期营养原则

（1）营养全面均衡　妊娠期营养关系着母亲、胎儿的健康，均衡膳食对于孕妇和胎儿都是至关重要。糖类、蛋白质、脂肪、纤维素、水、维生素和矿物质7大营养素是孕妇日常饮食的基础，每天必须保证充足的摄入量。因此，孕妇饮食一定要保证营养全面、饮食均衡、品种多样，满足孕妇和胎儿所需。

①糖类食物　糖类主要是碳水化合物，是为生命活动提供能源的主要营养素，它广泛存在于米、面、薯类、豆类、各种杂粮中，可以提供人体所需的能量。

②优质蛋白类　蛋白质是维持生命不可缺少的营养物质。肉、鱼、蛋、豆类等食物中含有大量优质蛋白，是营养丰富的食物。

③油脂类　脂肪是储存和供给能量的主要营养素。孕妇每天应摄入一定的油脂，每次做菜时适当添加一点植物油。

④纤维素类　蔬菜水果类能补充纤维素，深绿色蔬菜可以调节人体生理机能，蔬菜水果中的纤维可以促进肠胃蠕动。

⑤水　水是生命的源泉，人体细胞的重要成分是水，正常成人水分大约为70%。水来源于各种食物和饮水，水有利于体内化学反应的进行，在生物体内还起到运输物质的作用。

⑥维生素类　维生素是维持生理功能的一类微量有机物质，必须通过食物获得。维生素对维持人体生长发育和生理功能起重要作用，可促进酶的活力或为辅酶之一。常见的维生素有：B族维生素、维生素C、维生素D、维生素E、维生素K等。

⑦矿物质类　矿物质是人体必需的元素，包括钙、磷、镁、钾等，在体内不能合成，必须从食物和饮用水中摄取。

（2）饮食卫生要重视　为了孕妇和胎儿的健康，孕妇对饮食卫生必须格外注意，防止病从口入。

①尽量选购高质量的食物，选取的食物应有质量安全标志。

②尽量食用经过处理、彻底煮熟的食物，确认食物或食材的保存期限。

③烹调食物或用餐前要洗手，切实做好食物的保鲜工作。

（3）妊娠期补充必须营养素

①叶酸　叶酸是一种维生素，可以预防胎儿的神经管畸形。叶酸补充的最佳时间应从备孕前3个月至整个孕早期，每天补充的量是0.4mg。准妈妈在备孕期间就服用0.4mg叶酸可以使胎儿神经管畸形率下降85%。

②铁剂　随着胎龄的增大，孕妇血容量增加，血浆增加造成血红蛋白稀释，是呈一个稀释性的贫血状态，会出现生理性贫血。因此在孕中期要补充铁预防缺铁性贫血，含铁丰富的食物包括：动物的内脏，如猪肝、鸡肝；动物全血，如猪血、羊血；瘦肉类食物，蔬菜类食物，比如黑木耳、菠菜等。

③钙剂　钙是骨骼发育的重要元素，在孕中期，胎儿生长发育需要大剂量的钙，孕

早期可通过饮食补充，每天可食用奶制品或新鲜奶。孕中期后，除饮食补钙之外还需补充钙片。

2.孕妇常见症状　妊娠期出现不适症状是孕妇普遍的经历，但因为个体的差异，每个孕妇在妊娠早、中、晚期出现的症状有所不同。孕期常见症状如下。

（1）早孕反应　在妊娠早期（停经6周左右），孕妇体内绒毛膜促性腺激素（HCG）增多，胃酸分泌减少及胃排空时间延长，导致头晕、乏力、食欲不振、喜酸食物或厌恶油腻、恶心、晨起呕吐等一系列反应，统称为早孕反应，这些症状一般不需特殊处理，妊娠12周后随着体内HCG水平的下降，多数症状自然消失。个别孕妇反应强烈，会出现剧烈呕吐，并导致全身反应，应及时就医。

（2）尿频和尿急　常发生在妊娠初3个月及末3个月。早期由于增大的子宫压迫膀胱而引起；中期增大的子宫进入腹腔，此症状自然消失；妊娠晚期，由于胎先露的入盆，膀胱再次受到挤压，尿频现象又重复出现。尿频尿急属于正常现象，不必要为此限制孕妇液体的摄入量，以免导致脱水，影响机体正常代谢过程。在妊娠终止后，症状自然消失。

（3）便秘　便秘是妊娠期常见的症状之一，尤其是妊娠前即有便秘者，由于孕妇体力活动减少，胃肠蠕动缓慢，加之增大子宫压迫肠道，使孕妇常常出现肠胀气和便秘，严重时可发生痔疮。指导孕妇养成每日定期排便的习惯，多吃水果、蔬菜等含维生素多的食物，同时增加每日饮水量，鼓励每天适量运动，以维持良好的肠道功能。

（4）下肢肌肉痉挛　孕期肌肉痉挛，主要是小腿腓肠肌发生疼痛性挛缩。多是增大子宫压迫下肢神经、着凉以及体内缺钙所致。应指导孕妇饮食中增加钙的摄入，避免穿高跟鞋，以减少腿部肌肉的紧张度。

（5）仰卧位低血压综合征　出现仰卧位低血压综合征的原因有多种，包括妊娠期血液被稀释引起生理性贫血或低血糖状态；较长时间的仰卧位，增大的子宫压迫下腔静脉，使回心血量及心搏出量减少，出现低血压致眩晕。应指导孕妇采取左侧卧位，以预防仰卧位低血压综合征引起的眩晕。

（6）下肢水肿　孕妇在妊娠晚期易发生下肢水肿，经休息后可消退。应指导孕妇左侧卧位，解除右侧增大的子宫对下腔静脉压迫，同时避免久站或久坐，以免水肿的发生。

（7）腰背痛　随着妊娠子宫的增大，孕妇腹部向前凸，使腰部和后背肌肉韧带负担加重，会引起不同程度的背痛。应指导孕妇日常采用正确的站、坐姿势，有计划地进行背部肌肉锻炼，以预防腰背痛。

（8）阴道分泌物增加　在妊娠初3个月及末3个月较为明显，主要是因为妊娠期激素的作用，致阴道分泌物增多，严重者会发生阴道炎。应指导孕妇勤淋浴、勤换内裤，严禁阴道冲洗，避免分泌物刺激。

3.孕妇运动指导　孕妇适当地运动有诸多益处。既可控制体重，又可提高抵抗力，改善妊娠不适。孕妇适合的运动有以下几种。

（1）散步　散步不仅能提高神经系统和心肺等脏器的功能，也可以加强腿肌、腹壁肌的活动。孕妇可在每日早晨起床后和晚饭后散步。散步的时间和距离根据自身情况来调整。

（2）游泳　孕期游泳能增强心肺功能，而且水里浮力大，可以减轻关节的负荷、消除浮肿、缓解静脉曲张、不易扭伤肌肉和关节。游泳可以很好地锻炼，协调全身大部分肌肉，增强耐力。

（3）瑜伽　瑜伽可以保持肌肉张力，使身体更加灵活。在怀孕后做瑜伽，以简单、适合孕妇的动作为主，避免高难度的动作。瑜伽可以帮助孕妇平心静气、放松心态。

（4）孕妇体操　孕妇体操可以增强孕妇腹部、背部及骨盆肌肉的力量，促进血液循环，使骨盆关节更灵活，肌肉更有弹性，有利于自然分娩。同时，一些下蹲的动作有利于加强骨盆肌肉力量，有助于分娩，并且可以预防产后盆底肌松弛带来的尿失禁等问题。

孕妇运动要适度。运动前要做好热身活动，每次运动的时间不要太长，一般维持在30分钟左右即可，运动过程中要避免跳跃和震荡性的动作；其次要穿着专用的运动服，要及时补充水分。

4. 指导孕妇迎接分娩　俗话说：十月怀胎，一朝分娩。随着预产期的临近，准妈妈们一定是既兴奋又焦虑。在分娩发动前，身体会出现一些反应，主要是见红和破水。

（1）见红　临产前，胎头衔接进入骨盆入口平面并不断下降，胎膜和子宫壁逐渐分离、摩擦就会引起血管破裂而出血。一般见红后的24小时内就会开始阵痛，进入分娩阶段，但是实际情况是很多人见红后几天甚至1周后才分娩，个体差异大。如果只是淡淡的血丝，量不多，可留在家里观察，不要过于劳累，避免剧烈运动。如果流出鲜血，超过生理期的出血量，或者伴有腹痛的感觉，需要马上医院就诊。

见红特征：阴道出血的颜色可能是茶褐色、粉色或者红色，出血量比生理期的出血量少，混合黏液流出，一般在阵痛前24小时出现，但因人而异。

（2）破水　破水分为正常破水或者胎膜早破引起的破水。破水的特征：感觉热的液体从阴道流出，无意识，不能控制，液体为无色透明，可能伴有胎脂等漂浮物。正常分娩发动时，随着胎儿的下降、挤压，胎膜破裂，羊水流出，属于正常现象，有利于胎儿的分娩，孕妇及时赶往医院生产即可。

当孕妇出现不明原因的阵发性或持续性阴道流液时，可时多时少，一般无腹痛、子宫收缩等其他产兆，需要警惕为胎膜早破引起的破水，应立即到医院就诊。

无论是什么情况下破水，均要注意：发现羊水从阴道流出，不要紧张，不管在什么场所，都应立即平躺，采取头低足高位，抬高臀部，防止羊水继续流出，记录好羊水流出时间，观察羊水流出的量和颜色，并立即前往医院就诊，与医务人员做好以上信息的交接。

二、产妇照护

（一）产妇膳食指导

产褥期俗称"坐月子"，是指从胎盘娩出至产妇全身各器官除乳腺外恢复或接近正常未孕状态所需的一段时期，一般为6周。科学坐月子是正确的饮食方式、正确的生活方式和正确的休养方式的总和。产妇月子期间的营养直接关系到产妇的身体健康和新生儿的健康成长。因此，对于产妇来说，饮食调理尤为重要。

1.产后膳食原则　产妇膳食除营养均衡外，还应遵循阶段性进步原则。

（1）食物多样，谷类为主，粗细、干稀搭配。

（2）荤素搭配，品种多样，避免偏食。

（3）多吃蔬菜、水果，尤其是薯类。

（4）每天吃奶类、豆类或其制品。

（5）常吃适量的鱼、禽、蛋和瘦肉。

（6）减少烹饪油用量，口味应清淡、少盐，烹饪方式以蒸、煮、炖、煲为佳。

（7）少食多餐，食不过量，适当运动。

2.产后膳食要点

（1）第一周　生理特点：子宫收缩，血性恶露排出，大量出汗，伤口逐渐愈合，乳房逐渐肿胀开始泌乳。

饮食特点：以排净恶露、伤口愈合、化瘀消肿、催生乳汁为主。如小米粥、鸡蛋羹、丝瓜通草鲫鱼汤等。

（2）第二周　生理特点：产妇体力基本恢复，已能下地活动，新生儿喂养方式明确，此阶段需排除代谢废物，健脾利湿，恢复脾胃功能，使内脏复位、伤口愈合。

饮食特点：以修复组织、调理脏器、增加乳汁量、促进体能为主。如：肉沫粥、五彩时蔬丁、动物性原料营养汤等。

（3）第三周　生理特点：恶露减少，逐渐转为白色，乳汁充足，新生儿生活逐渐规律，母婴生活协调。

饮食特点：以增强体质、养血补气、滋补元气、补精补血为主（恢复元气，促乳最佳时期）。如黄豆炖排骨、西兰花虾仁以及高蛋白、高热量催乳汤等。

（4）第四周　生理特点：经过前几阶段的调整，产妇精神状态良好、精力充沛、乳汁充足，新生儿发育好。

饮食特点：以理气补血、健体修身、美容养颜、产妇体质恢复为主。如番茄里脊、牛肉蔬菜汤等。

产后饮食注意：忌过量滋补；忌喝红糖水；忌辛辣、温燥食物；忌生冷、坚硬食物；

忌过早节食。

（二）产妇产褥期护理

1.产妇休养环境

（1）产妇房间应清洁、舒适，室温夏季26~28℃，冬季22~26℃为宜，湿度55%~65%。

（2）天气晴好时，应打开房间门窗通风，每日2~3次，每次15~20分钟。由于产妇体虚汗多，应避免对流风，电风扇及空调风不宜直吹产妇，以防感冒。

（3）产妇休息的房间不要放置芳香类花木，以免引起产妇和新生儿过敏。

（4）建议产妇家中不要养宠物。

2.产妇身体护理

（1）恶露的观察与护理　产后随子宫蜕膜脱落，含有血液、坏死蜕膜、上皮细胞等的组织经阴道排出，称为恶露。正常的恶露有血腥味，但无臭味，持续4~6周，总量为250~500ml。若恶露量多，持续时间长且有臭味，应警惕宫腔感染。根据其颜色、内容物及时间不同，分为三种（表5-1）。

表5-1　恶露的类型及特点

类型	颜色	内容物	显微镜下观察	时间
血性恶露	鲜红	大量血液，时有小血块	大量红细胞、坏死蜕膜及少量胎膜	3~4d
浆液恶露	淡红	多量浆液	较多坏死蜕膜，宫腔渗出液、宫颈黏液及细菌	10d
白色恶露	白色	大量白细胞	大量白细胞、坏死组织、表皮细胞及细菌	3周

产后每天询问和观察产妇恶露排出的量、色泽和气味变化情况，检查是否属于正常。协助产妇做好会阴部清洁工作，预防产褥感染。

如果血性恶露时间延长，超过10天或更长，量明显增多，或整个恶露时间超过一个半月未净，应引起警惕。如伴有臭味、脓性分泌物，腰腹重坠或疼痛，可能并发感染，应及时就医。

（2）会阴护理　产后每天需保持会阴清洁和干燥，提醒产妇勤换卫生护垫，避免褥汗或恶露浸透护垫，污染伤口。

顺产产妇一般会有不同程度的会阴撕裂伤或会阴侧切伤口。有会阴伤口者，评估伤口有无渗血、红肿、水肿、硬结及分泌物等，伤口通常在1~2周疼痛感消失，伤口在2周左右愈合。如果伤口出现红、肿、痛，甚至出现有异味的分泌物，即代表可能感染，应尽快就医。

正常会阴伤口每日要进行会阴擦洗2~3次，每次便后用柔软的卫生纸由前往后轻擦外阴，避免触碰伤口部位。有会阴侧切，取健侧卧位，避免恶露流入，污染伤口。会阴水肿时用50%硫酸镁液湿热敷。

会阴护理注意事项：避免摔倒或大腿过度外展使伤口再度裂开；不要提重物或做消耗体力的家务，防止伤口裂开；多吃高纤维素食物，以免发生便秘，造成大便困难，撕裂伤口。

（3）乳房护理　产妇的乳房是哺育婴儿的重要器官。乳腺是一个受神经、体液及内分泌调节的重要器官。在胎儿娩出后，产妇垂体前叶会分泌大量的泌乳素，它可以作用在乳腺的腺泡膜上，促进乳汁中各种成分的合成，如乳糖等。产后2~3天，在雌激素、孕激素、催乳素的刺激下，乳腺导管和乳腺泡会进一步发育，双侧乳房会充血而开始膨大，有胀痛感及触痛。新生儿吸吮乳头会刺激乳头内的感觉神经末梢，通过一系列复杂的反应使垂体产生泌乳素和催乳素。

乳汁分为初乳、过渡乳和成熟乳。初乳是指产后7天内所分泌的乳汁。初乳成分浓稠，量少，微黄，富含β胡萝卜素。人乳中含有多种抗体，主要成分为IgA。过渡乳是产后7~14天间分泌的乳汁，乳汁产量相比初乳有大幅度增加。其中蛋白质和免疫球蛋白浓度逐渐下降，乳糖、脂肪、水溶性维生素的浓度逐渐增加。成熟乳是产后14天后分泌的乳汁。该时段乳汁合成由乳汁自身控制，成分相对稳定，乳汁会根据婴儿成长发生改变。

正常乳房的护理：在产后乳房护理中，推荐母乳喂养，按需哺乳。母婴同室，做到早接触、早吸吮。要做好乳房清洁，方法是用温水擦拭乳晕和乳头，清洁表面，去除乳头、乳晕表面的绝大部分细菌。在哺乳前进行乳房热敷，热敷的目的是让乳房变软，皮肤表面潮湿。最常用的方法是热毛巾热敷。用温开水浸湿毛巾，拧干至不滴水，将毛巾由乳头中心往乳晕方向环形擦拭，一侧15分钟，两侧轮流热敷。注意水温不要过高，因为水温过高会使皮肤脆弱，后面按摩后容易破损皮肤。

产后乳房常见的问题：乳房胀痛、乳汁淤积、乳腺炎、乳头皲裂等，因此，要做好乳房的护理，养成良好的哺乳习惯。哺乳前后应清洗乳头，并注意婴儿口腔卫生，按需哺乳。

3.心理护理　产妇分娩后面对新生命成为母亲，家庭多了一个新的成员，宝宝的到来，打破了原本两人世界的平静，使得产妇措手不及。对于小婴儿不知从何下手，母乳喂养不顺利，乳汁是否充足，都会增添产妇的心理负担。家庭成员对产妇和婴儿的态度，也会使产妇心理产生很大变化。

产褥期的心理调适一般需要经历三个阶段。

（1）依赖期　产后1~3天，表现为产妇显得被动，依赖性显著增加。这时家人和医护人员要主动来满足产妇的需要，做好产后的生活护理，如给婴儿喂奶、沐浴等。

（2）依赖–独立期　产后3~14天，表现为产妇主动关心和参与护理孩子。此期因身体内分泌系统的急剧变化，产妇易出现产后压抑或患精神抑郁症。及时指导和帮助产妇，提供婴儿喂养和护理知识，要求家人参与照顾，鼓励产妇表达自己的情绪，多与他人交流等均可促其平稳应对压抑状态。

（3）独立期　产后2周到1个月，此期产妇、家人、婴儿已经形成一个完整的家庭系统，形成新的生活方式。此时产妇及其丈夫会承受更多的压力，社会支持系统应继续提供指导和必要的帮助。

如果产后产妇适应不良，可能会引发产后抑郁等心理问题。因此，应注意产后心理调节，家人应给予产妇悉心关照，营造一个安静、舒适的家庭氛围，在情感上给予产妇最大的安慰，使产妇能在和谐愉快的家庭环境中顺利度过产褥期。

（三）产妇运动指导

产后运动目的是预防或减轻因生产造成的身体不适及功能失调情形，主要协助骨盆韧带排列恢复，腹部及骨盆肌肉群功能恢复，并使骨盆腔内器官位置复原，同时可以防止尿失禁、膀胱阴道壁膨出及子宫脱垂；促进血液循环，预防血栓性静脉炎；能促进胃肠蠕动，增进食欲和预防便秘，减少晚期产后出血的发生。

1.运动指导

（1）尽早适当运动　经阴道自然分娩的产妇，产后尽早下床活动；剖宫产的产妇术后及时翻身，拔尿管后即可下床活动。

（2）运动方式、时间　产后运动可根据身体状况和个人喜好选择不同的运动方式，如腹式呼吸、卧位体操、肌力训练、有氧运动、瑜伽、盆底肌肉锻炼（Kegel训练）等。产后前4周，循序渐进地进行呼吸功能训练、肌力训练，同时可以提高心肺功能；产后4~6周可开始规律的有氧运动，运动量可根据身体情况和个人耐受程度逐渐增加。有其他疾病合并症的产妇可根据医生建议适当调整运动计划。哺乳期妇女应在锻炼前哺乳。

2.产后骨健康　产后妇女骨量下降发生率较高。有骨质疏松症家族史、钙摄入不足、低BMI的产妇产后可进行骨密度检查，积极补充钙剂及维生素D，多晒太阳，适量户外活动。

3.产后运动注意事项

（1）产后运动首先要注意运动量的大小，一定不能急于求成，使自己过于疲劳。如果运动中出现流血量变大或血呈鲜红色的情况，要立即停下来休息，并咨询医护人员，延迟运动。

（2）产后运动应从最简单的动作开始，在前6周尽量避免采用趴着、膝盖和胸部着地的姿势。在怀孕、哺乳期间，母体大量的钙质都输送给了婴儿，所以产后关节会松弛，应该注意保护关节。

（3）运动时间应选择在饭后1个小时，运动后要及时补充水分。

（四）母乳喂养指导

世界卫生组织（WHO）和联合国儿童基金会（UNICEF）联合倡议至少纯母乳喂养6个月，并在添加辅食的基础上，坚持哺乳24个月以上。

母乳中蛋白质、脂肪、碳水化合物的比例最适宜，蛋白质总量虽低，但质优良，含乳清蛋白多，最适合婴儿营养的需要。母乳中的糖以乳糖为主，更容易消化且不易导致过敏。其次母乳含优质蛋白质、牛磺酸、必须脂肪酸及乳糖等，所含磷脂为卵磷脂和鞘磷脂，是婴儿大脑发育极为重要的物质基础，有利于婴儿大脑发育。母乳中含大量免疫物质，如SIgA，可增进婴儿抵抗力等。

因此，要使广大的产妇能够实现纯母乳喂养，就要有科学的母乳喂养理念和方法。其中，提倡的"三早"就是有效措施之一。"三早"指早接触、早吸吮、早开奶。

1.早接触　分娩后30分钟内就应该开始母婴皮肤接触，越早越好，这样有利于刺激产妇下丘脑分泌泌乳素，而且有利于促进母婴感情。

2.早吸吮、早开奶

（1）分娩后早吸吮、早开奶可促进产妇下丘脑分泌催产素，刺激子宫收缩，减少产后出血。

（2）早吸吮、早开奶可强化新生儿的吸吮能力。

（3）早吸吮可促进泌乳素分泌，产生泌乳反射，促进乳汁分泌。

（4）早吸吮可增强母婴之间的感情，促进母乳喂养。

（5）初乳含有丰富的蛋白质和抗体，能提高新生儿抵抗力，促进胎便的排出，减少新生儿黄疸的发生。

（五）产后访视

社区护理人员在产妇出院后，在产褥期内要对产妇进行家中访视至少3次，分别在出院后3天和产后14天、28天进行。

产后访视的主要内容有两方面，一方面是对产妇，即了解一般情况，询问既往史、产期与分娩情况，母乳喂养情况，了解目前精神、睡眠、饮食、大小便等情况。另一方面是对新生儿，即询问新生儿出生情况、出生方式、有无窒息史、出生时的体重，有无接种卡介苗、乙肝疫苗，以及哺乳、睡眠、大小便情况。第一次访视会对新生儿进行一次全面的检查，检查的重点是：新生儿黄疸出现的时间、持续天数、消退的时间；口腔黏膜情况；脐带是否脱落，有无感染等记录。

通过家庭访视，能及时了解产妇及新生儿的情况，并提供良好的保健指导。

（六）产后计划生育指导

产褥期内禁止性生活。产后6周检查如生殖器官恢复正常后，可以恢复性生活。由于产后6周有排卵的可能，故建议母乳喂养的夫妻以工具避孕为宜，不哺乳者可选用药物避孕。如选择放置宫内节育器，阴道分娩者需满3个月，剖宫产者术后6个月，可在月经干净后3~7天放置，剖宫产者必须避孕2年后方可再次怀孕。

项目二　婴幼儿照护

人的社会化进程始于家庭，儿童监护抚养是父母的法定责任和义务，家庭对婴幼儿照护负主体责任。发展婴幼儿照护服务的重点是为家庭提供科学养育指导，并对确有照护困难的家庭或婴幼儿提供必要的服务。2019年的政府工作报告指出，要针对实施全面两孩政策后的新情况，加快发展多种形式的婴幼儿照护服务，支持社会力量兴办托育服务机构，加强儿童安全保障。3岁以下婴幼儿照护服务是保障和改善民生的重要内容，事关婴幼儿健康成长，事关千家万户。

一、婴幼儿喂养照护

（一）婴幼儿营养需求与特点

1.蛋白质　婴幼儿处于生长发育旺盛时期，需要蛋白质来增长和构成新组织，因此需要的蛋白质较年长儿或成人相对要多。婴幼儿若蛋白质长期摄入不足，将导致营养不良，甚至生长发育停滞。

2.脂肪　给婴幼儿准备饭菜时，除食物本身所含脂肪外，可用10~20g植物油，以保证油脂提供的热量占总热量的25%~30%。婴幼儿需要脂肪和胆固醇，它们既是能量的最大来源，也是婴幼儿神经系统、脊髓发育所必需的，还有助于脂溶性维生素（维生素A、维生素D、维生素E、维生素K）的吸收。婴幼儿还需要饱和脂肪酸和不饱和脂肪酸。

3.碳水化合物　婴幼儿每天需谷类食物75~100g。食物中的乳类、粮食、蔬菜、水果等均含有碳水化合物。碳水化合物又称糖类化合物，是婴幼儿维持生命活动所需能量的主要来源。

4.维生素　婴幼儿每日摄取的食物中应含有维生素C 40~60mg、维生素D 10μg、维生素E 4mg、维生素A 400~500μg、维生素B_1 0.2~0.6mg、烟酸6mg、维生素B_2 0.4~0.6mg。

5.无机盐　婴幼儿每日需要的无机盐有钙600mg、铁10mg、锌10mg、硒20μg、碘50μg。无机盐虽不能提供能量，但参与酶系统的活动，或作为辅酶，对调节体内各种代谢和生理活动、维持正常生长发育发挥着重要作用。

6.水 水是人类赖以生存的重要条件，体内的一切生理、生化过程都必须有水的参与。婴幼儿生长发育快，体内水分占体重的70%~75%，而成人为60%~65%，婴幼儿每天每千克体重的需水量为120~160ml，2~3岁为100~140ml（幼儿需水量随季节变化稍有变化）。

（二）婴幼儿营养膳食调配的原则

1.多样性原则 人体所需的营养素主要由食物提供，但不同食物所含营养素的种类、质量、数量不同，并且任何天然食物都不能提供人体所需的全部营养素。因此，为使婴幼儿获得全面的营养，在给婴幼儿准备饭菜时要注意"杂食"，尽可能让他们吃到各种各样的食物。

（1）主食应包括米、面、杂粮及豆类等。

（2）副食应包括鱼、禽、蛋、瘦肉、奶等动物蛋白，适量的植物蛋白以及不同品种、不同颜色的蔬菜，特别是红色、黄色、绿色等深色蔬菜，还要有各种水果等。

（3）遵循合理搭配原则。婴幼儿正处于身体迅速生长发育的重要时期，配合其生长的合理饮食，是每一个婴幼儿健康成长和发育不可缺少的条件。

2.营养需要比较全面 每天都要让婴幼儿吃到人体需要的七大营养素，即谷类、肉类、蛋类、蔬菜类、果类、豆制品、油类这7大类食物；但并不意味着各种食物都要吃得一样多，而应有一定的比例。较为合理的营养结构是：每日饮食中五谷杂粮和豆类应该吃得最多；其次是蔬菜和水果；而肉、鱼和蛋等高蛋白的食品，不能吃得太多。

3.各种食物巧妙搭配 给婴幼儿准备饭菜时，要尽可能使各种食物相互搭配，以保证婴幼儿吃到营养全面的食物，并且食欲旺盛。给婴幼儿准备饭菜时，可按以下原则进行搭配：米面搭配、粗细粮搭配、荤素搭配、蔬菜五色搭配、干稀搭配等，并且少油少盐、不甜、忌油腻。

（三）婴幼儿进食要点

1.定时、定点吃饭，应使婴幼儿在某特定的时间和环境就产生条件反射使胃液开始分泌，进而食欲大增。两餐之间的间隔最好保持3.5~4小时，可使胃肠道排空而产生饥饿感，饥饿时，婴幼儿对平时不太喜欢吃的食物也会觉得味道不错，时间长了，便会慢慢适应。

2.1~1.5岁的幼儿，每日可进餐5次（三餐两点）。1.5~3岁的幼儿。每日可进餐4次（三餐一点）。不要额外加餐或给点心，不要随意给幼儿吃零食。

3.只要作息时间有规律，早睡早起，婴幼儿在清晨胃内就会基本排空，食欲正常，就应当用早餐。早餐要营养丰富，热量充足。

4. 午餐比早餐和晚餐更丰富一些，食物制作要清淡，如稀饭、面条等，这会使婴幼儿保持旺盛的食欲，有利于消化吸收。

5. 要培养婴幼儿吃多样化食物的习惯，避免偏食。每当增添一种新的食物时，要说明为什么吃这种食物。应让婴幼儿多吃蔬菜、水果。

6. 要养成好习惯。不要因为1~2顿吃不饱就给零食。如果过了时间还没有吃完（一般应在30分钟左右吃完），经过耐心劝导，婴幼儿还有意拖延时间，那到时间可将饭菜拿走，不再继续吃。专心进食有助于食物的细嚼慢咽，有助于食物的营养吸收，也有助于进餐时间的控制，以助养成良好的饮食习惯。但是进食时玩耍的问题在婴幼儿1周岁之前就已经存在了，出现这个问题的原因多是因为婴幼儿对食物的兴趣减弱，更关注于各种新鲜的活动，如到处爬、玩弄小匙、抓弃食物、把杯子弄翻以及往地上扔东西等。这些状况大都是在吃得大半饱的时候发生的，或者是在完全吃饱了以后才玩的，而不是在其真正饥饿的时候。因此，无论什么时候，只要幼儿对食物失去兴趣就应该认为婴幼儿已经吃饱了，把婴幼儿从椅子上抱下来，并且把吃的东西拿走。每次进餐的时间一般控制在20~30分钟。另外，进食时要有一个相对独立的环境以减少干扰，避免婴幼儿转移注意力，如边看电视边吃饭，边玩玩具边吃饭等。

7. 给婴幼儿使用喜欢的餐具。每个婴幼儿都希望拥有属于自己独有的东西，使用一些可爱的餐具，可提高他们用餐的兴趣。

8. 鼓励婴幼儿从7个月开始，自己从盘子里手抓食物进食，以便婴幼儿能够感受到自己吃饭是怎么回事，为以后用匙吃饭打下基础。尽早锻炼婴幼儿自己动手用勺、筷吃饭的习惯，通过手眼协调及精细动作的练习，促进婴幼儿的智力发展。培养婴幼儿生活自理能力，帮助其建立自信心。

（四）为婴幼儿冲调奶粉

1. 操作准备　照护员洗净双手，准备好奶粉、消毒后的奶瓶（包括奶嘴、瓶盖）、塑料刮刀、奶粉用勺、量杯、温开水等。

2. 操作步骤

（1）依据婴幼儿的年龄，在刷洗、消毒后的奶瓶中先放入适量40℃左右的温开水。

（2）将一定量的奶粉放到奶瓶中让其自然溶解，如果溶解不均匀可轻轻摇晃奶瓶使其充分溶解。

（3）奶粉用后要及时盖好奶粉瓶（盒）盖或扎好袋口，储藏于避光干燥的地方。

3. 注意事项

（1）操作前双手要清洗干净，调配奶粉的用具要清洁消毒。

（2）调配奶粉要先放水，后放入奶粉。冲调奶粉的水不能是矿泉水，也不能是用漂白粉过滤过的水，最好是纯天然的自来水，因为矿泉水和漂白水都含有不利于宝宝健康的物质，要慎用。

（3）严格按照奶粉食用说明上要求的水温调配奶粉，一般多在40℃，有些品牌的奶粉标注用凉白开冲调。

（4）严格按照奶粉食用说明的要求调配奶粉；一次成品奶液应控制在婴幼儿一次喝奶的奶量；取奶粉时要自然松散地盛入量匙，用刮刀刮平即可，不必挤压奶粉。

（5）奶液调配好后要非常均匀，不能有未溶解的奶块，以防堵塞奶嘴。

（6）奶液调配好后，应尽可能一次吃完，不要放冰箱储存太久或者放在桌面上太久再重新喂给宝宝，因为奶粉所含的营养成分可能已发生变化，容易使宝宝营养不良。

（7）不能在奶液中加入其他辅食，因为这样容易导致宝宝胃肠紊乱，出现腹泻、腹胀、便秘等不适症状。

（五）婴幼儿辅食添加

1.辅食添加的原则

（1）添加辅食时机　即使母乳充足，也要按时添加辅食。但是，每个婴幼儿发育有差异。因此，选择添加辅食时机要符合婴幼儿生理特点。过早添加不适合消化的辅食，会造成婴幼儿的消化功能紊乱，过晚添加辅食，会使婴幼儿营养缺乏。同时不利于日后培养婴幼儿进食固体食物的能力。婴幼儿辅食添加时间最早4个月，最晚不过6个月。

（2）添加辅食品种　每次只添加一种辅食，从每日一次起，由一种到多种，先试一种辅食，过3天至1周后，如婴幼儿没有消化不良或过敏反应再添加第二种辅食。天气过热和婴幼儿身体不适时，暂缓添加新辅食，以免引起消化功能紊乱。单一食物可以很好地判断宝宝是否对这种食物过敏，是预防食物过敏非常重要的措施。

2.添加辅食数量　由小量开始，待婴幼儿对一种食物耐受后，由少到多、逐渐增加量和次数，以婴幼儿大便正常为判断标准。

3.辅食喂养时间　新增加的辅食，最好在喂奶之前和婴幼儿饥饿时喂食，或在与父母进餐时，这时，婴幼儿容易接受新的食物。如果婴幼儿拒绝，要增加尝试次数。

4.辅食制作要求　婴幼儿的辅食要单做，不能用成年人的饭菜代替婴幼儿辅食。制作要精细，从细到粗、从稀到稠。从流质开始，过渡到半流质，再逐步到固体食物。辅食应软、烂、稀、碎，以有利于消化为制作准则。糖类食物不宜多，1岁以内不喂食蜂蜜。辅食制作时，可以加少量食用油，但不建议添加盐、酱油、味精、鸡精、蜂蜜、醋、酒、芥末、胡椒、咖喱等调味品。如果通过调味料来增加食欲，宝宝日渐会对调味料产生依赖，口味变重的同时，肾脏的负担也会加重，而且成年以后患高血压等慢性疾病的风险会增加。所以1岁以内的宝宝不建议添加任何调味料；即使1岁以后的宝宝，也建议清淡饮食，以食物的原味为主。食物营养搭配要丰富合理。

5.辅食添加顺序

（1）主食　从米汤、稀粥、米糊、粥、烂面、稠粥、面条等，逐渐到成人食物。

（2）菜品　从菜水、果汁、蛋黄液等汁液类，到菜泥、果泥、肉泥（鱼泥、肝泥等）和菜沫、肉沫、碎菜、碎肉等细碎菜类。

6.不同咀嚼吞咽时期的婴幼儿配餐要求

（1）吞咽期（4~6个月）　婴儿开始有吞咽非流质食物的能力，开始出牙，在这个阶段单靠乳类不能满足婴儿生长的需要，因此除坚持乳类喂养外，还应及时补充体内所需的营养素，逐渐添加辅食。

（2）舌碾期（7~9个月）　这是婴儿练习咀嚼的最佳期，在此期间，除坚持乳类喂养外，可以给婴儿吃些烂面条、杂粮煮的烂粥，也可以吃些烤馒头片、饼干，以促进牙齿生长，锻炼咀嚼能力，促进消化，有利于头面骨骼肌肉的发育，对日后的语言发展起到重要的作用。

（3）咀嚼期（10~12个月）　这个时候的婴儿胃肠功能增强，活动量增大，逐渐减少喂奶次数，多进食各种营养丰富的食物。

（4）过渡期（1~2岁）　这个时期是幼儿从断奶到普通膳食的过渡阶段。由于幼儿的活动范围扩大，运动量加大，其体内所需的能量、各种营养素也增多。但此时幼儿的消化系统还未发育成熟，消化能力较弱，因而1岁半前的幼儿应以每日三餐两点为宜，1岁半以后应以每日三餐一点为宜。要避免给幼儿食用有刺激性、过油腻、过硬、过粗、过大及油炸、黏性、过甜、过咸的食物。坚持每日喝奶，豆浆可与奶交替食用。合理安排幼儿一日各餐能量的分配比例，即早餐占25%、午餐占35%、午点占5%、晚餐占25%。

（5）正常期（2~3岁）　2岁后的幼儿的肠胃功能发育基本成熟，运动量也更加增大，对食物营养要求更多。所以，这时的幼儿饮食构成及制作要求基本为普通膳食，应以每日三餐一点为宜。

7.婴幼儿辅食添加注意事项　主要包括：清淡为主、注意喂养姿势、保证食物多样化。

（1）遵循添加辅食的原则，在医生的指导下添加辅食的种类和量，所有食物均须软、烂、碎，不能含有硬物。

（2）在添加辅食过程中，要注意少甜少盐，禁油腻，不要吃过多的动物性食品、油炸食品和烟熏食品。

（3）在添加辅食时，要保持喂奶期间的体位，降低他的恐惧感。

（4）在辅食添加过程中，只要对食物不过敏，生活当中能够采购到的食材都尽可能给他提供，避免出现挑食或者偏食的问题。

（5）给孩子添加辅食的过程中，要避免拿自己的孩子去和其他孩子比较，只要喂养方式能够保证孩子正常生长发育的速率就可以。辅食添加的种类、分量、方法、时间等要视婴幼儿的需要和辅食的特点等情况而定。

二、婴幼儿生活照护

（一）抱婴幼儿

抱婴幼儿的过程有抱起、抱住、抱稳、放下。这一过程中的每一个环节都应特别小心，以免弄疼、弄伤、失手摔伤婴幼儿。

1.抱起　先将一只手轻轻插入婴幼儿的颈后，以支撑起婴幼儿的脑袋，另一只手放在婴幼儿的背和臀部，以托起下半身；然后双手要同时轻柔、平稳地把婴幼儿抱起，使得照护员和婴幼儿脸与脸相对、目与目相视。

2.抱住　把婴幼儿抱起后，一般是顺势将婴幼儿托在胳膊臂弯处，以抱住婴幼儿。

（1）横抱的具体方法。将婴幼儿的脑袋放在肘弯处，使婴幼儿的脑袋略高出身体的其他部位，双手在婴幼儿背及臀部叠在一起，交叉至腕部，这种姿势既可以抱住婴幼儿，又便于与婴幼儿说话及哄逗婴幼儿。

（2）竖抱的具体方法。一只手伸出托住婴幼儿的头、颈、后背，另一只手托住婴幼儿的臀部。

（3）将婴幼儿全身贴在照护员的身上，将婴幼儿搂紧抱住。

3.抱稳　7~8个月后，婴幼儿的腰部肌肉发育成熟，此时不用人扶就能坐直。此期抱婴幼儿的姿势可用直立式，即让婴幼儿面对照护员，臀部坐在一侧前臂上（通常为左侧），让婴幼儿的头俯在照护员的左肩，用右手护住婴幼儿的腰背。或采用侧立式，姿势基本同直立式，只是让婴幼儿的身体转向一侧，照护员用右手扶住婴幼儿的腋部。

4.放下　放下婴幼儿的姿势与抱起婴幼儿时的基本一样，要轻柔、平稳。当婴幼儿能较好地控制自己的头时，就可以把双手放在婴幼儿的腋下抱起来，然后用一只手臂弯曲托住婴幼儿的臀部，另一只手扶住婴幼儿的背部，将婴幼儿立着靠在自己的肩上，或者将另一只手插入婴幼儿的腋下扶住其肩膀。

5.注意事项

（1）在抱宝宝之前，照护员应洗净双手，摘掉手上的戒指和首饰，以免划伤宝宝娇嫩的肌肤。如果手冷的话要捂热双手后再抱宝宝。

（2）抱宝宝时，动作要轻柔、平稳、缓慢，不要太快太猛，即使在宝宝哭闹时，也不要慌乱。多数宝宝喜欢用平稳的方式抱着自己，这使他们感到安全，突然大力地抱起会让宝宝感到惊慌。

（3）抱宝宝时，要注视着宝宝的眼睛，这样有助于增进感情，让宝宝有安全感。

（4）满3个月前，婴幼儿颈部力量很弱，还无法支撑自己的头，十分容易使头颈受到伤害。抱3个月以上婴幼儿时应注意扶住背部。同时要抱紧婴幼儿，严防婴幼儿突然发力从照护员怀中蹿出去。抱婴幼儿时还要注意婴幼儿后面的家具等，防止婴幼儿后仰时头部撞到家具。禁止抱着婴幼儿从高处向下看景色，尤其不能抱着婴幼儿站在窗前并打开窗子向下看，以免婴幼儿突然发力而掉落。

（二）为婴幼儿穿脱衣服

1.服装的选择　婴幼儿服装的选择是很有讲究的。婴幼儿衣服的选择首先要注意材质，最好是柔软舒适的棉质内衣裤，千万不要给新生儿买人造或化学纤维的衣物。样式要选择易于穿脱的，如不带纽扣的开身"和尚衫"是最适合新生儿的。婴幼儿的衣服应使用单独的储物箱存放，不能和大人的衣服放在一起，储物箱内不能有樟脑或者卫生球。婴幼儿衣服换起来比较频繁，所以要注意便于存取，保持衣物的清洁。尽可能在阳光下晾干，让阳光给宝宝的衣服来一个初步的消毒。衣服宜选择纯棉开衫套装，尽量选择本色的、系带子的，开衫内面注意不要有容易磨伤婴幼儿皮肤的线头。

2.穿衣服步骤

（1）穿开衫　先将衣服平放在床上，让婴幼儿平躺在衣服上，婴幼儿的后颈部对着领口。将衣服的一只衣袖拢到照护员的左手腕上，用左手抓住宝宝的右手手腕，拉衣袖不拉宝宝的小手，穿好一侧衣袖。同样的方法穿好另一侧衣袖。把衣服皱褶的地方拉平，再将衣服带子系好即可。

（2）穿裤子　分清前后。将宝宝右侧的裤管拢到婴幼儿的右脚腕上，照护员用左手抓住宝宝的右脚腕，拉裤管不拉宝宝的小脚，穿好一侧裤管。同样的方法穿好另一侧裤管。拉系好裤腰，把裤子皱褶的地方拉平即可。

（3）穿连衣裤　先将连衣裤扣子解开，平放在床上，让宝宝躺在上面。先穿裤腿，再用穿上衣的方法穿好宝宝两只袖子。最后扣上所有的扣子或系上带子即可。

（4）脱上半身的开襟衣物　让婴幼儿坐在照护员的腿上，先脱下一侧衣袖，然后将衣服从婴幼儿的身后转到另一侧脱下。让婴幼儿躺在床上，先脱下一侧衣袖，然后将婴幼儿侧翻转至另一侧，然后将衣服塞到婴幼儿的身下，再将婴幼儿翻转过来脱下另一侧袖子。

（5）脱裤子　婴幼儿坐在照护员的腿上脱裤子。一只手从婴幼儿的背后环绕至婴幼儿胸前，将婴幼儿轻轻托起；另一只手松开婴幼儿的腰带，轻轻地将裤子拽下即可。

（6）站立脱裤子　让婴幼儿趴在照护员的肩上，一只手将婴幼儿环抱住，同时用肩膀之力将婴幼儿轻轻托起，使其脚稍微离开地面；另一只手解开婴幼儿的腰带，然后拽住裤腰轻轻将裤子脱下。

（7）婴幼儿坐着脱裤子　先让婴幼儿站起来，解开腰带，将裤子脱至臀下让婴幼儿坐下，一只手从婴幼儿后背环绕到婴幼儿胸前扶稳，然后抓住裤腰将裤子轻轻脱下。

（8）婴幼儿平躺在床上脱裤子　解开婴幼儿的腰带，抓住裤腰将裤子脱至婴幼儿的臀部，然后一只手将婴幼儿的臀部托起，另一只手拽住裤腰将裤子脱到臀下；放下婴幼儿的臀部，拽住裤脚轻轻将裤子脱下。

3.注意事项

（1）整个过程动作要轻柔，避免弄伤、弄疼婴幼儿。

（2）脱衣服时要先脱鞋子，再脱下半身的裤子和纸尿裤，然后为婴幼儿穿上干净的纸尿裤和裤子，再脱上半身的外衣、内衣等，最后穿上衣。

（三）为新生儿更换纸尿裤

1.操作准备　准备好纸尿裤（按婴幼儿的体重选择大小、号型合适的纸尿裤）、湿纸巾、护肤品（如凡士林、氧化锌软膏）、毛巾、温水、婴儿皂。

2.操作步骤

（1）婴幼儿平躺在床上，取出一片纸尿裤打开后，将防漏护围调整至站立状，并将贴片一端放置于后腰部。

（2）将纸尿裤铺于婴幼儿的腰下，前片向上拉至腹部。

（3）撕开粘贴片，对称贴在纸尿裤前片相对应的数字或图案上，防止不对称，向内侧轻拉，使其粘贴牢固，一定不能粘贴在婴幼儿的皮肤上。

（4）整理大腿内侧防漏护围，防止发生侧漏。

（5）将换下的纸尿裤污物面向内卷起，用粘贴片粘紧放入污物桶内。

3.注意事项

（1）更换纸尿裤时，如发现婴幼儿排便，需用温水、婴儿皂、毛巾将婴幼儿的下半身清洗干净，然后擦干，涂上凡士林或氧化锌软膏，再换上新的纸尿裤。

（2）尽量不使用爽身粉，以免婴幼儿排泄导致爽身粉湿润，不利于保持干爽，同时也避免婴幼儿吸入粉末损害健康。

（3）纸尿裤应该勤更换。最好使用吸收量大、吸收效果好的产品，这样婴幼儿的皮肤才会干爽、健康。

（4）开封后的纸尿裤放在干燥、通风处，用一片拿一片，防止造成二次污染。

（四）为新生儿进行日常盥洗

婴幼儿日常盥洗主要包括晨起盥洗和晚间盥洗。盥洗内容主要包括刷牙、洗脸、洗手、洗头、洗脚和洗臀部。

1.刷牙　婴幼儿长牙后，每次喂奶或吃完带颜色的水果、蔬菜后，尽量让婴幼儿喝几口白开水，起到清洁口腔和牙齿的作用。幼儿到了两岁半，20颗乳牙都萌出后，就可以教其刷牙。3岁左右时应让幼儿养成早晚刷牙、饭后漱口的习惯。刷牙前，照护员要为婴幼儿准备好牙刷、牙膏、漱口杯、清洁盆、毛巾等物品。对于较大的幼儿，如果自己能够刷牙，照护员应指导其采取正确的方法刷牙，如指导其挤牙膏、用漱口杯接水、拿牙刷的方法、刷牙的基本程序等。要指导婴幼儿刷牙力度要恰当，不能过于用力，以免牙龈受损。刷牙时牙刷进入口腔不能过深，以免触及会厌部导致恶心或呕吐。正确的刷牙方法是采取竖刷法，先里后外，上下、左右都要刷到。

2.洗脸 对于能够自己洗脸的幼儿，照护员要为其准备好洗脸毛巾、洗脸水让其自己清洗即可。如果天气较冷要使用温水，调配温水时，应先在脸盆里倒好凉水，再加开水，边加边用手测试水温，感到温暖但不烫手即可，这样可以避免发生烫伤类意外事件。对于较小的婴幼儿，照护员要帮助其洗脸，洗脸的基本顺序是毛巾清洗干净，拧至不再向下滴水，先擦洗婴幼儿的眼睛，随后将洗脸毛巾清洗干净。再依次擦洗嘴巴、耳朵、耳廓、耳道周围、脖子等部位。清洗干净后根据季节的不同为婴幼儿使用护肤品；夏季可给婴幼儿颈部适当拍些爽身粉，脸部则无须再抹护肤霜类产品；其他季节每次洗完脸后均应酌情给婴幼儿脸部、颈部抹些儿童护肤霜类产品。

注意事项：给婴幼儿清洗眼睛时动作一定要轻柔、注意力要集中，一定要保证安全。另外，婴幼儿洗脸不必使用香皂，以免刺激婴幼儿的皮肤；清洗眼睛时更不能使用香皂。婴幼儿的洗脸盆与毛巾要单独使用，不可与成人混用毛巾。用后最好放在太阳下晒干，并要定期消毒。

3.洗手 给婴幼儿洗手时要先用清水将婴幼儿的双手全部浸湿、然后取适量肥皂或洗手液涂抹于婴幼儿双手上，并让其充分揉擦30秒左右，至泡沫覆盖整个手掌、手指和指间，尤其是手指与手指之间的缝隙处和指甲缝，这些部位最容易藏污纳垢，应重点清洗。给较小的婴幼儿洗手时，照护员应将毛巾放在40℃左右的温水里清洗干净，然后将毛巾拧至不再往下滴水时再为婴幼儿擦洗。如婴幼儿手较脏，可先将肥皂或洗手液涂在手心，然后为婴幼儿搓洗双手，尤其要将手指间的缝隙处和指甲缝等部位清洗干净。婴幼儿双手搓洗干净后再用毛巾蘸清水将其手上的泡沫清洗干净，最后将毛巾清洗并拧干或另用干毛巾将婴幼儿手擦干即可。

4.洗头、洗脚 给婴幼儿洗头前准备好婴儿洗发液、洗脸盆、毛巾、棉球、40~45℃的温水、小凳子等。在脸盆中放入适量的温水。照护员抱起婴幼儿，坐在脸盆旁的凳子上；将婴幼儿托起置于左前臂上，用肘部将婴幼儿臀部夹于腰部；婴幼儿头向前，脸向上，托住婴幼儿的头及肩，用拇指和中指将婴幼儿的双耳向前盖住耳朵眼或用棉球轻轻堵住耳朵眼，然后用小毛巾蘸温水淋湿婴幼儿的头发，涂上婴儿洗发液轻轻搓洗干净；再用温清水冲洗干净婴幼儿头发上的泡沫，最后擦干即可。

注意事项：一定要将婴幼儿托住、夹紧，但又不能伤到婴幼儿；要避免婴幼儿从怀中蹿出；要严格控制水温，防止婴幼儿烫伤；清洗动作既要轻柔又要快，不能用手拍打婴幼儿头部。另外，照护员手指甲要剪短，防止刮伤婴幼儿，如果婴幼儿头上有乳痂，不可以强行抠、揭，以免损伤头皮、造成感染。

在给婴幼儿洗脚前应准备洗脚盆、温水、肥皂、小毛巾、小凳子等。洗脚盆内放入温水，水面达到婴幼儿脚踝部位即可。较小的婴幼儿可以抱着让其站在水盆里，较大的婴幼儿可以让其坐在凳子上；脱去鞋、袜，将婴幼儿双脚放在水里浸泡2~3分钟；涂抹肥皂后依顺序洗净婴幼儿脚心、脚背、脚趾缝；最后用毛巾擦干即可。

5.洗臀部　清洗前准备好盆、45℃左右的温水、小毛巾、婴儿浴液、5%的鞣酸软膏或护臀霜、爽身粉、小凳子或椅子。盥洗盆内倒入温水，小毛巾放在水里；将婴幼儿裤子脱到膝盖处，照护员坐到凳子或椅子上，抱起婴幼儿使其躺在怀里，一只手臂托住婴幼儿的大腿并用手抓住，向上抬起婴幼儿的大腿，使其臀部在前臂下露出，置于水盆上；另一只手持小毛巾蘸温水擦洗婴幼儿臀部，先擦洗婴幼儿两侧大腿内侧，然后擦洗外阴部，再清洗肛门周围；必要时可在上述部位涂婴儿浴液轻轻擦洗，然后用温清水将婴幼儿臀部冲洗干净，再用毛巾将婴幼儿臀部水分擦干；根据需要可给婴幼儿臀部涂些5%的鞣酸软膏或护臀霜，为婴幼儿兜好尿布或纸尿裤、裤子即可。

注意事项：动作要轻柔，尤其是清洁会阴部时，要先擦洗婴幼儿两侧大腿内侧，然后擦洗外阴部，最后擦洗肛门周围。给女婴洗臀部时要先清洗会阴部再洗肛门部位，从前往后洗。清洗男婴阴茎时，可轻轻将包皮往上捋，露出阴茎头，将污垢洗去，然后清洗肛门部位。婴幼儿的洗盆与毛巾要单独使用，不可与成人混用，毛巾使用后应洗净最好放在太阳下晒干，并要定期消毒。

（五）为婴幼儿洗澡

1.盆浴、淋浴的准备　调节好浴室温度，使浴室温度达到26~28℃，准备好干净衣物、尿布、尿垫、浴巾、小毛巾、婴幼儿洗发液、婴幼儿皂或沐浴液、婴儿用洗澡盆、防滑垫、玉米痱子粉、5%的鞣酸软膏或护臀霜、拖鞋、玩具、椅子等物品。

2.操作步骤

（1）洗澡盆内先放入适量凉水，然后再放入热水，使洗澡水保持在37~40℃（夏天室温、水温可略低些）。

（2）如果婴幼儿能够自己坐着洗澡，可在洗澡时给其一些能在水中玩的玩具，如干净的小鸭子玩具、海绵、小水杯、小鱼玩具等，既增加婴幼儿的洗澡兴趣，又能帮助婴幼儿进一步认识各种物体的特性。

（3）脱去婴幼儿身上的鞋、袜、衣物，观察婴幼儿全身皮肤、四肢活动情况，及早发现问题。

（4）6个月以上的婴幼儿可坐在澡盆里洗澡，澡盆底部要放置防滑垫。如果澡盆较大，照护员要将手从婴幼儿的腋下穿过将婴幼儿轻轻地环抱在怀里，以防婴幼儿滑倒。

（5）用小毛巾蘸温水将婴幼儿的头发充分淋湿，然后在婴幼儿的头发上适当涂些婴幼儿洗发液轻轻搓洗，再用温清水冲洗干净，擦干头发。

（6）将婴幼儿放在干净的温水中，照护员用前臂托住其上身，一只手抓住其臀部，使婴幼儿在浴盆中呈半躺姿势，然后用另一只手持小毛巾蘸温水洗颈部、腋窝、胸腹部、上肢、下肢；然后再将婴幼儿翻过来，使其趴在照护员的前臂上，洗后背和臀部。必要时可在婴幼儿身上适当涂些婴幼儿皂或沐浴液清洗，清洗干净后，再用温水将婴幼儿身上的肥皂沫或沐浴液冲洗干净。

（7）将婴幼儿从水中抱出放在干净的浴巾上，从头到脚迅速擦干。如果是冬天可以给婴幼儿身上适当涂抹一些润肤露，如果是夏天可以在婴幼儿身上，尤其是皮肤皱褶处拍些玉米淀粉。婴幼儿肛门周围可适当抹些5%的鞣酸软膏或护臀霜。需要穿纸尿裤的婴幼儿应先将纸尿裤穿好，随后迅速穿上上衣、裤子。

（8）给能站立淋浴的婴幼儿洗澡时，需选用防滑的拖鞋，可取站立位或准备一把小椅子，让婴幼儿坐好，先洗头，再洗全身。不管哪种姿势，照护员始终要抓住婴幼儿的一只胳膊，防止其滑倒。

3.注意事项

（1）给婴幼儿放洗澡水时必须先放凉水，然后再往凉水里加热水，边加热水，边测试水温，必要时可以用温度计测试水温，以防止发生烫伤。

（2）稍大些的婴幼儿洗澡前要与其讲清道理，取得婴幼儿的配合，如果怕浴液进入婴幼儿的眼睛，可给婴幼儿戴一个浴帽。

（3）婴幼儿需要盆浴时，如果室温低需要用浴霸加热时，注意给婴幼儿洗澡前先加温，洗浴时关掉，不可以开着浴霸让婴幼儿躺在水中直视浴霸。

（4）洗澡时动作一定要轻柔、迅速。洗澡时应注意观察婴幼儿全身有无异常。

项目三　老年照护

21世纪人口老龄化正席卷全球。老龄化社会的到来是现代社会发展的必然趋势，是人类文明不断提升，从注重人口数量到注重人口质量的体现。但老龄化社会的到来也不可避免地带来社会结构、家庭结构、消费结构、产业结构、社会心理、社会文化、艺术等一系列变化。老年照护是家政服务员针对老年人这一特殊群体，根据老年人身体和心理的实际情况，促进老年人自我照护的能力，同时提供优质的照护服务，为最大限度地提高老年人的健康水平和生活质量，提供直接的援助和支持。

一、老年人的特点

（一）老年人的生理特点

随着年龄的增长，老年人身体器官的功能均呈下降的趋势，照护者要了解器官功能老化给老年人身体带来的影响。

1.老年人表现出明显的生理功能衰退的趋势，储备能力减少，全身组织器官退化。例如，运动时机体不能及时提供能量，老年人因此难以应对由运动带来的重负荷或应付意外事件。

2.适应能力减弱。老年人机体多种生理功能的减退，往往导致体内环境的稳定性失调，进而出现各种功能障碍。例如，短期内改变老年人的生活环境，可能会导致老年人水土不服、肠胃不适、睡眠不佳等现象。

3.抵抗力下降。随着生理功能特别是免疫功能的衰退与紊乱，老年人的抵抗力也明显跟着下降，很容易患上某些疾病。

4.自理能力降低。随着机体的衰老，体力逐渐减退，老年人往往动作迟缓、反应迟钝，行动多有不便，容易出现意外事故，如容易摔倒或被利器割伤等。

（二）老年人的心理特点

1.**衰老感**　衰老感会使人的意志衰退、情绪消沉，甚至使老人生理功能降低、心理衰老以及发生新的疾病使得老年人主观上产生不中用了的想法，即自己意识到自己老了。其产生衰老感的原因有很多：首先，是身心状态的变化，感知能力下降，如从健步如飞变得步履蹒跚，头发变白，精神饱满变得气力衰弱等；其次，是生活、工作及社会环境的改变，如退休后变清闲，与子女分居，亲人朋友的离世等；最后，就是周围的人把自己奉为老人，处处被当作老人看待。

2.**孤独寂寞**　老年人孤独的主要原因是退休在家，离开了工作岗位和长期相处的同事，整日无所事事，孤单凄凉之情油然而生；儿女分开居住，缺朋少友，社交活动少；丧偶或离婚，老来孑然一身。孤独使老年人处于孤立无援的境地，老年人最怕孤独，很容易产生"被遗弃感"，继而使老年人对自身存在的价值表示怀疑、绝望。

3.**空虚无聊**　退休不久或对退休缺乏足够心理准备的老年人，他们从紧张有序的工作与生活状态突然转入松散、无规律的生活状态，一时很难适应，经常感到时间过得很慢，度日如年，从而产生情绪低的状况。这种恶劣的心境如果长期持续下去，不但会加速衰老，有时还可能使老年人患抑郁症产生自杀的念头，给老年人的身心健康造成极大的威胁。

4.情绪多变 老年期是人生旅途的最后阶段，也是人生的"丧失期"，如丧失工作、丧失权力和地位、丧生亲人等，容易使老年人的情感趋于低沉，这与他们的历史经历和现实境遇的对比是分不开的。由于大脑和机体的衰老，老人往往产生不同程度的性情改变。如说话啰唆、情绪易波动、主观固化等，少数老年人则变得很难接受和适应新生事物，怀旧观念强，甚至对现实抱有对立情绪，不接受新事物。老年人的性情改变，常常加大了他们与后辈、与现实生活的距离，导致社会适应能力缺乏。

5.人老健忘 老年人的健忘主要表现为近事记忆障碍，也叫近事遗忘。也就是说，老年人遗忘的主要是最近发生的事情，比如新接触的事物或是新学习的知识，特别是人名、地名、数字等没有特殊定义或是难以引起联想的东西都忘得特别快。但是，对于很多陈年旧事却记忆犹新，描述起来绘声绘色、活灵活现，只有发生大脑器质性疾病时，远事记忆的影响才会发生，即出现远事遗忘。

6.年老话多 老年人精力、体力下降，对许多事情心有余而力不足，常借助语言来表达自己以引起他人的注意，求得心理的平衡；子女很少在身边，为了排除寂寞，只好借助于唠叨；老年人总是喜欢谈论陈年往事，炫耀以往的辉煌，也是为了得到心理上的慰藉，以填补现实生活的空虚。有时，老年人的这种唠叨、言语混乱是其思维方式和思维过程混乱的表现。

7.睡眠失调 老年人的睡眠失调是老年人脑功能自然衰退的征兆。其睡眠失调的主要表现：夜晚睡眠少，睡眠质量较差，表现为入睡困难，睡眠浅，易惊醒，白天没精神，嗜睡，或者是黑白颠倒等。老年人的睡眠失调是老年人大脑功能自然衰退的征兆，与老年人的心理健康有很大的关系。

二、老年人饮食照护

（一）老年人饮食种类

1.普通饮食 普通饮食简称普食，与健康人饮食相似，主要适用于消化功能无障碍、饮食不限制的老年人。其中总热能、蛋白质、无机盐和微量元素、维生素、水分应充分、均匀地供给，以达到平衡饮食的要求。营养种类要齐全。各种营养素种类要齐全，数量要充足，比例适当。

2.软食 软食是从普食过渡到半流质的、含纤维素少、便于咀嚼、比普食容易消化的食品。软食适用于轻度发热，消化不良，咀嚼不便，患胃肠疾病，进行肛门、结肠及直肠手术后的老年人。

3.半流质饮食 半流质饮食介于软质饮食和流质饮食之间，呈半流体状，易于消化和吸收。如粥、面条、蒸鸡蛋、馄饨、豆腐等，适用于发热、体弱、消化道疾患、口腔疾患、手术后、消化不良、吞咽困难的老年人。

4.流质饮食　流质饮食呈液体状，不用咀嚼，易于消化和吞咽，如乳类、豆浆、稀藕粉、果汁等，适用于病情严重、高热、吞咽困难、口腔疾患、食道狭窄、消化道出血、胃肠手术后、急性重症感染、急性心肌梗死的老年人。

（二）为老年人制作膳食

1.老年人膳食的特点　老年人胃肠功能减退，咀嚼能力降低，味觉功能下降，所以家政服务员在制作膳食时要了解老年人膳食的特点：柔软、易咀嚼、易吸收；粗加工，保留食物营养；多种食物配合，维护老年人胃肠蠕动功能；种类多样，调整口味；温度要适宜。

老年人生理功能退化，消化吸收能力下降，活动量相应减少，饮食总量减少，容易出现营养不足甚至缺乏的现象。因此，其膳食构成必须符合适量优质的要求。家政服务员在菜肴的选择和制作上要加以注意。

2.老年人膳食的制作要求

（1）主食的种类丰富多样，它们所含的氨基酸、维生素、无机盐的种类和数量各不相同，因此单一的食物是不能保证老年人身体健康的，在制作适宜老年人的主食时，精制米、面应与豆类、玉米面等粗粮搭配，主食中除去五谷外，还可以适当加入蔬菜、肉类等，保证足够的营养。在食材的选择上，应该选择含水量丰富、质软、易于咀嚼和吞咽的食物。在制作手法上也要注意应以软烂为主，例如，熬粥时将杂粮、豆类等事先用清水浸泡，使食材尽量易于咀嚼。

（2）炒菜时先用大火把锅烧热，倒入油，晃锅，使锅壁均匀地涂上一层油，然后倒入要炒的菜，进行烹饪。炒肉片、肉丝、猪肝、腰子时，下锅前先用淀粉、油拌一下，这样可使维生素和蛋白质少受破坏，同时鲜嫩可口。

（3）在炖肉时，要使肉块口味鲜美，应先将水烧开再放肉，使肉表面的蛋白质凝固，内部大部分油脂和蛋白质留在肉内，肉味就比较鲜美。如果需要美味肉汤，则将肉与冷水同时下锅，用文火慢煮，这样肉汁、脂肪、蛋白质从肉的内部渗出，则汤味鲜美，肉香浓郁。

（4）炖肉或排骨、肘子时，加点醋可使骨中钙、磷等析出，使人体容易吸收。要使肉烂得快，可在锅内放几个山楂或几片萝卜，但不能放盐，盐要放得迟些，否则肉不易烂。烧肉过程中，不要中途加水，否则肉遇冷收缩，肉中的营养成分不易渗出。

（5）在烹制鱼类菜肴时，最重要的是去除腥味。先将鱼洗净，擦干水分后再用料酒、醋、葱、姜和精盐在鱼肉上涂匀，使其入味。在烹调时先用油煎一下再加入调料烹制，便可制作出美味的鱼类佳肴。

（三）老年人进餐照护

1.进餐环境　应清洁整齐、空气新鲜，必要时应通风换气。单独进餐会影响老年人的食欲，可邀请他人一起进餐来增加进食量。

2.进餐前准备　进餐前询问老年人有无便意，在餐前半小时移去便器，提醒老年人餐前洗手，就餐准备。根据老年人的情况选择合适的餐桌及椅子，备好碗、盘、筷子或勺子等餐具。

3.适宜的体位　根据老年人的身体情况取适宜的体位进餐，尽可能采取坐位或半坐位。对卧床老年人帮助其坐在床上并使用特制的餐具如跨床小桌进餐。

4.进餐方式　能自理的老年人，鼓励其自己进餐；自理能力有欠缺的老年人，若能进食，尽可能借助一些自制餐具，维持其自己进餐的能力；完全不能自理的老人，应予喂食，喂食时与老人互相配合，并注意进餐速度；不能自口腔进食者，应给予管饲或胃肠外营养。

5.进食姿势　不管采取何种坐姿，都要保持上身前倾，口腔低于咽喉，便于食物在吞咽力量基础上，借助重力将食物送入胃内，防止误入气管。对于偏瘫的老年人，应选择有扶手的轮椅，足跟着地以坐安稳。卧床老人侧卧位进食时，应在下颌及胸前铺好餐巾或毛巾，后背应垫软枕或靠背保持身体稳定，软枕置于双膝骨骼突出处以增进舒适，把食物放在老年人能看到和手能拿到的地方，喝水要使用吸管以避免发生呛咳。

三、老年人生活起居照护

（一）协助老年人洗脸、洗手

1.尽量鼓励有自理能力的老年人自己洗脸、洗手。

2.为了避免将家政服务员手上的污垢、细菌和油脂沾到老年人脸上、手上，在正式开始给老年人洗脸、洗手前，家政服务员要先清洗自己的双手。

3.老年人皮脂腺相对萎缩，故洗脸水温宜控制在18~30℃，过冷会造成血管收缩，对有糖尿病、冠心病的老年人十分不利。冬天一般不要用冷水洗脸防止发生"面瘫"。但长期坚持用冷水洗脸的老年人另当别论。

4.将香皂或其他洁面产品在手心上打出适量泡沫涂于老年人面部，轻轻打圈按摩8~10下，以促进面部血液循环。不要使用碱性肥皂，否则会加快皮肤老化。洁面产品在脸上停留的时间不要超过1分钟。

5.清洗时不要用手或硬毛巾硬擦面部，应用湿毛巾在脸上反复轻轻拍揉。

6.清洗完毕后要检查一下，看看发际周围是否还有残留的香皂泡沫。

7.反复交替搓揉手心、手背、指缝，不留死角。

8.擦干时，用干净、柔软的毛巾或纸巾轻轻拍揉，毛巾专人专用。

（二）协助老年人排泄

1.厕所的设计　老年人使用的厕所既要方便能行走的老年人使用，也要便于坐轮椅或偏瘫老年人使用。卫生间的门应向外开，以便有意外时能及时救护。厕所内要有呼叫器，并安置在老人容易触到的地方。地面要有防滑垫，如厕要穿防滑的拖鞋，以防老年人滑倒。宜选用坐式马桶，并设有扶手，以方便老人自己蹲坐和起身。

2.如厕护理　对反应迟钝、经常发生体位性低血压、服用降压药的老人，夜间尽量不去厕所；如夜尿次数多，应在睡前备好所需物品和便器；必须下床或上厕所时，一定要有人陪伴。对患有高血压、冠心病的老年人，当用力屏气排便时，腹壁肌和膈肌强烈收缩使腹压增高，心脏排血阻力增加，动脉血压和心肌耗氧量增加，可诱发心绞痛、心肌梗死及严重的心律失常等，因此应指导老年人注意勿用力排便，大便时应取坐位，便后站起时应缓慢，以防发生猝死等意外事故。

（三）老年人睡眠照护

1.生活规律　按作息时间养成良好的生活习惯，到就寝时便可条件反射地自然进入睡眠状态。

2.提供舒适的睡眠环境　调节卧室的光线和温湿度，保持床褥的干净整洁，并设法维持环境的安静。

3.帮助老年人养成良好的睡眠习惯　老年人的睡眠存在个体差异，为了保证白天的正常活动和社交，使其生活符合人体生物节律，应提倡早睡早起、午睡的习惯。每晚同一时间上床，对于已养成的特殊睡眠习惯，不能强迫立即纠正，需要多解释并进行诱导，使其睡眠时间尽量正常化。限制白天睡眠时间在1小时左右，同时注意缩短卧床时间，以保证夜间睡眠质量。

4.晚餐　晚餐时间最少在睡前2小时，且饮食宜清淡、少量，睡前不饮用咖啡、酒或大量水，避免吸烟、使用利尿剂，并提醒老年人于入睡前如厕，以免夜尿增多而干扰睡眠。

5.保持良好的情绪　情绪对老年人的睡眠影响很大。老年人思考问题较专一又固执，遇到问题会反复考虑而影响睡眠，尤其是内向型的老年人。所以。调整老年人睡眠，首先要调整其情绪，有些问题和事情不宜晚睡前告诉老年人。

6.适当运动与放松心情　睡前活动30分钟，可促进睡眠。要向老年人宣传规律锻炼对减少应激和促进睡眠的重要性，指导其坚持参加力所能及的日间活动。

7.遵医嘱使用镇静剂　有的老年人因入睡困难而自行服用镇静剂。镇静剂可帮助睡眠，但也有许多副作用，如抑制机体功能、降低血压、影响胃肠道蠕动和意识活动等。因此，应尽量避免用药物帮助入睡。必要时，可在医生指导下根据具体情况选择合适的药物。

（四）协助老年人更换衣物

1.衣着的选择　老年人衣着服饰的选择，应以暖、轻、软、宽松、简洁为原则。

（1）衣着的质地　老年人体温中枢调节功能降低，对外界环境的适应能力较差，许多老年人既怕冷、又畏热。因此，在选择老年人内衣时应以柔软、吸水性好、不刺激皮肤的棉织品为主，不宜选择对皮肤有刺激的毛织品、化纤制品等；外衣则可适当选择毛料、化纤织品等。另外，还要考虑各种织物的通气性、透气性、吸水性、保温性等，使冬装可保暖，夏衣能消暑。

（2）衣着的款式　老年人衣着款式的设计应符合宽松舒适、柔软轻便、易穿脱、利于活动和变换体位的要求。上衣和拉链上应留有指环，便于老年人拉动。衣服纽扣不宜过小以方便系扣。可选择开襟上装便于老年人穿脱，尽量避免圆领套头上衣等。衣着过于窄小可影响血液循环，过大过长容易引起绊倒。做饭时的衣服应避免袖口过宽，以防着火。冬季，最好穿保暖、透气、防滑的棉鞋，穿防寒性能较优的棉袜和羊毛袜。其他季节，老年人宜穿轻便布鞋；老年妇女不要穿高跟鞋，以防跌伤。

（3）衣着的颜色　老年人衣着颜色以尊重老年人的习惯和增强自信心为原则，要尊重老年人的喜好。衣着色彩要注意选择柔和、不褪色、容易观察是否干净的。为了增强老年人的自信心，可建议老年人选择色彩较鲜艳的衣着，因为鲜艳的色彩可使老年人显得年轻、有活力。

（4）衣着的卫生　老年人的内衣裤、袜等应勤洗勤换，清洗后翻转放户外日光晾晒，让紫外线充分照射，达到消毒的目的。

2.照护老年人更换衣服注意事项

（1）动作轻柔、快捷，避免老年人受凉。

（2）协助卧床老年人翻身时，注意安全。

（3）不可以生拉硬拽，以免损伤老年人皮肤、筋骨。

四、照护技术应用

（一）为卧床老年人更换开襟衣服

1.操作准备

（1）环境准备　环境整洁，温湿度适宜。

（2）家政服务员准备　衣着整洁，洗净双手。

（3）老年人准备　老年人平卧于床上。

（4）物品准备　洁净的老年人开襟上衣。

2.操作步骤

（1）沟通　家政服务员为老年人选择合适的开襟上衣，向老年人说明以取得配合。

（2）更换开襟上衣

①掀开盖被，一只手扶住老年人肩部，另一只手扶住腰部，协助老年人翻身侧卧，脱去一侧衣袖（遇老年人一侧肢体不灵活时，应卧于健侧，患侧在上，先脱患侧）。

②取洁净开襟上衣穿好一侧（或患侧）的衣袖，将上衣的其余部分和被更换的上衣平整地铺在老年人身下。

③协助老年人取平卧位，从老年人身下拉出洁净的和被更换的上衣。脱下被更换的上衣，穿好洁净上衣另一侧衣袖（或健侧），扣好纽扣。

（3）整理上衣　拉平老年人上衣的衣身、衣袖，确保身下衣服无褶皱。整理衣领。

（4）整理床铺　为老年人盖好被子，整理床铺。

（二）为卧床老年人更换套头衣服

1.操作准备

（1）环境准备　环境整洁，温湿度适宜。

（2）家政服务员准备　衣着整洁，洗净双手。

（3）老年人准备　老年人平卧于床上。

（4）物品准备　洁净的老年人套头上衣。

2.操作步骤

（1）沟通　家政服务员为老年人选择合适的套头衣服，向老年人说明以取得配合。

（2）脱下套头衫

①协助老年人取坐位。

②将老年人套头衫的下端向上拉至胸部，一只手托起老年人头部，一只手从背后向前脱下衣身部分。一只手扶起老年人肩部，一只手拉住近侧袖口，脱下一侧衣袖，采用同样的方法脱下另一侧衣袖。

（3）穿上套头衫

①辨别套头衫前后面，一只手从袖口处伸入至衣身开口处，握住老年人的手腕，将老年人的手臂拉入衣袖，采用同样的方法穿好另一侧。

②一只手托起老年人头部，一只手握住衣身背部的下开口至领口部分套入老年人头部。

③将老年人套头衫衣身向下拉平，整理平整。

（4）整理　协助老年人取舒适卧位，确保身下衣服平整无褶皱，盖好被子，整理床铺。

（三）为卧床老年人更换裤子

1.操作准备

（1）环境准备　环境整洁，温湿度适宜。

（2）家政服务员准备　衣着整洁，洗净双手。

（3）老年人准备　老年人平卧于床上。

（4）物品准备　洁净的老年人裤子。

2.操作步骤

（1）沟通　家政服务员向老年人说明，以取得配合。

（2）脱下裤子

①家政服务员为老年人松开裤带、裤扣，协助老年人身体左倾，将裤子右侧部分向下拉至臀部，再协助老年人身体右倾，将裤子左侧部分向下拉至臀下。

②叮嘱能够配合的老年人屈膝，两手分别拉住老年人两侧裤腰部分向下褪至膝部，抬起一侧下肢，褪去一侧裤腿。用同样方法褪去另一侧裤腿。

（3）更换裤子

①家政服务员取洁净裤子辨别正反面。左手从裤管口套入至裤腰开口。轻握老年人的脚踝，右手将裤管向老年人的大腿方向提拉。用同样方法穿上另条裤管。

②家政服务员两手分别拉住两侧裤腰部分，向上提拉至老年人臀部。

③家政服务员协助老年人身体左倾，将右侧裤腰部分向上拉至腰部，再协助老年人身体右倾，将裤子左侧部分向上拉至腰部，系好裤带、裤扣。

（4）整理　协助老年人盖好被子，整理床铺。

项目四　病患照护

患者是指患有疾病的人。疾病是机体在一定病因的损害性作用下，因自稳调节紊乱而发生的异常生命活动过程。应对疾病，医学讲究"三分治疗，七分护理"。在医疗资源相对缺乏而人们对健康需求又不断增加的当今社会，"七分护理"不再局限于医院护士提供的专业护理，居住在家的患者也应得到简单易行、安全有效的护理，从而提高患者的治疗效果和生活质量。

一、患者饮食照护

（一）常见患者的基本饮食

1.普通饮食

（1）适用对象 普通饮食与健康人的饮食相仿，适用于病情较轻或疾病恢复期消化功能正常、没有特殊要求的病患。

（2）特点 以易消化、无刺激性的食物为主。

（3）用法 每日三餐，主食、副食（蔬菜、水果、肉食）、汤类均衡搭配，需要蛋白质70~90g。不宜多吃油炸、易胀气的食物。

2.软食

（1）适用对象 软食适用于年老、年幼病患或患口腔疾病、胃肠疾病、低热及处于手术后恢复期的病患。

（2）特点 以软烂、无刺激性、容易消化的食物为主。主食首选软米饭、面条、小馒头、花卷、馄饨、饺子、发糕、肉龙等。菜品首选绿叶菜、豆制品、鸡肉、猪肉、牛肉等，但必须是煮烂和切碎的菜肉。

（3）用法 每日三餐，每两餐之间适当加餐，需要蛋白质约70g。

3.半流质饮食

（1）适用对象 半流质饮食介于软食与流食之间，外观呈半流体状态，适用于身体虚弱、咀嚼消化能力较差、发热、患口腔疾病或消化道疾病的病患。

（2）特点 少食多餐，以易消化、无刺激性、纤维素含量少且易于吞咽的食物为主，如大米粥、小米粥、面条、面片、肉末粥、蛋花粥、馄饨、鸡蛋、藕粉、蛋花汤、豆腐脑、牛奶、酸奶、果汁、果泥、西瓜、熟香蕉、菜泥、菜汁、各种肉汤、肉末、鱼片、泥糊状食物等。可以用粉碎机将一些食物（如豆类、干果、鱼肉、虾肉）打碎后煮粥、做汤。

（3）用法 每日5~6餐，需要蛋白质约60g。

4.流质食物

（1）适用对象 流质食物是一种液体，无渣，不用咀嚼且易于消化和吞咽，比半流质饮食更易于消化。适用于进食有困难、高热、大手术后、消化道有疾病、病情危重或全身衰竭的病患。此种膳食只能作为过渡期的膳食短期食用。

（2）特点 以流质食物为主，需要用营养价值高的各种食材制作，如牛奶及奶制品、蛋白粉、豆浆、藕粉、米汤、肉汁、杏仁茶、蛋花汤、肉汤冲鸡蛋、牛奶冲鸡蛋、菜汁、果汁、煮水果水、清肉汤、肝汤等。

（3）用法　每日6~8次，或每2~3小时一次，每次200~300ml，需要蛋白质约40g。

5.鼻饲管饮食

（1）适用对象　为流质食物的一类，适用于因病不能口腔进食者经鼻插入胃管，以保证病患营养摄入的患者，如混合奶（奶中加蛋黄、鱼泥、虾泥）、果汁、无渣汤汁等。

（2）特点　用鼻饲器抽取管饲饮食，缓慢注入胃管。

（3）用法　进食量由少量开始逐渐增加，一次不超过200ml。

（二）治疗饮食

1.高蛋白饮食　高蛋白饮食适用于营养不良、代谢亢进状态的患者。每日蛋白质量100~200g。

2.低蛋白饮食　低蛋白饮食适用于肝肾功能不全的患者。每日进食蛋白质量在40g以下。

3.糖尿病饮食　一般情况下，体重正常、无并发症、能从事体力活动的糖尿病患者，每日主食量可在300g以上，肉蛋类200~300g，蔬菜400~500g，烹调油40g；肥胖伴轻度并发症者，每日主食限定在200~250g，蔬菜400~500g，肉蛋150g，烹调油30g。照护糖尿病患者要针对其体重和病情控制饮食。

4.低盐饮食　低钠饮食要求每日用盐量2~3g，适用于高血压、心衰、肾炎、肝硬化等疾病引起水肿的患者。严重水肿患者应采用无盐饮食，炒菜忌盐，无禁忌证情况下可用糖、醋调味。

5.低脂饮食　低脂饮食要求每日进食脂肪40g以下，适用于患肝、胆、胰腺等疾病和高脂血症的患者。

6.低嘌呤饮食　低嘌呤饮食要求每日进食的嘌呤含量在150mg以下，适用于患痛风病及高尿酸血症的患者。

7.高钾饮食　高钾饮食要求每日进食的钾含量在4000mg以上，适用于低血钾的患者。

8.低钾饮食　低钾饮食要求每日进食的钾含量在200mg以下，适用于高血钾的患者。

（三）患者对营养素的需求

人在患病、治疗及康复期间，如果能获得合理的饮食，使之获得人体所必需的营养，就能够增强其抵抗力，加快身体康复。

患者需多吃一些对机体康复有益的食物。每日膳食中，蛋白质食物如奶蛋、鱼、肉、豆制品摄入量要略高于常人，食物以鲜、活为好，忌食放置过久的动物性食品，多食天然、绿色、应季的蔬菜和水果

患者合理膳食要求如下。

（1）食物多样，谷类为主，粗细搭配。

（2）多吃蔬菜、水果和薯类。

（3）每天吃奶类、大豆或其制品。

（4）常吃适量的鱼、禽、蛋和瘦肉。

（5）减少烹调油用量，吃清淡少盐的膳食。

（6）食不过量，天天运动，保持健康的体重。

（7）三餐分配要合理，零食要适当。

（8）每天足量饮水，合理选择饮料。

（9）如果饮酒，应限量。

（10）吃新鲜、卫生的食物。

二、患者生活起居照护

（一）照护患者进食

1.能下床患者的进食照护

（1）进餐前

①向病患解释，必要时协助病患排便洗手，家政服务员清洗双手。

②清洁餐桌，准备筷子、勺子。盛好饭、菜端至餐桌上。

③扶病患（根据病情可采取步行或使用轮椅）到餐桌前就座。

④胸前围围嘴，手边放清洁、潮湿小毛巾或纸巾，如有假牙须戴好。

⑤介绍本餐的主食和副食。

（2）进餐中

①保持安静，关闭电视。

②饭菜温度适宜，最好先喝适量的汤再进食。

③进餐的速度要适中，饭菜放在容易取到的位置。

④盛饭做到少量多次，随时添加，避免浪费。

（3）进餐后

①整理餐具，清洁餐桌。

②协助病患洗手、洗脸、漱口。

③扶患者（根据病情可采取步行或使用轮椅）离开餐桌。

④鼓励患者在床旁稍事休息（或活动）。

⑤如需卧床应采取右侧卧位（或平卧位），这样有利于食物的消化。

⑥清洗餐具并消毒。

⑦清洁地面。

2.卧床患者的进食照护

（1）向病患解释，取得配合。

（2）准备好洗手用具。

（3）搀扶病患坐起，或是将床头摇起呈半坐位。

（4）协助患者清洗双手。

（5）清洁。将餐桌摆放于床上，准备筷子、勺子和盛好的饭菜。

（6）必要时，在患者颈下、胸前围围嘴，手边放清洁、潮湿小毛巾或纸巾，如有假牙须戴好。

（7）介绍本餐的主食和副食。

（8）鼓励患者自己进餐，必要时在旁协助进食。

（9）餐后协助患者洗手、洗脸、漱口。

（10）鼓励患者在床上稍事休息，保持半卧位30分钟，这样有利于食物的消化和避免食物反流。

（11）收纳整理用物，清洗餐具并消毒。

3.吞咽困难患者的进食照护

（1）向患者解释，取得配合。

（2）准备好洗手用具。

（3）搀扶患者取半坐位或是坐位。

（4）协助患者清洗双手，手边放清洁、潮湿小毛巾或纸巾。

（5）准备筷子、勺子和盛好的饭菜。

（6）颈下、胸前围围嘴，如有假牙须戴好。

（7）先喂适量温水，湿润口腔。

（8）喂食固体食物应送入口腔健侧。

（9）喂流质食物时要防止呛咳。

（10）鼓励患者吞咽。

（11）餐后协助患者洗手、洗脸、漱口。

（12）鼓励患者在床上稍事休息，保持半卧位30分钟，这样有利于食物的消化和避免食物反流。

（13）收纳整理用物，清洗餐具并消毒。

（二）照护患者日常生活

1.创建适宜疗养的居住环境　适宜的室内温度为18~22℃、湿度为50%~60%，室内最好配有温度计，以便观察和调节。居室要经常通风以保证室内空气新鲜，经常开启门窗使阳光射入室内，或协助患者到户外接受适当的日光直接照射。为患者创造安静的环境，照护者做到说话轻、走路轻、开关门窗轻、取放物品轻。室内陈设应尽量简单，日常生活用品应定位放置，以免发生磕碰、绊倒。为长期卧床患者进行各项护理活动时，较高的床较为合适，床的两边应有活动的护栏；对于能离床活动的患者，床的高度以离地面50cm为宜。

2.保持清洁，增进舒适　清洁是人类最基本的生理需要之一，使人拥有自信和自尊，感觉舒适，心情轻松、愉快。皮肤是人体最大的器官，具有调节体温、分泌、排泄、吸收、感觉、代谢和参与免疫等功能。因此加强皮肤清洁与护理对患者健康十分重要，尤其对失去生活自理能力的患者，使其感觉舒适，预防感染及并发症，促进疾病康复，对维护其身体完整性和患者自我形象及尊严，都有着极其重要的保护作用。

对于有自理能力的一般患者，应鼓励或协助其早晚刷牙、梳理头发、沐浴或擦拭身体，沐浴应选择在饭后2小时左右进行，水温以40℃为宜，沐浴时间以10~15分钟为宜，以免时间过长发生胸闷、晕厥等意外。体质较弱的患者沐浴最好有家人陪作，单独沐浴时，不要反锁浴室门，以便紧急情况时家人可以及时提供帮助。

对于长期卧床的患者，协助其在床上进行刷牙、洗脸、梳头发，可为其进行床上洗头、床上擦浴、会阴部护理等。

3.衣着卫生　由于患者身体机能及皮肤的特点，衣着与健康的关系越来越受到患者及照护员的关注。患者的服装选择，首先必须考虑实用性以及有利于健康及穿脱方便。

（1）衣服选料　选用质地柔软、光滑、吸水性好、透气功能强、对皮肤无刺激的布料。如内衣应以透气性和吸湿性较高的纯棉织品为好，外套可选用毛料、织物等通气性、透温性、吸水性、保暖性能良好的衣料。有些衣料如毛织品、化纤织品，穿起来轻松、柔软、舒适，一向受到老年人的喜爱。然而，它们对皮肤有一定的刺激性，如果用来制作贴身穿着的内衣，就有可能引起瘙痒、疼痛、红肿或水泡。尤其是化纤织物，其原料是从煤、石油、天然气等高分子化合物或含氮化合物中提取出来的，其中有些成分很可能成为过敏源，一旦接触皮肤容易引起过敏性皮炎。且这类织物带有静电，容易吸附空气中的灰尘，易引起支气管哮喘。因此，在选料时要慎重考虑。

（2）衣服款式　考虑安全舒适，衣着大小要适中，应避免穿过长的裙子或裤子以免绊倒。为了舒适，衣服要合身但不能过紧、过小，以免影响血液循环，更不要压迫胸部。衣着色彩要注意选择柔和、不变色、容易观察到是否弄脏的色调。同时也要注意关心患者衣着的社会性，在尊重其原有生活习惯的基础上，注意衣服的款式要适合其个性以及社会活动，条件允许时鼓励患者的服饰打扮可适当考虑流行时尚，如选择有朝气的色调、大方别致的款式以及饰物等。

（3）促进自理能力　衣服款式应容易穿脱、不妨碍活动、宽松、便于变换体位。衣服的容易穿脱对于患者来说是非常重要的，即使是自理能力有损的患者，也要尽量鼓励与指导患者参与衣服的穿脱过程，以尽可能最大限度地保持和发挥其残存功能。因此服装的设计上要注意便于穿脱。

（4）保暖及卫生　患者因体温调节功能下降，尤其对寒冷的抵抗力和适应力降低，因此在寒冷时节要特别注意衣着的保暖。及时更换衣物，保持衣着整洁、干净、卫生、舒适，换洗的衣物尽可能采用阳光暴晒。

4.排泄护理　排泄的主要方式是排尿和排便，患者常见的排泄问题有便秘、大小便失禁等，具体护理方法如下。

（1）患者便秘的护理

①加强心理疏导　对便秘患者做好安慰、解释工作，避免刺激，努力使其情绪稳定、舒畅。居室、床单位保持清洁，空气流通，温湿度适宜。

②必要的饮食调整　根据病情制定合理的饮食，使患者及家属配合。增加高纤维素食物和水的摄入，有助于防止便秘的发生。脂肪性食物可使大便柔滑，其所含的脂肪酸可刺激肠道平滑肌而使肠蠕动加快。饮食上避免过度煎炒、酒类及辛辣刺激、寒凉生冷之物，应多吃蔬菜、水果，多饮水，病情允许情况下每天清晨喝一杯温开水，每天饮水2000~3000ml。

③鼓励患者多活动　在确保安全及病情允许的前提下鼓励患者多活动，避免久坐久卧。可以做提肛运动：平卧或坐位时进行收缩肛门运动，即正常排便时的一收一放动作，以锻炼肛提肌的收缩力。

④顽固性便秘处理　可选用麻仁丸通便灵胶囊，也可用开塞露、甘油栓等。

（2）大便失禁护理

①心理护理　这对于神志清醒的患者至关重要，患者因不能控制排便而变得意志消沉甚至失去求生的欲望，导致不配合治疗。此时照护人员应尊重患者，给予心理安慰及精神支持。

②饮食护理　进食营养丰富而容易消化吸收的少渣食物，避免产气食物的摄入，必要时采取禁食，可行胃肠外营养。

③皮肤护理　有效的皮肤护理是大便失禁护理的关键，肛门周围的皮肤受失禁粪便的不停刺激而发红、湿疹甚至溃疡。为了避免给患者造成更大的痛苦，应保持肛周的干燥，及时更换受大便污染的衣裤及床单，每次大便后用温水洗净肛周皮肤，并涂凡士林等保护皮肤。

④建立良好的排便习惯　了解患者排便规律，建立排便反射，适时给予便器。

⑤盆底肌锻炼　对于神志清楚的患者，可指导其做缩肛动作以锻炼盆底肌。方法：先

慢慢做收缩肛门的动作，然后慢慢放松，每次10秒钟左右，放松间歇10秒钟，连续15~30分钟，每天数次。

（3）尿失禁护理

①心理护理　尊重患者的人格，给予安慰和鼓励，主动了解患者的需求，协助其产生战胜疾病的信心和勇气。

②饮食护理　加强营养摄入，白天足量饮水，晚餐后适当减少饮水量。

③会阴部护理　及时更换潮湿的衣裤和尿垫，保持会阴部清洁、干燥、无异味。长期卧床的妇女应采用透气好、吸水量大、柔软的尿垫或纸尿裤，男性可采用阴茎套收集尿液，应及时更换，适时透气。

④排尿功能训练　嘱患者每隔1~2小时主动排尿一次，同时鼓励其多饮水，以便有足够的尿量刺激使排尿反射恢复，排尿时可按摩膀胱区，但在非排尿时间段尽量鼓励患者憋尿，坚持一段时间后可适当延长排尿时间。

⑤盆底肌锻炼　收缩肛门，每次10秒钟，放松间隔10秒钟，每天数次，每次半小时。

（4）尿潴留护理

①心理护理　针对患者的心理特点，给予解释和安慰，消除其焦虑和紧张情绪。

②提供排尿的环境　关闭门窗，屏风遮挡，使视觉隐蔽，以保护患者隐私；适当调整治疗、护理时间，营造温馨的环境，使患者安心排尿。

③调整体位和姿势　协助患者取适当体位，病情允许应尽量以习惯姿势排尿，如扶助患者坐起或抬高上身。对需绝对卧床休息或某些手术的患者，术前应有计划地训练其床上排尿以避免术后不适应排尿姿势的改变而造成尿潴留，增加患者痛苦。

④诱导排尿　利用条件反射，如听流水声，或用温水冲洗会阴，以诱导排尿。

⑤按摩或热敷　按摩、热敷患者下腹部，可解除肌肉紧张，促进排尿。

⑥健康教育　叮嘱患者养成及时、定时排尿的习惯，指导其自我放松的正确方法。

三、家庭用药护理

（一）合理服药

1.按照医嘱协助患者服药，不擅自用药停药，不随意增减药物剂量。

2.按时将各时间段的药物分别协助和督促患者服下，有吞咽障碍或昏迷的患者，可以将口服药加工成粉末状溶解在水里，通过鼻饲管给药。

3.照护精神异常或不配合治疗的患者时，口服药应看服到口，并确定其将药物吞下。

4.仔细阅读药物说明书，了解药物的不良反应，用药后细心观察，若出现不良反应要及时停药、就诊，保留剩余药物。

5.密切观察药物副作用，及时应对。如对服用降压药的高血压患者，提醒其站立、起床时动作要缓慢，避免直立性低血压；使用降糖药物的糖尿病患者应随身携带糖果，一旦发生头晕、饥饿、软弱、出冷汗等低血糖反应，立即口服糖类食物或糖水。

（二）药物的保管

1.将每天需要服用的药物放置在固定位置，用较大字体的标签注明用药数量和时间，防止混淆。

2.外用药与口服药分开放置在阴凉处保管，将药物放置在儿童和精神异常患者无法接触的地方，建议抗精神病药物由专人上锁保管。

3.定期整理家庭药柜，丢弃过期变质的药物。

四、病情观察

（一）体温测量

体温是指身体内部的温度，可在口腔、腋下和肛门三个部位测量体温，口温的正常范围是36.3~37.2℃，肛温的正常范围是36.5~37.7℃，腋温的正常范围是36.0~37.0℃。测量方法如下。

1.测量前先检查体温计是否完好，将水银柱甩至35℃以下。

2.口温不适合精神异常、婴幼儿、口鼻腔手术患者，将口温计汞端放入舌下热窝处，闭口3分钟后取出。如不慎将水银咬破，要立即清洗口腔，并口服蛋清或生牛奶延缓汞的吸收。

3.腋温不适宜测量体虚瘦弱、上肢瘫痪的患者，可协助患者将体温表水银端夹紧在腋窝下，测量10分钟。

4.肛温适合小儿，先在肛表前端涂润滑剂，将肛温计的水银端轻轻插入小儿肛门1.5~2.5cm，成人3~4cm，3分钟后取出。

（二）脉搏测量

正常成人在安静状态下脉搏搏动的频率为60~100次/分，正常的脉搏搏动均匀规律、强弱相同，与心脏跳动是一致的。测量方法：患者手臂放于舒适位置，手掌朝上，桡动脉在手腕的大拇指侧，用食指、中指、无名指的指腹轻压在桡动脉上感受脉搏的跳动，测量1分钟。

（三）呼吸测量

正常成人在安静状态下呼吸为16~20次/分钟，节律规则，频率与深浅度均匀平衡，呼吸无声且不费力。测量方法：保持诊脉姿势，观察患者胸腹起伏（避免患者察觉），一起一伏为一次呼吸，测量1分钟。

（四）血压测量

正常成人在安静状态下的血压范围为收缩压 90~140mmHg，舒张压 60~90mmHg，血压在一个较小的范围内波动，保持相对恒定。长期测量血压的患者，应做到"四定"，即定时间、定部位、定体位、定血压计。家中常备的血压计为电子血压计，偏瘫患者选择健侧上肢进行测量。测量方法：患者取坐位或仰卧位，将衣袖卷起露出一侧上臂或者直接脱掉一侧衣袖，以免袖口太紧影响血流。被测肢体与心脏处于同一水平，坐位时肱动脉平第四肋骨，仰卧位时肱动脉平腋中线。照护者将袖带中的气体排空，然后将袖带平整地缠于患者的上臂，袖带的中部置于患者肘窝的肱动脉处，即手臂内侧、肘窝上 2cm。袖带不宜过松或过紧，袖带的松紧以能放入一指为宜。照护者开启开始键进行测量，读取数据。测量后，排尽袖带内的余气。如果需要重新测量，应先将袖带取下，排尽余气，让患者休息片刻，然后再重新按照上述方法测量血压 1~2 次。最后取几次测得血压的平均值，该数值即为血压值。

（五）大便的观察

1. 便量与次数　正常人每天排便 1~2 次，平均量为 150~200g，大便量的多少与食物的种类、数量及消化功能有关，进食肉类、蛋白质多的人要比吃素食的人排便量少。

2. 性状　正常人的大便为成形软便。当患者消化功能下降或患急性肠炎时，大便不成形；当病患便秘时，大便为栗子样；当患者直肠、肛门狭窄或有部分梗阻时大便可呈扁条形或是带状。

3. 颜色　正常人大便呈黄褐色，当食用含叶绿素丰富的蔬菜时，大便呈绿色；当摄入动物血、肝脏类食物或是服用含铁的药物时，大便呈酱油色；胆道阻塞后，大便可呈灰白色。

在出现异常情况时，如上消化道出血的病患，大便呈漆黑光亮的柏油样；下消化道出血的病患大便呈暗红色；胆道完全阻塞时，大便呈陶土色；当病患患阿米巴痢疾或是肠套叠时，大便呈果酱样；排便后有鲜血滴出的，大多数是患有直肠息肉或是肛裂、痔疮。

4. 气味　大便气味与食物种类、肠道疾病有关。当病患消化不良时，大便有酸臭味；有直肠溃疡或肠癌时，大便有腐臭味；有消化道出血时，呈柏油样的大便有腥臭味。

5. 黏液和脓　正常大便含有极少量混合均匀的黏液。当大便中混有大量的黏液就说明肠道有炎症；混有黏液的同时伴有血液，多见于痢疾、肠套叠等。

（六）尿液的观察

1. 尿量变化

（1）正常情况　成人 24 小时排尿量为 1000~2000ml。尿量的多少与饮水、饮食、气温、运动、精神等因素有关。成人白天排尿 3~5 次，夜间 0~1 次，每次尿量为 200~400ml。

（2）异常情况

①多尿：24 小时尿量超过 2500ml。

②少尿：24 小时尿量少于 400ml。

③无尿：24 小时尿量少于 100ml，或是 12 小时内完全无尿。

2. 尿液颜色

（1）正常情况　颜色呈淡黄色，澄清、透明。尿色与饮水量和出汗量有关。

（2）异常情况

①红色或是棕色。尿液中混有血液，多见于泌尿系统结核或是肿瘤、外伤、血液病等。

②白色浑浊状。尿液中有脓细胞，多见于泌尿系统严重感染。

3. 尿液气味

（1）正常情况　正常的新鲜尿液有特殊、微弱的芳香味，静置一段时间后，尿分解放出氨有氨臭味。

（2）异常情况

①新鲜尿液有氨臭味，多见于膀胱发炎的患者。

②尿液有甜味，多见于糖尿病患者。

③尿液有烂苹果味，多见于糖尿病患者伴酸中毒时。

五、压疮的预防

压疮又称为压力性溃疡，是皮肤及皮下组织由于压力、剪切力、摩擦力作用引起的局部组织损伤，常发生于骨隆突处，如枕骨、耳廓、手肘、骶尾部、髋骨、髂脊、坐骨结节、足跟、脚外踝处等。预防压疮的措施主要有以下几点。

1. 保护皮肤　避免局部组织长期受压，鼓励和协助患者每 2 小时翻身一次；可以使用水垫、海绵垫、气圈等保护骨隆突处，如有条件可睡电动气垫床；给患者翻身、搬运时避免拖拉硬拽，防止皮肤损伤。正确使用便器，不要强塞硬拉；对长期卧床患者，床头不能过高，可小于 30°，以减少剪切力的发生，对使用石膏、夹板、牵引的患者，衬垫应平整。

2. 保持患者皮肤清洁　避免局部刺激，及时清理患者的尿液、粪便、汗渍等，避免使用肥皂和含乙醇的物品清洁皮肤，保持床单整洁、干燥、平整。

3. 促进皮肤血液循环　可采用温水浴和适当按摩，但避免对骨骼隆起处皮肤和已发红皮肤按摩，以免加重皮肤损伤。

4. 改善机体营养状况　对病情允许的患者，鼓励其摄入高蛋白、高维生素、含锌饮食。

答案解析

目标检测

一、单选题

1.孕期补铁补血，最好的食物来源是（　　）。

　A.奶及奶制品　　　　　　　　B.蔬菜

　C.水果　　　　　　　　　　　D.动物肝脏

2.妊娠期乳房护理中，以下说法错误的是（　　）。

　A.用温水擦洗乳房

　B.经常擦洗乳头，能增加乳头皮肤的韧性

　C.保持乳房的清洁

　D.有早产史的孕妇，为产后哺乳准备，应每日按摩乳房

3.早孕反应多于妊娠（　　）周左右自行消失。

　A.10　　　　　　B.12　　　　　　C.14　　　　　　D.16

二、多选题

4.压疮的预防措施包括（　　）。

　A.保护皮肤避免局部组织长期受压

　B.保持患者皮肤清洁，避免局部刺激

　C.促进皮肤血液循环

　D.改善机体营养状况

5.根据产后第四周的生理特点，在饮食上应以（　　）为主。

　A.理气补血　　　　　　　　　B.健体修身

　C.美容养颜　　　　　　　　　D.产妇体质恢复

三、问答题

6.张女士，孕20周，到医院产检，抽血检查血红蛋白<100g/L，有轻度贫血，医生建议在膳食中增加含铁食物，请你给予张女士具体的饮食指导。

书网融合……

重点回顾

模块六　现代家庭饮食与膳食

学习目标

通过本章内容的学习，学生能够：

1. 知识目标

（1）熟悉合理营养与平衡膳食的基本要求，熟悉常用食物的营养价值及其营养学意义；理解健康膳食原则与食品选购方法；掌握健康的饮食习惯与营养要求。

（2）掌握蛋白质及必需氨基酸、脂类及必需脂肪酸、碳水化合物、矿物质、糖类、维生素等概念；了解并掌握主要营养素的功能、分类和食物来源。

（3）了解健康膳食原则；掌握健康饮食的要诀；遵循食品安全黄金定律。

（4）掌握药膳概述和使用原则；了解食品安全黄金定律。

2. 技能目标

（1）能够掌握食品的选购的原则；能够掌握食品的选购方法。

（2）能够掌握理解现代家庭饮食的营养结构。

（3）能够掌握食品选购的原则；掌握常用烹调方法。

（4）熟悉菜肴的搭配；掌握家宴的基本礼仪。

岗位情景描述

案例描述1　麦当劳和肯德基等都是国外加盟的连锁店，所以这里的食品常统称为"洋快餐"，主要有汉堡包、薯条、三明治、牛排、热狗、披萨、炸鸡翅、可乐、麦乐鸡等。

讨论　案例中讲述的"洋快餐"是什么？"洋快餐"的营养结构是什么？如果长期作为日常饮食对身体健康有什么危害？作为家政服务人员，该如何指导健康饮食？

案例描述2 学龄儿童与青少年的年龄跨度为6~18岁，包括学龄期（6~11岁）及青少年期（12~18岁），12~18岁进入青春发育期时，在心理和生理上将发生一系列变化，如各个器官逐渐发育成熟。

讨论 学龄儿童与青少年的生理特点什么？请问作为家政服务人员，给学龄儿童与青少年设计营养食谱应该注意什么？

项目一 健康膳食

一、健康膳食概述

合理的膳食能全面满足人体正常的生理需要，也有利于营养在人体内的吸收和利用。健康是根据各类营养素功能，合理掌握膳食中各种食物的质和量及合理搭配比例，使人体的营养生理需要与人体膳食摄入的各种营养物质之间建立起平衡关系。如蛋白质、脂肪、碳水化合物比例的平衡；蛋白质中必需氨基酸之间的平衡，呈酸性与呈碱性食物之间的平衡等。为了给居民提供最基本、科学的健康膳食信息，中华人民共和国卫生部委托中国营养学会组织专家，制定了《中国居民膳食指南》。为了帮助消费者在日常生活中实践《中国居民膳食指南》，专家委员会进一步提出了食物定量指导方案，并以宝塔图形表示。它直观地告诉居民食物分类的概念及每天各类食物的合理摄入范围，也就是说它告诉消费者每日应吃食物的种类及相应的数量，对合理调配平衡膳食进行具体指导，故又称之为《中国居民平衡膳食宝塔》。

第一层：谷类、薯类及杂豆类食物

谷类包括小麦面粉、大米、玉米、高粱米等及其制品；薯类包括红薯、马铃薯等；建议摄入50~100g，每周5~7次，建议量是以原料的生重计算。谷类、薯类及杂豆类食物的选择应注意多样化、粗细搭配、适量选择。杂豆包括除大豆以外的其他干豆类，如红小豆、绿豆、芸豆等。

第二层：蔬菜、水果类

水果建议每天吃新鲜水果200~400g。每日进食蔬菜300~500g，深色蔬菜最好占一半以上。深色蔬菜是指深绿色［菠菜、油菜芹菜叶、西洋菜、小葱、蕹菜（空心菜）、莴笋叶、芥菜、西兰花、茼蒿、韭菜、萝卜缨等］、深黄色（南瓜）、紫红色（红苋菜、紫甘蓝）、红色（西红柿、胡萝卜等）等颜色深的蔬菜。

第三层：肉类、水产品类、蛋类

蛋类建议每天摄入25~50g（相当于半个或1个鸡蛋），肉类每天摄入50~75g，水产品建议每天摄入50~100g。

第四层：烹调油、盐类

建议每天摄入烹调油不超过25~30g，食盐每天适宜为6g。膳食宝塔没有建议食糖的摄入量，因为我国居民现在平均吃糖的量还不多，对健康的影响还不大。但多吃糖有增加龋齿的危险，尤其是儿童、青少年不应吃太多的糖和含糖高的食品及饮料。

第五层：乳类及大豆、坚果类

坚果类食物可以选择花生、瓜子、核桃、杏仁、榛子。乳类建议每天摄入300g的液态奶，建议每天摄入30~50g大豆（其中包括5~10g坚果类食物）。

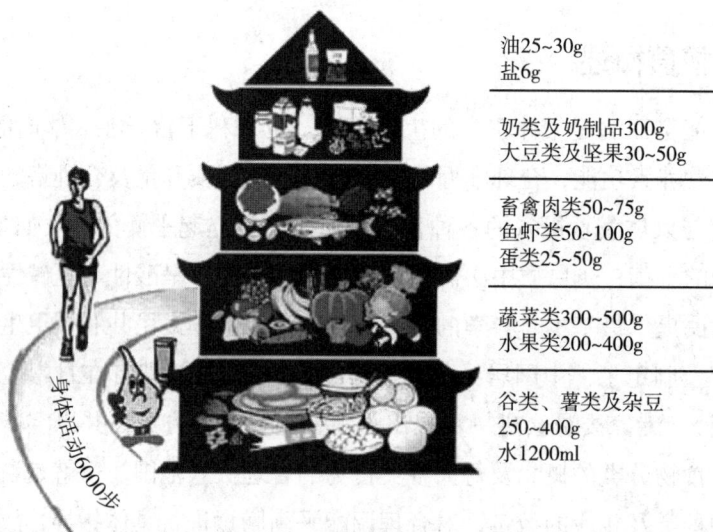

油25~30g
盐6g

奶类及奶制品300g
大豆类及坚果30~50g

畜禽肉类50~75g
鱼虾类50~100g
蛋类25~50g

蔬菜类300~500g
水果类200~400g

谷类、薯类及杂豆
250~400g
水1200ml

身体活动6000步

图6-1 平衡膳食宝塔

二、健康的饮食

饮食习惯对我们的健康有着不可忽视的作用。只有养成良好的饮食习惯，才能更有利于身体健康以及延年益寿，特别是对于儿童而言，养成一种良好的饮食习惯，对生长发育更能起到很好的作用。日常生活中正确的饮食习惯可以让人健康长寿，坏的饮食习惯则可能招来疾病。

（一）食物多样，谷类为主

食物应包括五大类：谷类及薯类、动物性食品、豆类及其制品、蔬菜水果类、油脂类食品。除母乳外，任何一种天然食物都不能提供人体所需的全部营养素，应食用多种食物，使之互补，达到合理营养、促进健康的目的。

（二）多吃蔬菜、水果和薯类

蔬菜、水果和薯类，对保持心血管健康、增强抗病能力及预防某些癌症，起着非常重要的作用。应尽量选用红、黄、绿等颜色较深的，但水果不能完全代替蔬菜。

（三）常吃奶类、豆类或其制品

奶类是天然钙质的极好来源，不仅含量高且吸收利用率也高，膳食中充足的钙可提高儿童、青少年的骨密度，延缓骨质疏松发生的年龄；减慢中老年人骨质丢失的速度。豆类含丰富的优质蛋白、不饱和脂肪酸、钙、维生素及植物化学物。

（四）常吃适量鱼、禽、蛋、瘦肉，少吃肥肉和荤油

猪肉是我国人民的主要肉食，猪肉的脂肪含量远远高于鸡、鱼、兔、牛肉等，应减少吃猪肉的比例，增加禽肉类的摄入量。肥肉和荤油摄入过多是肥胖、高脂血症的危险因素。

三、调整饮食结构

三大产能营养素供能比例合理，即蛋白质供能占总能量的15%~20%、脂肪占20%~30%、碳水化合物占50%~60%。健康的成年人每天应摄入1.0~1.2g蛋白质每千克体重，且动物性蛋白和大豆蛋白等优质蛋白应占总的膳食蛋白质摄入量的30%~50%。蛋白质摄入过量一般是指长期摄入超过35%总热量的蛋白质，这会增加肝脏和肾脏的代谢负担，导致肠道内毒素堆积，甚至会影响骨密度而引起骨质疏松。

（一）饮食宜清淡

健康的饮食宜清淡，主张少油少盐少糖，摄入适宜的脂肪、盐、糖类满足人体所需即可。甜食吃得太多可以引起长痘痘、长龋齿、易骨折、易贫血、加速细胞老化及导致口腔溃疡等问题。因此，饮食中要避免经常食用含有大量糖分的甜食。

（二）饮食要适量

我国人民根据长期养生经验，提倡饮食适量，饥饱适宜，使热量和蛋白质的摄入量与人体的消耗相适应，达到营养适宜的程度，避免身体超重或消瘦。食盐含钠和氯，它们都是人体必需的营养素。但研究表明，饮食过咸，摄取的钠盐过多容易引起高血压症，而低盐饮食往往有利于血压的下降。适当的食盐摄入量是每人每天不超过6g。

饮食适量，不仅是节制适量，不可饱食；还要求各餐的食量也不能平均分配，而应根据相应时段所需的热量来科学调试，一般倡导"早餐吃好，午餐吃饱，晚餐吃少"，切忌过饮饱食等不良饮食习惯。另外，科学研究证明，过多地摄入食物，会加重胃肠负担，引

起胃肠功能紊乱，使胃肠蠕动较慢，导致人体的消化不良。再加上血液和氧气过多地集中在肠胃，心脏与大脑等重要器官血液相应减少，甚至缺血，人体便会感到疲惫不堪，昏昏欲睡，长期下来就会出现记忆力下降、思维迟钝、大脑早衰、智力减退等症状。相反如果限制饮食就可以延长寿命。老年人消化功能随着年龄增长而逐渐下降，饮食品种应当多样化，但要少而精，每餐宜吃七八分饱。儿童吃东西也要掌握量，不是越多越好。肉类食物虽然营养丰富，但含较多的脂肪酸，吃得太多会增加患心血管疾病的概率。油煎、油炸食物摄取过多，摄取的热量增高而营养素则相对不足。饮食过于油腻不仅不利于消化，也不利于营养的均衡摄入。

（三）合理的一日三餐

我国传统饮食认为"早饭要吃好，午饭要吃饱，晚饭要吃少"，这样才能保证人体一天当中的膳食平衡，保持旺盛精力，身体才能健康。在合理安排一日三餐的定量外，日常饮食要定时，两次进餐时间间隔不能太长，也不能太短。太长可引起强烈的饥饿感和血糖降低，太短则缺乏食欲，并增加消化系统的负担。一般混合食物在胃中停留时间为4~5小时，故两餐间隔保持在5~6小时为宜。此外，定时用餐还能形成一种条件刺激因素，只要到了用餐时间，机体就会表现出食欲，促进消化液的分泌，保证所摄取的食物能被充分消化、吸收和利用。在每一天中，人体所需的热量和营养素并不完全相同，大脑的兴奋抑制和胃肠道对食物的排空时间也有一定规律性，因此，如何把全天的食物定量定时地分配至早、中、晚三餐也是合理营养的内容之一。

四、食品选购的几个原则

（一）尽量少吃或不吃垃圾食品

垃圾食品最显著的特点是两高三低，即高脂肪、高糖，低（或无）蛋白质、低（或无）维生素、低（或无）矿物质。以下介绍世界卫生组织公布的十大垃圾食品。

（1）油炸食品　如油条、炸排骨、炸薯条、炸花生、炸黄豆、炸虾等。这类食品经过高温烘烤，营养元素蛋白质、维生素、矿物质已经被破坏殆尽，剩下的只是淀粉质和大量的油脂，并产生一种有害物质——自由基。自由基对人体的伤害是非常大的，它可以使细胞膜被破坏、血管老化、免疫功能下降，甚至使遗传基因DNA（脱氧核糖核酸）发生突变，导致癌症。

（2）腌制食品　如各种泡菜、咸菜、咸鱼、霉豆腐、豆豉、酸菜、腌腊肉等。这类食物通常具有几个特点：①含盐过重，在腌制过程中，蛋白质、维生素、矿物质已被严重破坏。经常吃这类食物，很容易造成高血压引发心脑血管疾病。②酸菜、泡菜等食物中所含的亚硝酸盐，一旦和肉里的胺结合，就会直接导致癌症。③霉豆腐、豆豉等发酵类食物容易造成肠道里的有益菌和坏菌失调，引发便秘、妇科炎症等疾病。

（3）加工类肉食品　如肉干、肉松、香肠、火腿等。此类食品在加工中，均大量添加防腐剂、增色剂和保色剂等。经常食用会造成人体肝脏负担加重。同时，这类食物含有一定量的亚硝酸盐，故可能有导致癌症的潜在风险。还有，火腿等制品大多为高钠食品，大量进食可导致盐分摄入过高，造成血压波动及肾功能损害。

（4）饼干类食品　不包括低温烘烤和全麦饼干等。很多人喜欢选择饼干作为零食或点心，是人们早餐和旅游的必备食品。但是，饼干类食品在提供人们方便、快捷、美味的同时，也对健康带来了一定危害。饼干里含有大量糖分，经常食用多糖分饼干会产生饱腹感，消耗多种维生素和矿物质，影响人体对其他富含维生素、蛋白质、膳食素和矿物质食物的摄入，造成缺钙、缺钾、维生素缺乏等营养问题。长此以往，会导致发育障碍、肥胖、营养缺乏等疾病。

（5）碳酸饮料　如可乐、雪碧等饮料等。这类食品都不同程度地含有碳酸根、磷酸根、咖啡因、糖、水、色素、防腐剂，经常喝这些饮料，容易造成脂肪肝、糖尿病、高血脂等心脑血管疾病；同时因为色素、防腐剂的关系，容易降低人体免疫功能。

（6）方便类食品　主要指方便面和膨化食品等。这类食物在加工的过程中，维生素、蛋白质和矿物质被严重破坏，剩下的多数是淀粉质，属于典型的高糖食物。而且方便面在加工过程中，添加了大量的防腐剂和色素，这些物质会降低人体的免疫功能，过量食用此类食物，容易引发糖尿病、肝病和心脑血管疾病。

（7）罐头类食品　包括鱼肉类、水果类罐头等。不论是水果类罐头还是鱼肉类罐头，这些食品都是典型的高糖、高脂食品。在食品的加工过程中，维生素、矿物质等营养成分几乎被破坏殆尽。另外，罐头食品中的蛋白质常常出现变性，使其消化吸收率大大降低，营养价值大幅度"缩水"。很多水果类罐头含有较高的糖分，并以液体为载体被摄入人体，使糖分的吸收率大为增高，可在进食后短时间内导致血糖大幅攀升，胰腺负荷加重。

（8）话梅蜜饯果脯类食品　如话梅、葡萄干和果脯等。这类食品在加工的过程中，添加了大量的防腐剂和色素，可在人体内形成潜在的致癌物质亚硝酸胺；含有的香精等添加剂可能损害肝脏等脏器。该类食品无一例外含有较高盐分，可能导致血压升高和加重肝脏、肾脏负担。

（9）冷冻甜品类食品　如冰激凌、冰棒、雪糕等。冷冻甜品类食品通常含有大量的奶油，极易引起肥胖。同时，此类食品含糖量过高影响正餐。如果雪糕吃多了，还会对胃不好，一次性吃几根或几盒会影响人体内部运动的流程，极易引起肠胃疾病。

（10）烧烤类食品　如羊肉串、烤肉等。这类食物所含的脂肪高、热量高，而高血压、糖尿病、心血管疾病等都与之有很大关系。油在高温作用下会产生化学结构的改变，可能对人的健康有不利影响。美国一研究中心的报告说，吃一个烤鸡腿就等同于吸60支烟的毒性。因为肉在烧烤的过程中会产生一种叫苯并芘的致癌物质，如果常吃被苯并芘污染的烧烤食品，致癌物质在体内蓄积，有诱发胃癌、肠癌的危险。

项目二 现代家庭饮食的营养结构

饮食是人类生存的最基本的需要，解决吃饭问题是人类生存的首要问题。从世界卫生组织提出的健康四大基石"适量运动、合理膳食、戒烟限酒、心理平衡"来看，合理膳食也是健康的重要环节。现如今越来越多的研究证明，危害人类健康的大部分疾病是因饮食不当引起的。人们在平日的饮食中，大多只注重食物口味和方便，但在营养、卫生、健康方面的考虑却不够周全。随着经济的发展，人们的生活质量逐步提升，人们对饮食除了满足于饱腹的低需求外，进而追求优质、卫生、营养等更高要求，"营养"与"健康饮食"正成为人们生活的必需。营养对于所有活体的生存和发展都十分重要，进食不仅仅是为了满足充饥需要，更重要的是摄取食物中有益人体各种细胞、组织和器官等生存需要的各种必不可少的营养，并为人体的生理活动提供充足的能量。

营养素是指对于人体生长、发育、生殖和维持身体健康必不可少的物质。目前，人类已发现并确定为人体所必需的营养素有数十种，按照它们的化学性质和生理功能，主要分为水、蛋白质、脂肪、碳水化合物、维生素、矿物质六大类，后来把纤维素也归为必需营养素范畴，因此现在一般说到的人体所需的营养素是七类。由于天然食物所含营养素的种类和数量不同，就构成了食物在营养价值上的千差万别。因此，合理调配和摄入营养素，使之合乎人体生存和发展的营养需求，就显得十分重要。

一、蛋白质

蛋白质是构成人体的主要组成物质之一，含有磷、碳、氢、氮、铁等诸多元素，是一类复杂的有机化合物。人体中除了 2/3 是水外，蛋白质的含量最高，约占人体重量的 16% ~20%。人体中的一切细胞组织，如肌肉、骨骼、血液、神经、毛发等的主要成分都是蛋白质；其他许多与人的生命活动有关的活性物质，如与新陈代谢有关的酶、与增强免疫功能有关的抗体、与某些生理功能有关的激素等，都是由蛋白质或蛋白质衍生物构成的。

食入的蛋白质在体内经过消化被水解成氨基酸吸收后，重新合成人体所需蛋白质。同时，新的蛋白质又在不断代谢与分解，时刻处于动态平衡中。氨基酸是组成蛋白质的基本单位。人体需要的氨基酸共有 20 多种，分为必需氨基酸和非必需氨基酸两种：必需氨基酸是指在人体内不能合成，必须由食物中的蛋白质来提供的氨基酸，共有甲硫氨酸（蛋氨酸）、缬氨酸、赖氨酸、异亮氨酸、苯丙氨酸、亮氨酸、色氨酸、苏氨酸8种，另一种说法把组氨酸（婴儿体内不能合成，需从食物中获取）也列为必需氨基酸共9种。8种人体必需氨基酸的简单记忆方法："甲携来一本亮色书"。因此，食物蛋白质的质和量、各种氨基酸的比例，直接关系到人体蛋白质合成的量，尤其是青少年的生长发育、孕产妇的优生优育、老年人的健康长寿，都与膳食中蛋白质的量有着密切的关系。非必需氨基酸是指在人体内合成，由别的氨基酸转化而成的氨基酸。

蛋白质按其营养价值可分为完全蛋白质、半完全蛋白质和不完全蛋白质。

（1）完全蛋白质　是一类优质蛋白质，它们所含的必需氨基酸种类齐全，彼此比例适当，数量充足。这一类蛋白质不但可以维持人体健康，还可以促进生长发育。奶、蛋、鱼、肉中的蛋白质都属于完全蛋白质。

（2）半完全蛋白质　所含氨基酸虽然种类齐全，但其中某些氨基酸的数量不能满足人体的需要。它们可以维持生命，但不能促进生长发育。植物食物中的蛋白质多为半完全蛋白质。

（3）不完全蛋白质　是不能提供人体所需的全部必需氨基酸，单纯靠它们既不能促进生长发育，也不能维持生命。例如，肉皮中的胶原蛋白便是不完全蛋白质。

蛋白质的主要生理功能：一是构成和修复人体组织，蛋白质的修复人体组织作用有助于伤口的愈合，特别是对于手术后患者的康复和伤口的愈合有着重要作用；二是调节生理功能，如肌肉的收缩、呼吸、消化、血液循环、神经传导、信息加工、生长发育、生殖及各种思维活动都是在各种酶和激素的催化和调节下进行的；三是供给能量，人体的能量主要由脂肪和糖类供给，但当脂肪、糖类供应不足时，蛋白质可经脱羧、氧化异生为糖或转化为脂肪，为人体提供能量；四是增强抵抗力。

蛋白质的营养价值要从"质"和"量"两方面去评价。

就蛋白质的"量"来说，常用食物中，每500g食物中所含蛋白：谷类为40g，豆类为150g，肉类为80g，蛋类为60g，鱼类为50~60g，蔬菜为5~10g。豆、肉、蛋、鱼蛋白质含量最多。

就蛋白质的"质"来说，是由必需氨基酸的种类是否齐全、比例是否恰当、消化率是高是低来确定的。一般来说，功能食品中的蛋白质所含必需氨基酸的种类比较齐全，消化率也高于植物性食品，其蛋白质的营养价值比植物性蛋白质高。

在植物性蛋白质中，豆类尤其是黄豆，其蛋白质的营养价值接近于肉类，且含量高，属优质蛋白质。

在食用含有蛋白质食物时，要注意蛋白质的互补作用。比如，大米中含赖氨酸较少，含色氨酸较多；豆类含赖氨酸较多，含色氨酸较少。那么，用大米和红小豆煮粥，就会起互补作用，比单独用大米或红小豆的营养价值要高。像"腊八粥"这样的食品，就有蛋白质的互补作用，所以营养价值高。我们提倡吃杂食，主要也是从人体合理摄取营养这个角度考虑的。

国际上一般认为，健康成年人每天每公斤体重需要0.8g的蛋白质。我国则推荐为1.0g，这是由于我国人民膳食中的蛋白质来源多为植物性蛋白质，其营养价值略低于动物性蛋白质的缘故。蛋白质的需要量还与劳动强度有关，劳动强度越高，蛋白质的需要量越大。我国营养学会推荐的供给量标准中，18~45岁男性（体重63kg），从事极轻体力劳动，每日蛋白质供给量为70g；若从事极重体力劳动，则升高至110g。在特殊生理状态下的人群，蛋白质供给量亦有变化。如妊娠4~6个月的孕妇，每日蛋白质摄入量在原量基础上增加15g；妊娠7~9个月的孕妇和乳母，在原量基础上增加25g。对于患者，则应在正常维持量的基础上，考虑其病情特点及抗病力和组织修复需要等，进行调整。应该指出的是，上述的这些供给量标准是在热量充足的前提下提出的，如果热量不足，蛋白质会被迫氧化供能而"牺牲"。因此，离开热能而单独谈增加蛋白质毫无意义。

所谓蛋白质粉，一般是采用提纯的大豆蛋白或酪蛋白或乳清蛋白（缺乏异亮氨酸）或上述几种蛋白质的组合体，构成的粉剂，其用途是为缺乏蛋白质的人补充蛋白质。对于健康人而言，只要坚持正常饮食，蛋白质缺乏的情况一般不会发生。奶类、蛋类、肉类、大豆、小麦和玉米含必需氨基酸种类齐全、数量充足、比例适当。只要坚持食物丰富多样，就完全能满足人体对蛋白质的需要，没有必要再补充蛋白质粉。而且，食物带给人的心理享受和感官刺激，是蛋白质粉所不能替代的。蛋白质摄入过多，对人体健康也是有危害的。

对于有需要的特殊人群，除了通过食物补充必需氨基酸以外，可以适当选择蛋白质粉作为蛋白质的补充，但是一定要注意蛋白质粉的用量。蛋白质经胃肠道消化吸收后，需要经肝脏加工转化为人体自身物质供人体使用，同时，蛋白质在体内代谢的产物氨、尿素、肌酸酐等含氮物质需要经过肾脏排泄。一个人如果食入过多的蛋白质，会增加肝、肾负担，对人体产生不利影响。因此，蛋白质绝不是多多益善。《中国居民膳食指南》提出的最高蛋白质摄入量是每千克体重0.92g，如果超过这个量，就有可能损害人体健康。事实上，蛋白质只要能维持人体代谢的需要即可。多余的蛋白质在消化吸收后，肝脏会将它们转变成肝糖原或肌糖原储存起来；如果肝糖原或肌糖原已经足够，则转变成脂肪储存起来；这种转变产生的其他代谢产物必须从肾脏排出来。蛋白质过剩，不但使人肥胖，还增加肝脏和肾脏的代谢负担，久而久之就可能影响它们的功能。

二、维生素

一般来说，脂溶性维生素多由动物性食物提供，少量由植物性食物提供或通过其他途径提供。如胡萝卜中的胡萝卜素可转变成维生素A；肠道中的一些细菌可以产生部分维生素K等。维生素A的重要功能是维持正常的视觉，预防夜盲症、眼干燥症与角膜软化症等。维生素D的主要功能是促进钙、磷的吸收与利用，维持儿童骨骼的成长与钙化，保持牙齿的正常发育。维生素E具有抗氧化的功能，能保护红细胞免于氧化破坏，提高血红细胞的寿命，因而，具有抗衰老的作用。维生素K具有凝血功能，又名凝血维生素。

维生素是维持人体正常生命活动必需的营养素，在人体内起着催化作用，调节人体的新陈代谢。目前已知的维生素有20多种，它们的多数不能在人体内合成，必须从食物中摄取。维生素按其溶解性，可分为水溶性维生素和脂溶性维生素。水溶性维生素主要有维生素B族、维生素C等；脂溶性维生素有维生素A、D、E、K等，它们只溶于脂肪，不溶于水。

水溶性维生素主要有B族维生素和C族维生素。维生素B大家族最经常的成员有B_1、B_2、B_3（烟酸）、B_5（泛酸）、B_6、B_9（叶酸）、B_{12}（钴胺素）。这些B族维生素是推动体内代谢，把糖、脂肪、蛋白质等转化成热量时不可缺少的物质。如果缺少维生素B，则细胞功能马上降低，引起代谢障碍，这时人体会出现怠滞和食欲不振。多余的B族维生素不会储藏于体内，而会完全排出体外。所以，B族维生素必须每天补充。B族维生素（主要是维生素B_1）具有一种特殊的气味，是蚊子最讨厌的维生素，因而，具有一定程度的驱蚊效果。可在洗澡时滴几滴维生素B溶液，也可以起到一定程度的防蚊作用。维生素B_1对神经组织和精神状态有良好的影响，维生素B_1的缺乏容易引起各种脚气病。富含维生素B_1的食物包括酵母、米糠、全麦、燕麦、花生、猪肉、大多数种类的蔬菜、牛奶。维生素B_2的欠缺会导致口腔、唇、皮肤、生殖器的炎症和机能障碍，称为核黄素缺乏症。所以，当口角发炎时，医生常常会要患者服用核黄素，也就是维生素B_2。富含维生素B_2的食物包括牛奶、动物肝脏与肾脏、酿造酵母、奶酪、绿叶蔬菜、鱼、蛋类。如在怀孕头3个月内缺乏叶酸（B_9），可导致胎儿神经管畸形，从而增加裂脑儿、无脑儿的发生率。维生素C具有多种生理功能，能促进人体组织中的胶质形成、伤口愈合和铁元素的吸收，还具有防治坏血病的功能，故又称抗坏血酸。

三、脂肪

脂肪是甘油和脂肪酸的化合物，是脂类的狭义称谓；广义的脂肪包括脂肪和类脂质。类脂质是指磷脂、糖脂和固醇等化合物，其基本元素是碳、氢、氟。它广泛存在于人体内，主要分布在人体皮下组织、大网膜、肠系膜和肾脏周围等处。几乎所有的食物，无论是植物性食物还是动物性食物都含有不同的脂肪。

脂肪的主要功能如下。

（1）保护肌体　人体的脂肪层，柔如软垫，可以保护和固定器官，使之免受撞击和振动的损伤。脂肪不易导热，可减少热量散失，有助于御寒。脂肪还是内脏器官的保护性隔膜，使器官免受机械性的摩擦和撞击。

（2）储存能量　人类自身能量的储存形式为脂肪。因脂肪产热量大，占空间大，可在皮下、腹腔等处储存。人在饥饿时，首先动用体脂，以避免消耗蛋白质。脂肪所含的碳和氢比糖类多，在氧化时可产生较高的热量，是糖类和蛋白质的两倍。

（3）构成人体组织的重要成分　如细胞膜就是由磷、糖脂和胆固醇组成的类脂质，在神经组织中类脂含量也很丰富。

（4）促进脂溶性维生素的吸收　脂肪是维生素A、维生素D、维生素E、维生素K的良好溶剂，如果吃的饭菜没有脂肪，食物中的脂溶性维生素就不能被吸收。

（5）增加饱腹感　由于脂肪具有抑制胃肠蠕动和消化酶分泌的特点，所以，脂肪在胃肠消化道中时间较长，使人不易迅速感到饥饿。

（6）提供必需的脂肪酸　在多数脂肪酸中只有一种亚油酸是人体本身不能制造的，必须从食物中获取，故称必需脂肪酸。

不过，脂肪尤其是动物性脂肪的摄入量应该严格控制。脂肪摄入过多，容易引起高血脂而导致动脉硬化。高血脂是指血液中的脂类，如胆固醇、脂肪酸等含量过高。血液中胆固醇过多，多余的胆固醇就会在动脉内壁上沉积下来，日积月累，光滑的动脉内壁逐渐出现高低不平的斑块，进而引起动脉壁腔狭小、闭塞、硬化，心血管病的起因就在于此。世界卫生组织已经宣布，现代医学正处在"向非传染病做斗争"的第二次革命时期，心、脑血管等现代文明病已成为导致人类死亡的主要原因。人不吃脂肪不行，但过多摄入脂肪又损害人体健康。故人们在膳食中应作科学的安排。脂肪广泛存在于动、植物体内。人们食用的动物性脂肪主要来自于猪、牛、羊等各种兽类以及禽类、鱼类脂肪，来自于动物脂肪的饱和脂肪酸含量较高，不易被人体消化吸收，营养价值相对较低。植物体内脂肪主要存在于植物的种子及果实中，油料作物的种子其含油量可高达40%～50%，植物细胞中脂肪不饱和脂肪酸含量较多，熔点低，容易被消化吸收，营养价值较高。

四、糖类

糖由碳、氢、氧三种元素组成，因其氢与氧的结合比例为2：1，与水相同，故又称为碳水化合物。碳水化合物包括单糖、双糖和多糖三种。单糖是组成糖类的基本单元，具有甜味，易溶于水，可不经过消化液的作用直接被人体吸收。一切结构复杂的糖都必须在体内经过消化变为单糖方能被人体吸收。常见的单糖有葡萄糖、果糖和乳糖等。单糖中最重要的与人们关系最密切的是葡萄糖；果糖以游离状态存在于水果和蜂蜜中；乳糖主要存在于哺乳动物的乳汁中。多糖是由许多葡萄糖分子组成的高分子，无甜味，不易溶于水。多糖主要有淀粉、糖原和纤维素等。淀粉是人类最基本的食物。纤维素是一种不能被人体消化吸收的多糖，存在于谷类、杂粮、豆类的外皮和蔬菜的茎、叶和果实中，它虽不能被吸收，但它可促进肠道蠕动，使粪便柔软，易于排泄。

五、矿物质（无机盐）

无机盐是人体内不可缺少的营养素之一，目前已知的无机盐有60多种。无机盐的主要生理功能是构成人体细胞组织，维持体液渗透压，调解电解质与代谢平衡，维持体内环境的相对稳定，以及对各种酶的激活作用。

从现实情况来看，我国家庭膳食中较易缺乏的有钙、铁、碘等无机盐。

（一）钙

钙是人体内含量最多的元素，占身体总重量的1.5%~2%。钙的主要生理功能是构成骨骼、牙齿，维持血钙的平衡及渗透压；参与神经传导、肌肉收缩；是酶的激活剂与抑制剂；预防心血管病以及骨质增生、疏松、软化等疾病。缺钙的原因主要是摄入量不足，烹调方法不当，食物搭配不合理，病理生理性需要量增加等。

临床现象：缺钙者骨骼、牙齿发育不良，患软骨病、骨质疏松及肌肉痉挛等。

预防措施：食用含钙量多的食物，如乳及乳制品、豆类及豆制品、海产品、菌藻类（木耳、蘑菇）、骨头、麻酱等。

（二）铁

铁在人体内有4~5g，其中75%存在于血红蛋白中，铁的主要生理功能是形成红细胞，构成活性物质酶，运送氧，提高人体免疫功能等。缺铁的主要原因是摄入量不足，缺少动物性蛋白质，服用碱性药物，病理生理性需要量增加。

临床现象：营养不良性贫血，免疫功能低下，易感染疾病等。

预防措施：多食禽肉及内脏类食物以及豆类、芝麻酱、黑木耳、海带、芹菜等。

（三）碘

碘是构成甲状腺素的主要成分。碘的主要功能是促进新陈代谢和人体生长发育，防止甲状腺肿大等。缺碘的原因主要是地区性缺碘（水、土、生物体中缺碘），长期居住在缺碘区居民，易患缺碘病，即"大脖子"病。

临床现象：甲状腺肿大，胎儿生后易发生克汀病（大脑发育不良，智力低下，呆傻）。

预防措施：多食海产品，如海带、紫菜、海鱼、粗盐以及蛋黄等。地区性缺碘，国家已采用供应碘盐、碘油的方法预防。

六、水

人体对水的需要仅次于氧气。水是人体中最重要的组成部分，占总重量的55%~70%。当人体内损失水分达10%时，很多生理功能就会受到影响；损失达到20%时，就无法维持生命。水是良好的溶剂，水的流动性有利于体内物质的运输和体温的调节。

现代医学研究发现，水对人体有下列健身功效。

（1）镇静效果。慢慢饮少量水，胜饮好酒，有镇静之效。

（2）强壮效果。水的溶解力大，有较大的电离能力，可使体内水溶性物质以溶解态及电解质离子态存在，有助于活跃人体内的化学反应，增加力气。

（3）促进新陈代谢，降低血液黏度，以防胆固醇等粘附在血管壁上引起血管老化与动脉硬化。

（4）防止便秘。

（5）解热。外界温度高时，体热可随水分经皮肤蒸发掉，以维持体温。

（6）催眠。睡前0.5~1小时，适量饮水有催眠效果。

（7）运送营养。水的流动性可协助和加快消化、吸收、循环、排泄过程中营养物质的运送。

（8）润滑效果。水是关节、肌肉及体腔的润滑剂，对人体组织和器官起一定的缓冲保护作用。

（9）美容效果。平时饮用足量水，使肌体组织细胞水量充足，肌肤细嫩滋润富有光泽，可减少褐斑与皱纹，延缓衰老。

（10）稀释有毒物质，减少肠道对毒素的吸收，防止有害物质慢性蓄积中毒。

（11）利尿效果。

七、膳食纤维

膳食纤维，又称膳食素，是指不被人体消化的植物细胞残存物。绝大多数的膳食素从被食入到被排出体外，都不产生任何可用的热量，只有很小一部分的膳食素经过大肠中亿亿万万的细菌产生的酶的作用，能分解成为可被大肠吸收的物质。

因此，膳食素可分为水溶性膳食素和非水可溶性膳食素。水溶性膳食素是指可溶于水，也容易被大肠内的发酵细菌消化。这些膳食素通常存在于燕麦、大麦、豆类或者柑橘类水果中，这些膳食素能改善血糖生成反应，影响营养素的吸收速度和部位的作用。此外，还有吸附毒素、重金属，清除体内垃圾，调节平衡的作用。非水溶性膳食素（比如全谷物的麸皮）不能被人体消化吸收，只停留在肠道内，但是可刺激消化液的产生和促进肠道蠕动，可以吸收水分利于排便，对肠道菌群的建立也起到积极的作用。

项目三 常用的烹调方法、技术

一、健康烹调

（一）健康烹调原则

1. 食物多样，谷类为主，粗细搭配；

2. 多吃蔬菜水果和薯类；

3. 每天吃奶类、大豆或其制品；

4. 常吃适量的鱼、禽、蛋和瘦肉；

5. 减少烹调油用量，吃清淡少盐膳食；

6. 食不过量，天天运动，保持健康体重；

7. 三餐分配要合理，零食要适当；

8. 每天足量饮水，合理选择饮料；

9. 如饮酒应限量；

10. 吃新鲜卫生的食物。

（二）遵循健康饮食要诀

1. 膳食强调补钙 缺钙会引起小儿佝偻病、老年人骨质疏松症等。还有一些疾病也是缺钙引起的，如高血压、过敏、心肌功能下降、性功能障碍、疲劳无力、腿脚抽筋、动脉硬化等。专家认为补钙的最好方法是从膳食中摄取钙，其中牛奶（包括酸奶）、豆浆为首选，应是每天必食的食物。

2. 多吃含纤维素丰富的食物 并非所有的菜肴都要经过精心煎炒、蒸煮方可食用。很多食物未必保证有效营养成分不在烹制过程中流失，往往提倡生吃。因为生吃蔬菜，可以尽可能地吸收蔬菜里的许多营养物质，如生菜、西红柿、黄瓜、芹菜、白菜心等都可以生吃，对健康也十分有利。

科学家将食物纤维素推崇为"第七营养素"，是21世纪的功能性食品。食物纤维素的主要保健功能：①天然抗癌剂和抗诱变剂，可预防直肠癌。②加强肠蠕动，防止便秘。③能降低血清胆固醇，有助于预防动脉硬化和肥胖症。④促使肠道有益菌群繁殖，减少腐败菌的产生。含食物纤维素的食物主要有水果、蔬菜、谷类、豆类等。

3. 低脂低盐饮食 专家们认为，现代疾病中，心血管疾病、高脂血症、高血压、肥胖症和癌症等都与摄入高脂肪、高盐食品有关。长期食用低脂和低盐膳食，有利于健康长寿，有助于防止和减少乳腺癌、脑中风和心血管疾病的发生。

4.提倡吃粗粮、野菜与生菜　国内外专家均提倡吃粗粮，多吃五谷杂粮，如燕麦、豆类、玉米、高粱米、小米、红薯、土豆等，有助于防止脚气病、糖尿病、便秘和老年斑。提倡吃野菜，可保持食物的鲜味，而且营养丰富。吃生菜的好处是，食物的营养素和各种酶可以不受烹调的破坏，能够获得更多的营养素和酶类；食物生吃，还可以增强人体免疫力，有抗老防衰的作用。另外，生食对牙齿有益，可以维护牙齿的健康。

5.多饮清洁白开水，少喝或不喝深加工饮料　白开水是不可替代的最佳日常饮用水，补充人体水分首选煮开的白开水。自来水是经过多次净化处理的天然水，通过煮沸，就可以杀灭水中的细菌、病毒、寄生虫等微生物，同时，将水中的氯等挥发性物质除去。有资料表明，水中的钙、镁等元素有预防心血管疾病的作用。据研究，煮沸后自然冷却至20~25℃的自来水，具有特异的生物活性，它比较容易透过细胞膜并能促进新陈代谢，增强人体免疫功能。习惯于喝温、凉开水的人，体内脱氧酶的活性较高，新陈代谢状态好，肌肉组织中的乳酸积累减少，不易感到疲劳。研究证实，经常饮用温、凉开水有预防感冒、咽喉炎等疾病的功效。日常补充水分还可以辅之以茶水、矿泉水、纯净水等饮用水，牛奶等乳饮，豆浆、蔬菜汁、绿豆汤、芝麻糊等植物饮，葡萄酒、啤酒等酒饮以及骨头汤、鸡汤等，如此多样化地补充水对身体有益。

要保证饮食安全与卫生，尽量少喝或不喝深加工饮料。市场出售的碳酸饮料和功能性饮料等，其包装和炒作的成分较多，不宜经常喝，更不能当作日常饮用水。这是因为，①碳酸饮料中大多含柠檬酸，在代谢中会加快钙的排泄，降低血中钙的含量。②饮料中的防腐剂、色素等对人体无益，反而加重肝脏解毒和排出体外的负担，长期饮用不利于健康，特别是儿童不能用饮料代替饮用水。③有一些饮料有利尿的作用，非但不能有效补充机体所缺少的水分，还会增加机体对水的需求，反而造成体内缺水。

（三）遵循食品安全黄金定律

食品安全黄金定律是世界卫生组织专家为确保食品安全于1989年提出的十条黄金定律。内容如下。

（1）食物煮好后应立即吃掉，因许多有害细菌在常温下可能大量繁殖扩散，故食用已放置4~5小时的熟食最危险。

（2）食物必须煮熟烧透后再食用，家禽、肉类、牛奶尤应如此，熟透指食物的所有部位至少达到70℃。

（3）应选择已加工处理过的食物，如消毒的牛奶或用紫外线照射的家禽。

（4）熟食应在接近或高于60℃的高温、接近或低于10℃（包括食物内部）的低温条件下保存。

（5）存放过的食物必须重新加热70℃后再食用。

（6）生食和熟食应当用不同的切板和刀加工，分别盛放。

（7）保持厨房清洁，烹饪用具、餐具均应当用干净布擦拭干净，抹布不应超过一天，下次使用前必须在沸水中煮过。

（8）处理食物前应先洗手，便后、为婴儿换尿布后尤应洗手；手上如有伤口，应先用绷带包好伤口后再加工食品。

（9）不要让昆虫、兔、鼠等动物接触食物，因为动物大都带有致病微生物。

（10）饮用水和食物用水应干净，若怀疑水不干净，应作煮沸或消毒处理。

二、常用烹调方法

烹调是制作菜肴的一项专门技术。烹是化生为熟，调是调和滋味。烹和调是紧密结合，同时进行，不可分割的。但它们对菜肴的作用却又各不相同，因此也就给菜肴以不同的影响。

烹调的目的，是用加热和调和的手段，使切配的菜肴原料和调料，按照需要制成一份"质""味""色""香""形""器"属性完美的菜肴。灵活运用蒸、炒、煎、煮、炸等烹调方法，可以保证饮食的营养元素尽可能少流失。相对而言，蒸比炒、炒比煮、煮比油炸更少流失营养物质。

1.蒸　蒸是一种常见的烹饪方法，一般分为清蒸、干蒸和粉蒸，是指把经过调味后的食物原料放在器皿中，再置入蒸笼利用蒸汽使其成熟的过程，也可指一种中医传统的治疗方法。具有原汁原味、形状完整、质地鲜嫩的特点。蒸要掌握好火候，蒸的火候有三种：猛火（俗称武火），蒸气猛，气直上；慢火（俗称文火），蒸气慢，气从蒸笼边缓缓上升；中火（俗称武文火），蒸气直上，但有时随风摇摆。

2.炒　炒是最广泛使用的一种烹调方法，它主要是以油为主要导热体，将小型原料用中旺火在较短时间内加热成熟、调味成菜的一种烹调方法。炒是最基本的烹调技术，是应用范围最广、分支最多的一种烹调方法。

"炒菜"这个词，人们常常用它代替所有热菜的烹调方法。炒菜，其原料一般是片、丝、丁、条、块，炒时要用旺火，要热锅热油，所有底油多少随料而定。炒，可分为生炒、熟炒、滑炒、干炒、抓炒、软炒、爆炒等八种。一般用旺火快炒，以减少菜的维生素损失。炒肉一般用中火。

3.煎　煎是指锅内放少量油，加热后，放入原料使其表面受热而变成金黄色。煎的特点是色泽美观，味带焦香。煎，可分为干煎、湿煎、煎封、半煎炸等。

4.炸　炸是将主料挂糊或不挂糊下热油锅加温炸熟。在下料时大都采取较高的油温，才能使食物甘香酥脆。如"干炸里脊""软炸虾仁"等。

5.焖　焖是把经过炒爆、泡油或炸过的原料用中火或慢火煮熟的烹制方法，一般分生焖、红焖等。特点是保持原料的鲜、香、味。

6.煲　煲是以汤为主的烹制方法，一般是用瓦煲来煲的为佳。它的特点，主要是通过煲的过程，使主料和配料的味溶集在汤水中，使汤清甜滋润。具体操作是把原料先加工洗干净，或"飞水"或"煸沙"等制作，以去腥、膻、污物，然后按需要的汤量多加一倍水，先猛火后慢火直煲2小时以上，水分蒸发后浓缩成质鲜味美的菜肴。煲汤的菜式品种很多，可按季节安排，夏秋两季其汤要清润，淡而不腻，冬春两季则要求香而浓郁。

7.炖　炖是一种间接加热的处理方法，它通过炖盅外的高热（蒸气），使盅内的汤水温度上升至沸点，把盅内物料胀发至黏。炖的主要优点是能使主料吸取配料的精华和调味料、液汁，将各配料精华和于一体，更兼加盖或密封，因此成品原味不失，清甜鲜香软滑，汤水香、浓。炖品的汤水饱含主料与配料的精华，因此炖品的汤水营养价值甚高。

三、烹调技术的基本功

（一）处理原料

在进行烹调之前，食物的初加工处理也要加以重视，主要有以下几类。

1.蔬菜类　部分蔬菜需要切掉菜根，合理取舍老黄叶、枯叶、老根，不可以食用的部分必须清除干净，对可以食用的部分要尽量加以保存（如莴苣叶、芹菜嫩叶）。取大盆，放水，将蔬菜放入盆中洗净，以没有泥为标准。最后把菜捞出来，控干水分。

2.肉类　普通肉类洗净就可以了，而脆韧的动物性原料有些需要将皮、骨、壳、筋去掉。

3.鱼类　加工的时候应当将其剖开洗净，鱼腹腔壁内附有一层黑色薄膜，腥味重，应当将其刮洗干净。按照烹调所需开背刀或者剔鱼骨、挑鱼刺。

4.虾类　将虾的额剑、触角、步足剪掉，挑出虾线，用流水进行冲洗后装盘。

5.蟹类　先将螃蟹放入清水中静养，使其吐出泥沙，再用软毛刷刷掉表面的泥沙，然后挑起腹脐用清水洗净。加热之前要用线绳将蟹足捆扎起来，以防蟹足脱落。

（二）掌握火候

由于烹制菜肴的过程中，可变因素很多而且复杂，所以很难提出掌握火候的的模式，而只能根据原料性状、制品要求、传热介质、投料数量、烹调方法等可变因素来掌握火候。掌握火候的一般原则如下。

（1）质嫩、形小的烹调原料，一般采用急火、短时间加热。

（2）成菜质地要求脆、嫩的，一般采用急火、短时间加热。

（3）需要快速操作，短时间成菜的烹调方法，一般采用急火、短时间加热。

（4）质老、形大的烹调原料，一般采用慢火、长时间加热。

（5）成菜质地要求软、烂的，一般采用慢火、长时间加热。

（6）需要长时间加热，原料要求味透的烹调方法，一般采用慢火、长时间加热。

如果在烹调中食用油烧到冒烟，油温超过了200℃。在这种温度下，不仅油中所含的脂溶性维生素被破坏殆尽，人体必需的各种脂肪酸被大量氧化，这就降低了油的营养价值。同时，当食物与高温油接触时，食物中的各种维生素，特别是维生素C会被大量破坏。同时，油温过高使脂肪氧化产生过氧脂质，过氧脂质不仅对人体有害，而且在胃肠里对食物中的维生素有相当大的破坏力，对人体吸收蛋白质和氨基酸也起阻碍和干扰作用。如果长期在饮食中摄入过氧脂质，并在体内积聚，可使人体内某些代谢酶系统遭受损伤，使人体未老先衰。

（三）调味

调味的原则是针对不同的菜肴、不同的原料、不同的季节，将调味品、调味手段、调味时机巧妙结合有机运用。是根据菜肴味道的要求，针对原料中呈味物质的特点，选择合适的调味品，并按一定比例将这些调味品组合起来对菜肴进行调味，使菜肴的口味得以形成和确定。

项目四　药膳

一、药膳概述

俗语云"药补不如食补"。一般说来，药物不宜于长期服用，而食物却可以长期坚持食用，且没有明显毒副作用。药与食有时候并非完全径渭分明，后者侧重于营养的补充，而且偏性一般很小，相对更加平和、安全。实际上，中医里面有很多药物本身就是食物，比如山药、山楂、蜂蜜、红枣等。食物也多少有一定的药效，如小麦可补心安神，豆制品具有宽中益气、和脾胃的作用等。如果能根据病情需要，在营养较均衡的前提下，有选择地多吃一些切合自身体质的食物，少吃一些与体质需要相反的食物，这对于养生保健一定会有好的帮助。中医药膳是在中医学理论指导下，将不同药物与食物进行合理组方配伍，加工制作成具有独特的色、香、味、形、效的特殊膳食，通过饮食途径，起到养生保健、祛病防病的作用。药膳既能果腹及满足人们对美食的追求，同时又能发挥保持人体健康、调节生理功能、增强机体素质、预防疾病发生、辅助疾病治疗和促进机体康复等重要作用。

"药膳"一词，最早见于《后汉书·列女传·程文矩妻》一文中，"及前妻长子兴遇疾困笃，母恻隐自然，亲调药膳，恩情笃密"。药膳与食疗最早混称为"食养""食治""食疗"，没有严格区分，随着唐代孟诜《食疗本草》的问世，才盛行"食疗"之称。"药膳"必须使用药物与食物有机配合，充分利用食物的营养性及其兼具的性能功效，与药物的性能功效有机地结合，进行烹饪制作，并按照中国人定时进餐的饮食习惯，创造性地发明了这种既能补充机体营养，又兼防病治病与养生作用的特殊膳食，是融药物的治疗特性于日常膳饮中，它既提供了机体所需的营养又隐含药治的效能，即隐药于食。

而中医饮食养生，又称为"食养""食补""食治"，泛指一切利用饮食来达到营养机体、维持或增进机体健康为目的的活动方式。"食养"与"食疗"含义并非完全等同，"食养"重在"养"，主要应用于健康人群以达到养生之目的，或应用于疾病恢复期的人群以促进健康的重新获得；而"食疗"主要应用于患病人群，以达到治疗疾病的目的。

饮食是人类赖以生存的基本要素，是人体气血生化的源泉，是保障生命生存的必要条件，它的作用是维生、养生，其次是防病、疗疾。食疗又称食治，是在中医理论指导下利用食物的特性来调节机体功能，使其获得健康或防病治病的一种方法。早在二千多年前的《黄帝内经》中，就有关于"食育""食养""食疗"的丰富内容，尤其是"食育"理论，对现代人的饮食仍然有重要的指导意义。

我们每天都离不开饮食，饮食养生就是科学饮食、合理膳食。按照中医理论调配饮食，注意饮食宜忌，合理地摄取食物，可以增进身体健康、减少疾病。

二、药膳的使用原则

（一）因人配膳

中医药膳历来重视个体差异性，强调必须根据体质、年龄、性别等不同特点来配制膳食。以体质而论，阳虚之体宜温补，可食当归生姜羊肉汤、鹿角粥等；阴虚之体宜滋补，可食银耳羹、麦冬粥等；气虚之体宜补气，可食人参粥、黄芪蒸鸡等；血虚之体宜补血，可食红杞田七鸡、鸡血藤鸡蛋汤等；痰湿之体宜化痰湿，可食橘红糕、半夏山药粥等。从年龄而言，老年人生机减弱，体质多虚，只宜平补，可食淮药芝麻糊、桃酥豆泥等易消化之品；婴幼儿脏腑娇嫩，脾胃未健，易伤食罹虫，只宜消食导滞，可食山楂粥、淮山粥、南瓜粥等开胃健脾，切忌峻补。

（二）因时配膳

《饮膳正要》明确指出："春气温宜食麦以凉之，夏气热宜食菽以寒之，秋气燥宜食麻以润其燥，冬气寒宜食黍以治其寒"。从生理角度来看，春三月，阳气生发，春气通于肝，当选菊杏饮、玫瑰五花糕等升补疏肝；夏三月，阳气隆盛，夏气通于心，当选灯心竹叶汤、百合粥等清补益心；秋三月，阳气收敛，秋气通于肺，当选核桃芝麻糊、桑菊蜜糕等平补润肺；冬三月，阳气潜藏，冬气通于肾，此时最宜补肾阳，当选食鹿茸酒、虫草炖老鸭等。"若能终身常尔，则百病不生矣"（《千金要方》），此皆顺应天地四时变化之理也。

（三）因地配膳

不同的地区，由于气候条件及生活习惯不同，人的生理活动和病变特点也不尽相同。正如《医学源流论》所言："人禀天地之气以生，故其气体随地不同，西北之人，气深而厚……，东南之人，气浮而薄……"，故同为阳虚阴盛之证，用扶阳散寒之法治之，西北高寒地区，当选大温大热、效力强的药膳，常用姜附烧狗肉、鹿筋附片汤等；而在东南温热地带，则宜选用微温微热、效力弱的药膳，多用雀儿药粥、枸杞羊肾粥等。此外，地区不同，口味亦有较大差异，如南甜北咸、东辣西酸等，在配制药膳时应尽可能予以兼顾。

（四）辨证施膳

辨证施膳是在辨证论治理论指导下产生的药膳应用整体性原则。临床上由于同一种病可以表现出不同的证，而不同的病又会出现相同的证，故辨证施膳又相应的有"同病异膳"和"异病同膳"两种不同的方法。前者是指同一种疾病，表现的证不同，故施予不同的膳食。以痢疾病为例，由于发病的时间、地区及患者的体质不同，或疾病所处的发展阶段不同，故所表现的证不同。属脾胃湿热者，应食马齿饮、薏仁粥清热利湿；属寒湿困脾者，应食姜蒜红糖汤、藿香菖蒲粥温化寒湿；属脾胃虚弱者，应食白术猪肚粥、益脾饼益气健脾。后者是指不同的疾病，表现的证相同，故施予同样的膳食。值得注意的是，辨证施膳与因人、因时、因地配膳密切相关，在明辨"证"的基础上，必须根据季节气候、地理环境、个体素质、年龄性别等不同状况，把人体与自然环境结合起来，综合分析、灵活施膳，才能达到辨证施膳的目的。

三、药膳的作用

（一）滋补强身

此类药膳主要是针对体弱或病后体虚的人员食用。它主要是通过对脏腑器官组织功能的调理，使之恢复或重建其功能的协调，从而达到增强体质、增进健康的目的。

其主要包括益气养血药膳、滋阴壮阳药膳及补肾、养肝、健脾药膳等。滋补强身类药膳可以根据体质特点进行，一般应该是补虚益损。一曰益气，常用如党参、黄芪、白术、炙甘草、山药、莲肉、扁豆、大枣等健脾益气的药物。二曰养血，常用如熟地、何首乌、龙眼肉、当归、枸杞、桑椹等药物。三曰滋阴，常用药物如天冬、麦冬、石斛、玉竹、龟板、鳖甲等。四曰温阳，常用药物如附子、肉桂、巴戟天、韭子等。许多补脾肾和清热中药，有免疫调节功能，能提高机体的抗病能力，改善体质，有利于身体的健康，许多中药所含的多糖、多肽等是其有效成分。中药中有很多，如当归、枸杞、红枣、阿胶、猪皮、猪血、螺旋藻等，在药膳和中药复方配伍中均常用。

（二）治疗疾病

此类药膳是针对患者病情的具体情况，在辨证的基础上制作的一种起治疗作用或辅助治疗作用的膳食。它通过长期服用而达到治疗疾病的目的。最适宜于慢性病患者。它的种类按其具体功能来分主要有解表药膳、泻下药膳、清热药膳、祛寒药膳、消导化积药膳、补益药膳、理气药膳、理血药膳、祛痰止咳药膳、熄风药膳等。降压作用的中药很多，如钩藤、罗芙木、芹菜等，此外，近年发现有不少中药，能抑制血管紧张素转换酶，还有一些能阻滞钙通道，而起到降压作用。也有能改善血液循环，改善血液浓、劲、凝、聚、刚化的倾向，如川芎、丹参、红花、羲术等，都是临床上常用、作用很广的中药。此类中药多用于心脑血管病的预防。

（三）保健抗衰

此类药膳是根据用膳者的生理、病理特点而制作的一种属于药性平和，起增进健康和抗衰老作用的膳食。它主要是通过提高机体免疫功能和协调功能，从而达到促进发育、调理气血或抗衰延年的目的。可分为儿童保健药膳、妇女保健药膳和老年保健药膳。常用的药膳有人参防风粥、参麦团鱼、虫草鸭子、燕窝汤、银耳羹、杜仲腰花、乌鸡白凤汤、血藤河蟹、小儿珍糕、芡实粥等。许多补肾、活血中药，可以通过补肾、活血调节内分泌，改善机体的血液循环，增强体力、耐力，延缓衰老的进程，如人参、党参、山药、枸杞、红枣、当归等，都是重要的养生药食材料。人参、西洋参、党参、刺五加、三七、红景天、葛根等，有抗疲劳作用，能增强体力、耐力，改善机体的应激能力，提高机体适应性，也就是提高机体对外界各种有害刺激的抵抗能力。许多中药所含的多酚类及其低聚物，如黄酮、香豆精、酚酸等，多有抗氧化作用。进而有抗癌、抗心血管病及延缓衰老等作用。

四、药膳的应用

（一）药膳的原料与分类

药膳的原料主要分为食物和中药两部分。其中，食物的种类十分广泛，涉及常见的"谷肉果菜"，如各种谷物粮食和薯芋、豆类、禽兽肉类，鱼类和龟鳖、蚌蛤、蟹虾，部分虫、蛇类，水果、干果和部分野果各种蔬菜野菜。除此之外，调味品、香料、茶和代茶饮品实际上也属于食物。用于药膳的中药除用其功效外，应有不同程度的可食性，故不如食物那样广泛。它们必须具备以下特点。首先，原料中药或经制备、烹饪的中药须无毒性，如党参、枸杞子、人参等。其次，原料中药或经制备、烹饪的中药可以咀嚼食用，如党参、山药、获苓等，或者原料中药有较好的气味，比较适口，如小茴香、甘松、砂仁、草果、桂皮等。所以药膳应用的中药只是全部中药的一小部分。按中药功能分类看，主要分布在补虚药、温里药、化湿药、消食药中，其他类别中药较少。至于药性猛烈、有毒的中药，绝不能用于药膳。由于一些中药是可食用的，既有营养作用，又有药物作用，在药膳中具有双重性质，是构成药膳的基础。常用药膳分类如下。

1.食疗中药 即食用中药、食疗本草或食物中药。如谷物、水果、干果、蔬菜、调料、禽兽、水产品等。

2.鲜汁 将新鲜水果等与食用中药或某些新鲜中药材一起洗净、压榨出的汁。如五汁饮中的荸荠汁、鲜芦根汁、鲜藕汁、梨汁、鲜麦冬汁。

3.药茶 即"代茶饮"，指伴有或不伴有叶的药物，经粉碎、混合而成的粗沫制品，有些饮片不经粉碎也可。药茶中常含有蔬菜瓜果类食用中药，一般不用峻猛或过苦的药材。用开水沏或加水煎煮后即可像日常饮茶一样频频含漱饮之。如生姜红糖组成的姜糖茶。

4.饮 一种液体食疗剂型。用食用中药或与部分药材一起，以质地轻薄或具有芳香性挥发成分的药材为原料，经开水冲泡、温浸或加水略煎煮，去渣取汁而成。如治疗肝硬化腹水的复方玉米须饮。

5.药酒 中药与酒相结合的一种液体剂型。用浸泡法或酿制法制备。一般认为浸泡药酒以含乙醇量在30% ~50%（V／V）为宜，不宜浓度过高过低。保健性酒宜调配到10%（V／V）为好。酒是药食兼用品，本身有散寒活血、祛风除湿、温中暖胃、协助药力等功效。而其随所加食物使治疗病症有异，如与核桃仁、红枣等浸泡而成的红颜酒，可悦泽容颜；与鹿茸、人参等浸泡而成的鹿茸参桂酒，可补气健身；与苡仁等浸泡成的苡仁酒，可祛风湿、健脾胃。各种配制酒的饮用量可根据需要酌情而定。

6.汤羹 是以肉、蛋、奶、海味等原料为主，加入适量药物煮、煨或炖烹制成稠浓汤液。可药、食同烹制；也可将药用布包住后与食物同煮；还可药煎取汁，再与食物同烹制。主要适用于体质虚弱的滋养补虚，如山药鱼片汤、山药奶肉羹、当归生姜羊肉汤等。

7.粥食 即稀饭，一般以粳米、糯米、玉米、小米为主，配一定药物，即成药粥。煮法很多，凡属药食兼用的中药可与米同煮，如苡仁白扁豆粥、山药粥、核桃仁粥等；也可将米谷与原汁同煮，如鸭汁粥、鸡汁粥、猪蹄粥等；凡用动物脏器则应洗净煮半熟后再加入米谷或药物成半流质状，如猪肾粥、鹿肾粥等；若有渣药物先煎取汁或绞取鲜药汁，再与米谷同煮，如花生粥、石斛粥等。药粥的品种、做法虽多，但主要适用于脾胃虚弱者及病后调理。药粥在药膳专著中大多占很大比例。

8.蜜膏 也称膏滋或煎膏剂。将食用中药或中药材一起加水煎煮，去渣、取汁、浓缩，加蜂蜜或蔗糖而制成的稠厚状半流体制剂。营养滋补作用尤佳，既可内服，也可外用。如外用美容除皱的栗蜜面膏；内服可补气、滋阴止血，如治疗先兆性流产的参芪保胎膏，治疗支气管哮喘的加味贝母梨膏。

9.药糕 将食用中药或中药材一起研末，再与米粉、麦粉或豆粉相混，或加适量白糖、食用油等做成糕，蒸熟或烘制而成的熟食。如治疗慢性肠炎的八珍糕。

10.药饼 将食疗中药或中药材一起研末，与麦粉、豆粉或米粉混合，或加适量枣泥、白糖、食用油等做成饼，蒸、烙、烘烤等制成的熟食。

11.菜肴 包括具各种治疗或保健作用的荤素菜肴。以蔬菜、肉类、蛋、鱼等原料为主，配以适量药物而制成，制作方法多样，以需要而适当调味，不同原料烹制的菜肴，各有其特点和适应性，广泛用于多种疾病，如核桃鸭子，用于肾虚咳嗽、阳痿、便秘等；当归羊肉汤，用于血虚有寒、产后腹痛、腹中冷痛等；如归杞甲鱼，用于治疗早期肝硬化。

药膳服食方法还有以糖果、蜜饯、饮料、鲜汁等形式，各自可根据病情和需要，确定用法。

五、药膳的禁忌

药膳配伍的原则是根据病情和药性或食物的偏性而定，必须用中医中药理论作为指导。因此不要自己创造药膳方，这要求必须具备坚实的中医中药知识，运用中医的理论体系、中药的配伍原则和方剂学的组方原则。对一般人，无须自己创制药膳方，只须针对自己的病情，结合医生诊断，按照自己的体质，选择书中介绍的现成的药膳服用即可。但是，药膳专业工作者，须知药膳方剂的组成原则与一般中医组方原则是一样的，也可根据病情进行加减；只是除了考虑药物的性味、功效外，还要懂得食物的性味、功效。

（一）药膳的饮食禁忌

简称食忌，即通常所说的"忌口"，主要根据病情和所服药物性质而定。依据病情而定，是指在病中，避免因进食某些食物而影响疾病的治愈。一般来说，食疗药膳时，凡生冷、油腻、黏滞、腥臭等不易消化的食物，应避免食用。而且，不同疾病有不同的饮食禁忌，如肝病忌辛辣；心病忌咸；水肿忌盐；骨病忌酸甘；疸病忌油腻；寒病忌瓜果；疮疖忌鱼虾；失眠、烦躁易怒忌胡椒、辣椒、茶、咖啡等兴奋刺激性饮食。根据药性而定，是指在服用某些药膳时，不可同食别的药膳，如选配用鳖肉、龟肉之类以滋阴清热、治阴虚内热的同时，就不能同食狗肉、牛肉等温补品，否则，火上加油，更伤其阴，这就要药性与疾病症候相宜才行。

妊娠期妇女在食疗药膳时，既要注意用药禁忌，又要注意饮食禁忌。根据药物对孕妇及胎儿损害程度分为忌用和慎用两类，忌用（禁用）是指绝对不能用，多属毒性强或药性烈之类，如麝香、巴豆、大戟、水蛭、三棱、莪术之类。慎用，可根据孕妇病情，酌情使用，这类药包括活血祛瘀、行气破滞及燥热、滑利之品，如桃仁、大黄、枳实、附子等，但应尽量避免使用。

（二）药膳的常用配伍方法

临床上单独使用一种食物或药物来保健或治疗的情况极少，药膳常用配伍方法，即选取性能功效类似的药物、食物配伍，可增强疗效，既要考虑中药配伍中的相须为用，还须考虑到烹调方法，注意色、香、味。这种搭配关系称为食药配伍，基本分为协同与拮抗两个方面，协同配伍方面包括相须和相使，拮抗方面包括相畏、相杀、相恶、相反。

相须配伍：同类食物相互配伍使用，起到相互加强的功效。如百合炖秋梨，共奏清肺热养肺阴的功效。

相使配伍：一类食材为主，另一类为辅，使主要食物功效得以加强。如五加皮酒，酒的辛散活血作用加强了五加皮祛风胜湿的功效、滋补药膳杞枣鸡蛋是治慢性肝炎的良膳。

相畏配伍：一种食材的不良作用被另一种食材减轻或消除。如蒜能减轻扁豆的不良作用，生姜能解鱼蟹之腥，紫苏能解鱼、蟹之毒，这种相互作用可减低或消除毒副作用。

相恶配伍：若不掌握食物、药物的性能，则配伍后会因相互拮抗而致原有功效降低甚至丧失，故应避免同用相恶药食。如食用参药乌骨鸡时，若同时食用生萝卜、莱菔子或喝茶，则使人参、山药、乌骨鸡的补益功效降低。

想反配伍：两种材料的结合，可能产生不良作用，形成了食物的配伍禁忌。古人在药物禁忌方面有"十八反"和"十九畏"的记载。如柿子忌茶，白薯忌鸡蛋，葱忌蜂蜜等。由于对十八反十九畏的研究，还有待于实验和观察，因此必须采取慎重态度，一般说，对十八反、十九畏的一些药物若无充分根据和应用经验，须避免盲目配合使用。

而对药膳组方中有过极之偏或含有毒成分或难以入膳之味的药物，要适当加工，以达到洁净、降低或消除毒副作用以及矫正不可入膳之味。如果不分剂量及毒性大小地盲目使用会引起严重后果。可见，食物如同药物一样，通过配伍可发生不同的变化，产生不同的效果。因此，食疗药膳中必须掌握配伍原则，按照科学的配伍方法应用。此外，量大量小直接关系着药效，也需考虑。

（三）四时养生法

因时进补，对养生是重要的一环，在选用滋补药时，必须根据四时气候的特点，以及四时气候与人体脏腑组织的内在联系，而合理选择补药。其原因在于人与自然界息息相应，四时不同，机体的新陈代谢水平也不同，因而，药物养生宜根据四季阴阳盛衰消长等的不同，而采取不同的方法。顺应四时的自然规律，以"春夏养阳，秋冬养阴"为养生原则。唐代孙思邈《备急千金要方》曰"凡人春服小续命汤五剂，乃诸补散各一剂夏人热则服肾沥汤三剂秋服黄芪等丸一两剂冬服药酒两三剂立春则止。此法终身常尔，则百病不生矣。"此即应四时之春生、夏长、秋收、冬藏的自然变化规律而进行的因时进补的例证。

1.春季药食养生法 春天要考虑阳气初生，应该吃些辛甘发散的食物，而不宜吃酸收之味。《黄帝内经》说"肝主春，肝苦急，急食甘以缓之。肝欲者，急食辛以散之，用辛补之，酸泻之"。在五脏与五味的关系中，酸味入肝，具收敛之性，不利于阳气的生发和肝气的疏泄。饮食调养要投脏腑所好。所以，春天要选择一些柔肝养肝、疏肝理气的中草药和食品。如《寿世秘典》记载"三月采桃花浸酒饮之，能除百病益颜色。"《千金方》指出"春分后宜服神明散"，其方用苍术、桔梗、炮附子、炮乌头、细辛，共研细末，有感时气者，用水调服之。若春季患温热病后，津伤液亏者，则需凉补以滋阴生津。此外，南方阴雨连绵，低温与天暖交替出现，湿气困脾，宜进健脾运湿之品，如薏米、云获、党参。中草药可以选用枸杞子、郁金、丹参、麦冬、何首乌、元胡等。食物可选择辛温散发的大枣、豆豉、葱、香菜、花生、蒜、姜等。梅雨季节，空气湿润，天气暖和是调养脾胃的好季节。饮食可多吃新鲜蔬菜，多吃水果，以补充人体水分，少吃油腻之物品，以免助阳外泄，否则肝木生发太过，则克伤脾上。雨季食物可选择韭菜、香椿、百合、豆苗、茼蒿、春笋、山药、莲藕、芋头、萝卜、甘蔗等。中药选择脾胃升降和生化机能来调补脾胃，如沙参、西洋参、决明子、白菊花、首乌粉及补中益气汤等。同时也可以选用白烧鳝鱼、杜仲腰花、大蒜烧茄子等，以补虚损、壮筋骨、降血压、凉血止血。常用春季养生药膳如下：活血首乌参汤《养生药膳》、回春汤《养生药膳》、固本羹、山药粥《医学衷中参西录》、何首乌鸡汤、参玉鸡翅汤《养生药膳》、猴头菇养胃汤等。

2.夏季药食养生法 中医认为，夏为"蕃秀"之季，即是自然界生物最为茂盛的时候，此时气候，阳气蒸腾，人体新陈代谢处于旺盛期。其因在于热能伤阴、伤气，加之夏日排汗较多，气阴更益耗伤，如有阴雨，则兼扶湿邪。根据上述特点，夏季药物补益当以甘平、甘凉，补益气阴、气津之品为主，兼以清热祛湿。有些慢性病患者，如支气管炎，只有在冬天发作，而在夏季不发作，可采取"冬病夏治"之法。夏季进补，常选用平补肾气的药物，如参茂片、胎盘片、固本丸、灵芝液、参菩白术散等中成药。此外，夏季由于寒凉之物食之较多，易伤胃气，故应在补气生津之时，还要注意健脾胃。气候过湿，常会使人体的免疫力下降而生病。根据研究发现，"高湿度"时人体容易引起以肌梗死、多发性关节炎、胃溃疡等疾病。所以，夏季人体要"宜泄阳气，防范风热之邪"。此时生活起居应该晚睡早起，使阳气得到宜泄，反之，不要发怒，则伤及心气。夏季要顺护阳气，以养心、脾、肝、肺、肾五脏，防病强身，对养生保健延年、益寿有很大的实效。夏季天气闷热，衣衫单薄，身体最容易受风热之侵袭，若使用发汗药剂则汗多伤心，容易造成气血癣滞。若暴喜暴怒则伤其心阳，而造成心脏病发作。所以夏季在膳食方面，早晨吃少许洋葱，晚饭后饮少量红酒，保持气血通畅。平时应以低脂、低盐、多维生素等比较清淡之食物为主，有清芬养心，清热解毒，利湿祛痰，养血安神的功效，在配合气功的动静功，以助体内气血的微循环，以避免因夏季冷气房呆过久，造成气滞血瘀。这个季节一般选用中药草中的蔬菜果食荷叶、鱼腥草、麦冬、川芎、丹参、红花、赤芍、莲露、西瓜、莲藕、绿豆汤、乌梅汤、小豆汤、葛笋、冬瓜汤、茄子、苦瓜汤、菊花叶汤、豌豆、四季豆、包菜、大白菜、藿香、佩兰等。常用夏季养生药膳如下：绿豆粥、荷叶乳鸽片粥、绿豆南瓜汤、青蒿绿豆粥、石膏绿豆粥、丁香酸梅汤、双花饮等。

3.秋季药食养生法　中医学认为"秋为容平"之季，自然界阳气渐消，阴气渐长，气候由热转寒，处于"阳消阴长"阶段。由于气候逐渐凉爽，燥气盛行，使人们感到口唇干燥，咽干，皮肤干燥，说明燥气可消耗人体之津液。津液既伤，滋补津液就是适宜秋季的补法。秋季是万物成熟收获的时节。同时也是千树落叶、万花凋零的时节。此时自然阳气日衰，阴寒之气日生，雨水渐少，天气干燥，秋风徐来，自然界一片萧条景象。"阳消阴长"人体的代谢机制由盛转衰，开始进入低潮，人体容易受到外来邪气之侵袭。所以，秋宜养阴，慎防津气耗散，防燥护阴，养肺为先。谨慎生活起居，必需调畅情志。饮食调节上，平时少吃鱼虾海鲜、生冷炙烩、腌菜、辛辣酸咸、甘肥的食物，宜吃清淡、易消化且富含维生素的食物。预防秋燥的方法很多，可适当多食一些富含各种维生素的食物，也可选用一些宣肺化痰，滋阴益气的中药，如人参、沙参、西洋参、百合、麦冬、杏仁、远志、川贝、胖大海等，对缓解秋燥多有良效。一般膳食可食莲子百合煲、柚子鸡、银杏鸡丁、香酥山药等，有清润肺燥、止咳消炎、补气养血、健脾补肾的功效。同时食用润燥之食物，如芝麻、糯米、粳米、蜂蜜、乳制品等柔润食物，并增加鸡、鸭、牛肉、猪肝、鱼、大枣等以增强体质。秋季适宜的蔬菜水果有梨、苹果、橄榄、白果、洋葱、芥菜、白萝卜、花菜、包心菜等，有生津润燥、清热化痰、止咳平喘、固肾补肺的功效。常用秋季养生药膳如下：白果秋梨膏、银耳百合粥、九月鸡片粥、蜜汁芡实饮、玉竹白菜羹、燕窝汤、罗汉果烧兔肉羹、琴瑟和鸣汤。

4.冬季药食养生法　冬季自然界阳气衰微，万物收藏，聊无生机，草木凋零。阳气潜伏，大自然中的动植物几乎处于休眠状态，养精蓄锐，以待来年春天生机勃发。人体与自然界必须相协调，生理机能也与之相应，新陈代谢处于相对缓慢的状态。这是阳气内潜，有益于精气的充养和积聚。所以冬季养生宜藏精，应时而养。养阴防寒，起居必须调摄。房事调节不可过劳以益肾蓄精。运动调和以护阳养形。冬季寒气旺盛，寒为阴邪，最容易伤人之肾阳。因此，冬季养生重在养藏固精，滋阳补肾。养生应以精神调摄、饮食调节、药物调和、运动等多方面着手。以养藏为原则，否则将导致四肢枯萎无力，损害健康。《千金翼方》曰"冬服药酒两三剂，立春则止"。这类补益药酒有十全大补酒、虎骨酒、枸杞酒、山药酒、参茸药酒、人参药酒、虫草补酒等。每日一次，每次半两左右。冬季常用补药有人参、黄精、阿胶、冬虫夏草、何首乌、枸杞子、当归、桃仁、大枣、龙眼肉、芝麻、山药、莲子、百合、鹿茸、肉桂等。但冬季进补亦应注意不可过服温热之品，以免太过伤阴。《黄帝内经》中"秋冬养阴"的养生原则，认为"秋冬之时，阴盛于外而虚于内"，所以不可一味温补助阳，还须结合滋补阴精，使阴阳互生互化。在南方，由于冬季雨水少，气候较为干燥，宜进温润之品，如桑寄生、菟丝子、熟地等。冬季的饮食调摄方面以补为主，一些滋阴潜阳，热量较高的膳食为宜。同时要多吃新鲜的蔬菜以避免维生素的缺乏。如牛羊肉、乌鸡、鲫鱼、豆浆、牛奶、萝卜、青菜、豆腐、木耳等。同时可适量的膳食进补，如黑芝麻粥、虫草蒸老鸭、番茄砂糖藕、枸杞肉丝、火腿海参、羊肉炖白萝卜、牛奶粥、山药羊肉粥等，有补益肝肾、滋阴助阳、健脾开胃、生津止渴的功效。冬季常用中药、蔬菜、水果有香蕉、芹菜、香菇、玫瑰、芝麻、百合、栗子、菠菜、丝瓜等，有益气补虚、温中暖下、化痰散寒、通脉开胸、健脾化滞、养血充髓、润肺通畅呼吸等功效。常用冬季养生药膳如下：补髓汤、八宝鸡粥《滋补中药保健菜谱》、人参杞子粥、黄精炖瘦肉汤、山药羊肉粥《饮膳正要》、阿胶麦冬粥、冬虫夏草鸭汤等。

项目五　家宴

家宴，就是自己在家中制作的自用或招待客人的宴席，往往都是为了喜庆、祝贺、迎宾、聚会而举办，形式自由、随意，气氛融洽，往往给人温馨、健康、营养、美味、雅致的感觉。家宴的历史可以追溯到稳定家庭结构的形成时期，而家宴的名目则是多种多样的，诸如迎春宴、清明宴、上马宴、下马宴、田席等。中国浓厚的家庭观念在家宴上充分体现，家宴是中国各种节日中必不可少的庆祝形式。

（一）家宴的特点

1.家宴的成本控制较强，根据需要可高可低，随意性较大。

2.主人亲自下厨，宴会气氛热烈，特点突出，主题鲜明。

3.菜式搭配针对性强，菜点时令性强。

4.本着节约和使宾客满意的原则，注意主食的安排，荤素搭配合理，浪费较少。

（二）家宴的设计

家宴虽不能完全按正规宴席要求实施，但菜单制定决不能马虎。制作一份完整的家宴菜单应包括冷盘、热菜、大菜、饭菜和点心等。必须考虑的问题有：根据客人的年龄、嗜好、忌讳、身体状况及就餐季节等来设计菜肴。在设计菜肴之前，应尽量了解客人不吃什么，而不是喜欢吃什么。客人有什么忌口，有不吃羊肉的、不吃猪肉的、不吃葱的、不吃蒜的……这些都要了解并标明。当客人多时，在照顾主客的前提下，照顾好老人和小孩，如软、硬的搭配，油炸食物不宜太多；冷、热搭配，冷菜及冷食不宜过多，点到为止；若年轻人多，菜要有嚼头，菜量要大；如果客人中有人患有高脂血症、糖尿病、肿瘤等疾病时，应注意做一些低脂、无糖、高纤维素的菜。这样，基本能做到大家满意。即便是熟悉的亲朋好友或家人团聚时，主厨者也应调和众口。

再看家宴的类型，一般有婚宴、寿宴、生日宴、节日宴、离别宴、团聚宴等。如果是逢年过节或新婚喜庆，家宴的菜肴要丰盛些，以烘托隆重的气氛；如果是好友相聚，主人可做几道拿手的小菜，以显示主人的热情与诚意。

确定参加人数。以便提前安排菜量和品种，可考虑原料的季节性、地区性等采购，因时因地配菜。选料时要以鲜、活、净为标准。口味应随季节有所变化。在不同的季节请客，配菜的要求是不一样的，即荤素、凉热菜的比例以及色泽、口味等要求都不同。如春夏时节应偏于清淡，秋冬时节应偏于浓重。并且在一桌菜中，各道菜味道不应重复。所以，家宴原料尽可能不重复使用，口味也尽可能不要一样，这样才会让人感觉到整个宴席的丰盛，显示出主人的热情好客、技艺的精湛高超。

菜肴多样化，体现风味特色。主人请客时，应尽量采购本地出名的土特产作为原料，再用炸、爆、炒等烹调方法，配以咸、甜、酸、辣的口味，红、黄、绿、白的色彩，使菜肴丰富多彩，色、香、味俱全

菜点组合应体现整体效果。菜点组合一般包括：冷菜、热菜、甜菜、素菜、汤、主食和点心，根据不同情况还可加些饮料和水果。凉菜一般作为开席的第一道菜，它制作得好就可以使客人的食欲大增，并提高客人的情绪，所以要精心安排凉菜的制作。菜点颜色要注意搭配，做到宴席色彩缤纷，相映成趣。

立足家庭现有条件，包括经济状况、烹调技术水平、操作条件（包括盛器）、家庭厨房的设施设备来设计菜式，适当购买原料，花钱要适度，不能过于铺张，也不能过于吝啬。

配以合适的菜名。好的菜名，可以活跃家宴气氛，起到画龙点睛的作用，同时给宾客留下深刻印象。

（三）家宴的准备工作

1.确定宴请时间、方式、人数　举办家宴的时间应首先征询主宾意见，宴请的时间应对主、客双方都合适。注意不要选择对方的重大节假日、有重要活动或有禁忌的时间。例如，对信奉基督教的人士不要选十三号，更不要选十三号星期五。伊斯兰教在斋月内白天禁食，宴请宜在日落后举行。主宾确定时间后，再据此约请其他宾客。

2.布置餐桌　根据餐厅大小和客人的多少来布置餐桌。每桌一般可安排6~8人，座位不宜过挤过密，要方便上菜和客人的进出。各桌的中心点要连成直线，餐桌的桌腿、下面要相互平行对称，椅背要摆得角度一致，整齐美观。

3.摆设餐具　在餐桌的每个席位前放一套餐具，对准椅背中间放一瓷碟，内放一短把

汤匙，瓷碟右面放一双筷子。如有外宾，应在外宾席位上增加一份刀叉。刀放在筷子的右面，叉放在瓷碟的左边。酒杯数目和种类应与所上酒品种相同。酒放在瓷碟前，自左向右依次放啤酒杯、红酒杯和白酒杯，酒杯要放在一条线上。主人的啤酒杯和白酒杯前可放公用筷一双和公用勺一把，分别搁置在两个瓷碟上。其他座位也可备公筷、公勺。当然，根据家宴的实际情况，餐具的摆设也可从简。

4. 制造温馨气氛　客人陆续到来之际和用餐时，可播放一些轻快的音乐，以让人感觉自在和舒服。但播放音乐时声音调得合适，不能压过说话的声音。还可根据不同的就餐场合创造不同的环境效果。

5. 饮料和小食　一般可以准备一扎柠檬水（矿泉水加柠檬）、一瓶葡萄酒、一到两种热茶饮（茶叶类和水果类）、咖啡、果汁（也可以自制）以及碳酸饮料等让客人选择。还要准备一些冰块，供客人自己取用。为了配合饮料，还可以备一些小食，两三样足矣，方便吃最重要，比如小饼、去皮的坚果和切好的水果拼盘。

（四）家宴的搭配

1. 菜的种类搭配　荤、素的搭配。荤菜应超过1/3。海鲜、畜肉、禽肉、豆类及其制品、蔬菜及水果应全面考虑，肉类不宜太多，宜以鱼、虾、海鲜为主，少用鸡、鸭、肉。应考虑凉菜、热菜、汤、甜点、主食的比例和上菜时机，例如先凉后热，先菜后汤，最后是主食、甜点。

2. 菜肴风格定位的搭配　宴席中，最高档的是"头菜"。燕窝鱼翅打头的称"燕翅席"。以下依次还有"燕鲍席""燕菜席""鲍翅席""参翅席""鸭翅席"，称为"席"的，最低也要海参打头，为"海参席"。燕、翅、鲍、参、龙虾等，也叫"大件"；其次是主菜。一席中最高档的菜，一般为一至两个大件；再次是副菜，一般由整只、整条、整块的鸡、鸭、鱼、虾等组成，没有上述大件时，也将这类菜称为大件；最后为清口菜，一般放在味浓烈的菜之后。

普通家庭的家宴较饭店宴席简单。一般家宴菜品主要是由汤菜、热菜、凉菜三大块组成，而原料主要是肉类（畜、禽）、海产品（鱼、虾、蟹）和蔬菜三类；六要素缺一不可，而且须合理排列组合，避免同一要素的重复。

3. 品种和口味的搭配　家宴菜品全是甜的或辣的，或全是鸡或鱼就很单调，例如准备了糖醋鱼，就不用做糖醋排骨。家宴口味上要以咸鲜为主，搭配麻、辣、酸、甜及各种复合味。在原料上要兼顾海味、鱼虾、肉禽、蔬菜等，这样不仅品种丰富、营养全面，也会因原料外形、颜色的不同而显得更加美观。荤素搭配，一般来说以荤素比例以1:1为宜。肉菜中不妨多用青菜、大白菜、胡萝卜、白萝卜、芥菜心或芥蓝等垫底做盘饰。避免过多高热量、高胆固醇、高脂肪菜品，多备时令性强、味真货实、新鲜度高的食物。

4.烹调方法的搭配 为了适应不同宾客对菜肴质感的不同要求，家宴一般应该兼顾炸、爆、炒和蒸煮以及其他拌、冻等多种烹调方法，要尽可能安排冷盘菜、热炒菜、汤还可配以中西点心。方法的不同带来菜品质感（酥、绵、挺、软、韧）、菜品外形的不同，甚至吃法的不同。搭配需注重季节，如冬天着重采用红烧、煨砂锅、炖火锅等色重味浓的烹调方法；夏天，则宜用清蒸、冻和白汁等色浅味淡的烹调方法。油炸的菜品多，到第三道菜就吃不动了；全是烧的，客人最后喝了一肚子汤。所以菜肴应强调荤素、浓淡、干湿不同，原料尽量不重复。比如，汤做了老鸭煲，热菜和凉菜就可以取鱼或蔬菜为主要原料的菜品；如果准备了鱼汤，那么就没有必要再做其他鱼类或海产品。

5.餐具的搭配 常见的餐具有碗、盘、碟、沙锅等，应根据菜肴的形状和品种正确使用餐具。炒、炸菜应用平底盘，炖菜、烩菜带汁的需用深汤盘，松鼠桂鱼等整鱼菜应用专门的椭圆鱼盘，深斗池是为整只鸡鸭菜而准备，海碗是为汤菜而来，燃、煮的半汤半菜的菜肴冬季宜用沙锅、火锅等。

注意餐具与菜肴的色彩是否协调，大小是否合适，一般浅色菜肴宜用深色餐具，深色菜肴宜用浅色餐具，如菜肴颜色浓艳，配以深色餐具就显得俗气，淡色菜肴用浅色餐具则显得单调。冷菜用大盘，让客人会有菜不够吃的感觉；菜太满甚至溢出碗盘，又会让人觉得主人太不讲究。用碗盛汤，则以八成满为宜。

此外，食物的形状应与装盘的图案协调。如炒肉丝等丝状菜肴不能放在纹理细密的花盘中；反之，将肉丝盛在绿叶盘中，会使人感到赏心悦目。

6.菜肴色彩的搭配 单色搭配：组成菜肴的原料由单一的一种原料色彩构成的。

顺色配：主料、辅料必须是同类色的原料，它们的色相相同，只是光度不同，可产生协调而有节奏的效果。如"奶油冬瓜"，奶油、冬瓜呈白色，有时加少许玉兰片作为辅料，汤呈乳白色，口感清爽，颜色素雅，风味宜人。还有韭黄炒肉丝、糟熘三白（鸡、鱼、笋）、奶油扒白菜等。

对比色的组配：把两种不同色彩的原料组配在一起。一般以主料为主色，辅料的颜色起点缀、衬托作用。如番茄炒鸡蛋是红色、黄色相配，色味俱佳。还可用配菜点缀，如光泽洁白的滑畑里脊、鲜红油亮的油焖大虾、颜色金黄的炒鸡蛋，配些绿色蔬菜均能收到良好效果。同时，翠绿的豌豆、橙黄的胡萝卜、微黄的笋片、艳红的樱桃等都可用来配菜。

多色彩的组配：组成菜肴的色彩是由多种不同颜色的原料组配在一起，其中以一色为主，多色附之，色彩艳丽，总体调和。如五彩鱼丝、凉拌三丝等。

餐具与菜肴色彩的搭配：如冷菜和夏令菜宜用冷色食器；热菜、冬令菜和喜庆菜宜用暖色食器。绿色蔬菜应盛在白花盘中，嫩黄色的蛋羹盛在绿色的莲瓣碗中，八珍汤盛在玻璃碗里。

菜肴除了注意色的调配外，还要注意外形美，可用食物原料稍作摆盘，也可进行刀工处理，如把腰子、鱼肉切成麦穗花。

（五）家宴的礼仪

首要是指家宴的上菜顺序。家宴上菜顺序的合理与否，事关宴会的气氛、客人的兴致，并能充分体现主人的文化素养和对客人的尊重。家宴的上菜顺序不仅要依当地风俗习惯进行，而且还要视客人情况适当调整，前人曾有"咸者宜先，淡者宜后；浓者宜先，薄者宜后；无汤者宜先，有汤者宜后"的总结。一般来说，冷菜最先上桌，冷菜可用冷碟盛装，也可做一个大拼盘，主要用于佐酒。然后再上头菜，随后是热菜，热菜中先上重点菜，后上一般菜，热炒菜应根据烹调方法的不同、品位的差别、荤素菜的区分等合理间隔上桌。先上酒菜，后上饭菜；先上咸味菜，后上甜味菜；先上浓味菜，后上淡味菜；先上小碗汤菜，后上大碗汤菜。虾仁与鱼卷应间隔上桌，不宜同上。有特殊鲜味的菜肴，如蟹粉、甜味菜等应后上，否则会使其他菜肴失味。点心可以穿插在菜肴之间上台，也可随押席汤菜上台，一般上2~4道，既要注意甜、咸搭配；又要干、稀搭配，一般便宴可用面条、饺子、馄饨、春卷等，不拘一格。最后上水果，以时鲜瓜果为佳。饭后吃些水果能补充菜肴中维生素的不足，还有解油腻、助消化、醒酒的作用。

上菜时，每个菜都应放在靠近上首的地方，等主宾品尝完后再轮转到其他客人食用。吃完菜的盘子应及时撤下。在上鱼翅等菜肴时，主人也可为客人分菜。上菜时应从下首处上菜，上菜速度应视宴会进行的速度而定，宾客吃得快，菜就上得快；客人吃得慢，菜就上得慢。既要防止菜脱节、客人等菜的现象，也要避免上菜太快，应接不暇，而影响宾客食兴。

（六）家宴的配置

根据入席人数，算出足够的烹调原料。如果菜肴安排太少，就会怠慢宾客；安排过多，则会造成浪费。因此，在一般情况下，每人平均食用500~650g净料为宜。以品种数论，一般以3~4人用5~6道菜，6~7个人用8~9道菜，9~10人用12~13道菜为宜。假如6人吃饭，一般可做3~4个冷碟、3~4个炒菜，加一个大菜、一道汤、1~2个点心就足够了。

另外可这样计算：5~7位做5个热菜1个汤菜；8位以上，热菜按照人数减2的数量做，应该足够了。由于家宴主人需亲自下厨，客人到达又要亲自陪客，所以，冷菜可提前多准备一些，如果冷菜备得比较多，那么热菜可以适当减少一两道。一般家宴总是一大桌十几道菜，即使每道菜吃点，十几道吃下来，也可能吃得过饱而难受、引起消化不良。可以巧妙地减少菜量，就是把大盘换成小盘，减少每份菜的量。

（七）席位的安排

主宾在上首，主人在下首（上菜口处），两侧为陪客。放在餐厅最里面、面对房门的席位为主席，在一席中面对着房门的座位即是上首。但在招待外宾时，可按国际习惯，主人坐在上首，主宾坐在主人的左侧，其他客人根据情况入座。

答案解析

目标检测

一、单选题

1.（　　）能相互配伍使用，起到相互加强的功效。

    A.杞枣与鸡蛋　　　　　　　　　　B.白薯与鸡蛋

    C.柿子与茶　　　　　　　　　　　D.萝卜与茶

2.治疗支气管哮喘的药膳是（　　　）。

    A.贝母梨膏　　　　　　　　　　　B.参芪膏

    C.粟蜜面膏　　　　　　　　　　　D.吴茱萸膏

3.在招待外宾时，可按国际习惯，主人坐在上首，主宾坐在主人的（　　　）侧，其他客人根据情况入座。

    A.上　　　　　　　　　　　　　　B.左

    C.右　　　　　　　　　　　　　　D.下

二、多选题

4.脂溶性维生素有（　　　）。

    A.维生素A　　　　　　　　　　　B.维生素B

    C.维生素C　　　　　　　　　　　D.维生素D

5.春三月，阳气生发，春气通于（　　　），药膳当选（　　　）杏饮，玫瑰五花糕等升补疏肝。

    A.心　　　　　　　　　　　　　　B.肝

    C.核桃芝麻糊　　　　　　　　　　D.菊

三、问答题

6.家宴的准备工作有哪些？餐具与菜肴色彩的搭配有哪些？

书网融合……

重点回顾

模块七　家务劳动

项目一　衣物洗涤与熨烫

学习目标

通过本章内容的学习，学生能够：

1. 知识目标

（1）理解不同种类衣物的特性和洗涤方法；掌握不同种类衣物材质、类型并进行分类熨烫。

（2）理解居家清洁流程及标准；掌握不同区域的清洁方法。

（3）理解清洁剂、清洁工具对家具进行养护的方法；掌握常用家电使用与清洁的功能和使用方法。

2. 技能目标

（1）能够掌握依据衣物的分类选择适当的洗涤方式。

（2）能够掌握家庭熨烫设备的具体使用方法；熟练使用熨烫设备熨烫衣物。

（3）能够掌握运用清洁设备、工具和清洁剂，对居室进行清洁；掌握不同区域的清洁技巧。

（4）能够熟练掌握不同材质家具的特性和养护方法；能够掌握常用家电使用与清洁的操作要点。

岗位情景描述

案例描述　小华需要使用蒸汽型电熨斗开展衣物熨烫的工作。在正式开始前，小华用杯子装了自来水并倒进电熨斗里。为了提高工作效率，小华把水倒到溢出来为止，这样就不用不断加水了。

讨论　小华使用蒸汽型电熨斗的做法是否正确？为什么？

任务一　衣物洗涤

一、常用衣物洗涤剂及使用方法

洗衣物时，必须针对不同的质料使用适当的洗涤剂（表7-1），这样才可以达到最理想的清洁效果。

表7-1　常见衣物洗涤剂及其使用方法

洗涤剂名称	使用方法
洗衣皂	洗刷衣领和袖口的污渍
洗衣液	用于洗质料精细的衣物，如丝料、毛料衣物和婴儿衣服等
生物清洁剂	可除去衣物上的蛋白质污渍，除去衣物上较顽固的污渍和油渍
强力洗衣粉	用于一般的家庭清洗，可除去衣物上较顽固的污渍和油渍
漂白水	一种强力的漂白剂，使用时必须稀释，并且要戴上手套，以免伤害皮肤。衣物洗涤标签上有"C1"符号的衣物可使用这种漂白剂，一般只适用于未经防缩防皱处理的白色棉质或麻质衣物
预洗剂	沾有顽固污渍的衣物可先在污渍上喷上预洗剂，约5分钟后再依照一般的方法洗涤，顽固污渍便很容易清除
衣物柔顺剂	有液体剂和片状剂，在洗衣的最后一次过水时加入，使衣物的纤维松软，晾干后柔顺易熨，并有降低衣物的静电作用，特别适合毛料、丝料和棉质衣物

二、衣物洗涤标志

每件衣服内部都会有一张洗涤标志标签，由于衣服的材质不同、做工不同，厂家生产衣服的时候会在衣服上缝上一个衣物洗涤标签，如果不按照标签提示的方法对衣服进行洗涤，可能会使衣物变形甚至损坏。

三、常用织物的特性与鉴别方法

1.性能

（1）毛纺织品　毛纺织品的原料是毛纤维，包括羊毛、兔毛、驼毛等，其中以羊毛的使用量最大。毛纤维是由动物的毛发加工而成，其主要成分是蛋白质。羊毛纤维天然弯曲、弹性好，具有可塑性、缩绒性、吸湿性、抗酸性等特点。羊毛织成的呢绒弹性好、挺括抗皱、不易变形、不易沾污、耐磨耐穿、保暖性强、舒适美观。羊绒是取自山羊身上的绒毛精制而成的高档服装面料，色泽柔和，手感舒适，用羊绒做成的服装轻柔、保暖、柔中见挺、气派、高贵，因此羊绒被誉为纤维之王，又被称为"软黄金"。羊毛纤维抗碱能力弱，遇碱后会遭到破坏，不宜用碱性肥皂和洗涤剂洗涤。

（2）丝织品　丝绸是以蚕丝为原料织制而成的。蚕丝和羊毛一样，都属于蛋白质纤维，蚕丝的特点是色泽鲜艳、吸水性强，织成的丝绸滑润、柔软舒适。蚕丝的保暖性很好，用它做成的丝绸服装、丝绵被等很受欢迎。丝蛋白不刺激皮肤，可贴身穿着。蚕丝被誉为"纤维皇后"。蚕丝与羊毛相似，耐酸不耐碱，不宜用碱性肥皂和洗涤剂洗涤。

（3）棉织品　棉纤维是以棉花为原料纺织制成，富有良好的吸湿性、保暖性，对染料的亲和能力很好。棉织品穿着透气、舒适。棉纤维耐碱不耐酸，适宜用碱性肥皂和普通洗衣粉洗涤。

（4）麻织品　麻布是由麻纤维织成的。麻织品特性是韧性好，强度和耐磨性高于棉布，吸湿性良好，对热的传导快，穿着凉爽。麻纤维和棉纤维相似，也是耐碱不耐酸，对染料的亲和力比棉低。麻织品坚韧耐穿、爽滑透凉，是盛夏理想的服装用料。

（5）人造纤维织品　人造纤维是由天然纤维中无法用机械方法直接纺纱织布的物质（如木材、竹子、棉短绒、甘蔗渣、芦苇等）运用化学处理的方法制造而成。人造纤维织物基本上是指粘胶纤维长丝和短丝织物，即人造棉、人造丝等，也包含富纤等织物。人造纤维织物的性能主要由粘胶纤维的特性决定。

①人造棉、人造丝织物有手感柔软、穿着透气舒适、染色鲜艳等特点。

②具有很好的吸湿性能。

③粘胶纤维的湿强度很低，在水中不宜久洗，织物的缩水率也比较大。

④普通粘胶纤维具有悬垂性好，刚度、回弹性及抗皱性差的特点，服装保形性差，容易产生褶皱。

⑤粘胶纤维织品的耐日光性及耐其他化学药品性能均较好，但透气性不如棉、麻等天然纤维。

（6）合成纤维织品　合成纤维具有强度高、弹性好、不易产生褶皱变形及耐磨等优良性能。

①合成纤维的强度和耐磨性高于天然纤维，涤纶、锦纶、腈纶纤维的强度比棉花高两三倍。耐磨性以锦纶为最好，要比棉花高十倍。

②合成纤维有比天然纤维更好的弹性和延伸性，合成纤维编织的织品具有穿着方便、不易产生褶皱的特点，做成的衣物挺括，外形美观。

③合成纤维表面光滑，污垢一般仅吸附在织物表面，短时间内很难渗透到纤维内部，

这给洗涤带来了方便。

④合成纤维之间抱合力很差，在使用过程中经常受到摩擦的部位容易露头，起毛结球。

⑤合成纤维的吸湿性较差，穿着时不易吸汗，不透气，会感到气闷、不舒服，也很容易产生静电。

⑥合成纤维的耐热性比较差，如氯纶在70℃时就会收缩变形，丙纶在100℃时也会收缩。相比之下，涤纶、腈纶、锦纶的耐热性要好一些。

2. 鉴别方法

（1）棉及棉混纺织物　主要品种有纯棉、涤棉、腈棉、富棉、粘棉、维棉等。

①纯棉织物：外观具有天然棉纤维的柔和光泽，手感柔软，弹性较差，容易产生折痕，用手捏紧布料有一种厚实的感觉，放松后布面上会有明显的折痕。

②涤棉织物与腈棉织物：光泽明亮，色泽雅致，手摸布面光洁平整，有滑、挺、爽的感觉，手捏布面有一定的弹性，放松后折痕较少且恢复较快。

③富棉织物与粘棉织物：色泽鲜艳，光泽柔和，布面稍有不匀感，手捏布面有平滑、光洁、柔软的感觉，捏紧放松后布面有较粗的折痕。

④维棉织物：色泽稍暗且有不匀感，手感粗糙而不柔和，捏紧布料放松后折痕介于涤棉和粘棉之间。

（2）麻及麻混纺织物　主要品种有纯麻、涤麻、棉麻、粘麻、毛麻等。

①纯麻织物：天然纯正，色泽自然、柔和、明亮，布面有不匀感，较棉织物挺括，手摸布面有粗糙厚实的感觉。

②涤麻织物：纹理清晰、布面平整、光泽较亮，手感较柔软，手捏紧放松后不易产生折痕。

③棉麻织物、粘麻织物：特性与外观介于纯麻和涤麻之间。

④毛麻织物布面清晰明亮、平整，手捏紧放松后不易产生褶皱。

（3）毛及毛混纺织物　主用品种有纯毛、毛涤、毛粘、毛棉、毛腈、毛锦等。

①纯毛织物：呢面平整、色泽均匀、光泽柔和，手感柔软而富有弹性且丰满，捏紧放松后布面没有折痕，即使有折痕也会在较短时间内自然地恢复原状。

②毛涤织物：光泽柔和、色泽均匀、手感硬挺、富有弹性，捏紧放松后布面折痕很快就会消失。

③粘胶人造毛与毛混纺的呢绒（毛棉）：光泽较暗，薄型织物看上去有棉的感觉，手感较柔软且不挺括，捏紧后放松有较明显的折痕。

④腈纶与毛混纺的织物（毛腈）：织物平坦，光泽较鲜艳，毛感较强，手感蓬松有弹性。

⑤锦纶与毛混纺的织物（毛锦）：其外观毛型感较差，有蜡一样的光泽，手感硬挺，捏紧放松后有明显的褶皱痕迹。

（4）各种丝织品　丝织品主要有真丝、粘胶丝、涤纶丝、锦纶丝等。

①真丝织物：绸面光泽柔和、明亮悦目、色泽鲜艳均匀，手感轻柔平滑，富有弹性。以手托起时自然悬垂，手摸绸面时有丝丝凉意和轻微的"拉手感"，用手捏紧后放松，绸面稍有细小皱纹。干燥的真丝绸相互摩擦会发出"丝鸣"声。

②粘胶人造丝织物：绸面光泽明亮、刺目，不如真丝绸有柔和感、手感滑爽、带有沉甸甸的感觉，也不及真丝绸轻盈飘逸、挺括。手捏紧放松后折痕多而深，不易恢复。

③涤纶丝织物：光泽柔和，色泽均匀，手感滑爽、平挺，弹性好，手捏紧后放松，无明显折痕，恢复原状较快。

④锦纶丝织物：光泽较差，绸面似有涂了一层蜡的感觉，色泽较黯淡，手感较为柔软，手捏紧放松后有一定的折痕，能缓慢地恢复。

（5）化学纤维织物　化学纤维织物以前常用的维纶、氯纶、丙纶现在基本被淘汰。目前常用的有粘胶、涤纶、锦纶、腈纶、氨纶。

①粘胶纤维织物：应用较为广泛，有棉型织物、丝型织物、毛型织物。粘胶织物手触光滑，手捏紧放松后有较深的折痕，且不易恢复。

1）棉型织物：其外形似棉，但手感稍硬，织物比棉疲软。

2）丝型织物：其外观与丝相似，光泽比蚕丝稍亮，有点刺眼，手感也有点软。

3）毛型织物：其外观仿毛，有毛型感，但光泽较呆板，手感也疲软。

②涤纶织物：涤纶纤维织物颜色较亮，手感滑爽，手捏紧放松后几乎不产生皱纹，有仿毛型、仿麻型、仿棉型及仿麂皮型。

③锦纶织物：锦纶丝织物在各类丝织品中光泽较差，绸面似有涂了一层蜡的感觉，色泽较黯淡，不鲜艳，身骨较为柔软，手捏紧放松后有一定的折痕，能缓慢地恢复。

④腈纶织物：腈纶织物颜色鲜艳，光泽柔和，手感蓬松柔软，毛型感强，手捏紧放松后不易产生折痕，但一旦产生折痕较难消失。

⑤氨纶织物：氨纶织物颜色鲜艳丰富，光泽较好，手感光滑，有较大的伸缩性，能适应身体各部位弯曲的需要，不易产生褶皱。

（6）羽绒类衣物　羽绒类衣物一般都有一个印有保养和洗涤说明的小标签，绝大多数羽绒类衣物标明要手洗，切忌干洗。因为干洗用的药水会影响保暖性，也会使布料老化。而机洗和甩干常需拧搅羽绒制品，极易导致填充物薄厚不均匀，使衣物走形，影响美观和保暖性。

四、常用衣物的洗涤方法及注意事项

1. 羽绒类衣物　羽绒类衣物的面料多数选用尼龙或涤纶织物。这些织物组织结构紧密，对羽绒的封闭性较好。

在洗涤羽绒制品时，最好手洗，也可以用洗衣机水洗。但应减少其水洗次数，以减少对羽绒的损伤，延长其使用寿命。不管是手洗还是机洗都要选择低泡中性洗涤剂，不可用洗衣粉，因为洗衣粉碱性大，不仅容易损伤羽绒，而且会在衣物上留下白色层状的水迹。

手洗羽绒制品时，首先应将其放入清水中浸泡30分钟左右；再用手轻轻揉搓几下，让其吸足水分，以便消除粘在羽绒上的灰尘。然后在清水中放入适量的低泡中性洗涤剂，溶液量以浸没羽绒制品为准；过20分钟左右再用软刷在羽绒制品上轻轻刷一遍，最后用水清洗。在清洗过程中，将羽绒制品折叠后压干水分，切不可用手绞或用搓板搓，否则会损伤羽绒纤维，影响保暖性。晾晒时可将羽绒制品平摊在平板上，稍干后再用干净布遮住，放在阳光下暴晒；但时间不宜过长，干后用手拍松羽绒，翻转一面再晒一会儿，以彻底晾干。

机洗羽绒制品时，要先将羽绒服领口、袖口及重点污迹部位用毛刷沾着洗衣液刷洗干净，再放入洗衣机内（一般一次只洗一件羽绒服）。洗涤甩干后一定要晾干、晾透，并用手轻轻拍打，使羽绒服恢复至原来的松软状态。

2. 丝绸类衣物　洗涤丝织品花色衣服时，首先要注意该织物是否会褪色以及褪色程度；操作时动作要轻快，以减少褪色机会，刷洗后要及时将洗涤剂漂清。

由于真丝服装受染料的限制，色牢度较差；因此一般选用中性洗涤剂，用手工洗涤，绝不能用机器洗和用搓板搓洗。洗涤液的温度一般为30℃左右，否则会使真丝织品具有的天然光泽受到影响。白色的丝绸可至40℃左右。

洗涤真丝服装时，应注意到真丝的"娇嫩"，洗涤力度轻重适中，速度稍快，随浸随洗，不宜在洗涤液中浸泡时间过长。否则会出现"翻丝""并丝""色花""灰路"等问题。

真丝衣服要洗好一件漂清一件。领口和贴边等处在漂清时要在水中用手捏清，以免晾干后渗出黑色。遇到褪色的衣物，最后可在清水中加少量冰醋酸（0.5g/L）做固色处理。甩干时要甩得干些，晾晒时要抖松并拉平整，中式服装用竹竿串晾。对于面料颜色较易褪色的衣服，应将反面向外晾在干燥通风处，使其干得快些。

真丝绣花被面容易串色、搭色，洗涤时要选用优质洗涤剂或专用洗涤剂，用冷水现泡现洗。洗涤时动作要迅速、快捷，以防搭色。洗时将溶液直接泼到被面上，用手轻轻揉搓，动作要快，用力要均匀，被面上用冷水冲洗，温度不能超过35℃，避免绣花褪色。洗后即放入清水中拎投浸泡，再轻轻揉搓。如褪色严重，可采取边揉搓边冲洗的方法；或者每揉搓一片，就下冷水中投一次，按顺序一片片地揉搓。

丝绒衣服和窗帘也可以用水洗，洗时先放在清水中浸透后，再放在中性洗涤剂的水溶液中大把地轻轻揉洗。操作时速度要快，洗后不要绞干，用清水过清后放在洗衣机里略甩，只要甩掉水分即可。晾晒时，窗帘用竹竿晾晒，衣服用衣架挂起，将四角拉平整，用软毛刷把绒头刷齐。这样可使晾干的绒头好，皱纹少，可减少熨烫时间。

3.毛织品衣物　一般来说，除经过防缩加工处理的羊绒衫可以用洗衣机洗涤外，一般羊绒衫最好干洗。在不具备干洗条件的情况下，水洗羊毛纤维衣物时要谨慎。如果使用洗衣机来洗，宜使用滚筒洗衣机，选择柔和模式。由于羊毛纤维耐酸而不耐碱，洗涤时应选用羊毛洗涤剂或中性洗涤剂，洗后要进行浸酸中和处理。洗涤时，温度应在30~40℃，洗涤时间以3~5分钟为宜，用力不能过大，防止脱色、变形、发硬，失去蓬松柔软性和保暖性。

羊绒、羊毛衣物洗好后，一般需过三次清水。第一次过清水应用25℃左右的温水，同时需放少许冰醋酸，也可将10ml左右的白醋放入水中，以去除残留在衣物上的碱性残液，同时可使羊绒、羊毛衣物的颜色更加鲜艳。

有绣花、镶嵌、镂空、绳边等工艺，或有塑料片、金属片、珠宝等装饰挂件，或为后开襟、袒胸露肩、吊带等款式的羊绒、羊毛衣物一般不会太脏，应用淋洗法进行洗涤较适宜。应将这类衣物浸没在预先配制好的中性洗溶液中，用双手捏住衣领或裤腰，在溶液中上下提放多次，水变黑或浑浊不清时，说明衣物上的污垢已溶在水中。

技能1　手工洗衣操作指导

【操作准备】

中性洗涤剂、洗涤工具、洗涤用具。

【操作步骤】

1.调配洗涤剂　按所洗衣服的多少和脏污程度，取适量的洗涤剂放入清水中，搅匀后待用。

2.浸泡　将待洗的衣物投入调配好的洗涤溶液中，让衣物充分湿透。浸泡时间不宜过长，一般浸泡15分钟左右，水温不超过40℃。

3.洗涤

（1）用手反复揉搓浸泡在洗涤溶液里的衣物。

（2）领口、袖口比较脏的地方，可打上肥皂，重点揉搓，直到洗净为止。

（3）也可使用搓衣板，有利于反复搓洗，并能省力。

4.漂洗　多次漂洗直到衣服清透为止，要漂洗到水上没有泡沫而且不浑浊、手触摸衣服没有滑腻感为宜。

技能2　洗衣机洗衣操作指导

【操作准备】

中性洗涤剂、柔顺剂、洗涤工具。

【操作步骤】

1.打开连接洗衣机的水龙头，插上电源插头。

2.辨识衣物材质，不能确认的，可以检查衣物标示，同类材质衣物在一起洗，深色衣物和浅色衣物要分开洗，领口、袖口比较脏的地方，可涂洗涤剂，揉搓预洗。

3.打开洗衣机门，将衣服放进洗衣机内，关闭洗衣机门，按衣物面料、数量在分配盒内投放适量的洗涤剂、柔顺剂。

4.接通电源，设定洗涤模式，按下"启动"键，开始洗涤。

5.洗衣结束后切断电源，关闭水龙头。打开洗衣机门，取出衣物，待洗衣机自然晾干后关闭洗衣机门。

【注意事项】

1.可以通过检查衣物标签，明确衣物材质和洗涤方法。

2.洗涤剂用量可根据衣服的多少和干净程度来决定。

3.洗衣完成后，洗衣机会发出"滴滴"的提示音，提示工作完成。

4.沾有汽油的工作服不可在洗衣机内洗。

任务二　衣物熨烫

🔁 岗位情景描述

　　小华需要使用蒸汽型电熨斗开展衣物熨烫的工作。在正式开始前，小华用杯子装了自来水并倒进电熨斗里。为了提高工作效率，小华把水倒到溢出来为止，这样就不用不断加水了。

　　讨论　小华使用蒸汽型电熨斗的做法是否正确？为什么？

一、衣物熨烫的基本要素

熨烫是指用不同的熨烫工具、设备来平整各种服装和织物，使其挺括、平整、成形、定型的一种工艺。把衣物烫平，必须具备几个基本要素，即温度、水分、压力、冷却。这些要素相互作用，从而构成了整个熨烫的全过程。

1.温度 服装面料具有可塑性，其在加热状态下会软化，便于塑造形态。熨烫正是利用了面料的这一特性。熨斗产生的热量使面料升温，当面料达到可塑温度时，再对其施加压力，改变其不平整的状态，以达到熨烫的目的。

不同的面料具有不同的耐热性能，熨烫温度必须根据面料的耐热性能来调整。温度过低，起不到软化面料的作用，熨烫效果不理想；温度过高，超过了面料的承受度，面料会被烫坏。因此，温度是熨烫的首要要素，必须严格掌握，做到恰到好处。

2.水分 水分在熨烫中起到润湿织物使其膨胀伸展的作用。在熨斗的温度和压力作用下，织物能迅速干燥，从未定型状态变成定型状态。在这个过程中，水分是先决条件，没有水的作用就无法完成这个过程，因此水分是织物熨烫中的重要因素。

织物熨烫对水分的需求量有一定限度。水分少了，织物纤维就不能膨胀伸展，无法达到熨烫的目的，甚至还会将织物烫伤。水分多了，织物经熨烫后不能全部烫干，即使织物被烫平了，过一会儿还是会出现反弹。因此，织物在熨烫中所用的水分必须要适量。织物品种不同，吸水量便有所不同。一般，厚织物的用水量偏多，薄织物的用水量偏少。厚织物铺湿垫布进行熨烫效果较好，可避免产生"极光"。

3.压力 在织物的熨烫中，压力能迫使纤维分子做定向运动，形成整齐而有次序的排列，从而达到熨烫的目的。

在使用熨斗熨烫时，压力来源于熨斗的重量和人对熨斗推压的作用力。熨烫织物时，用力要适度、均匀，不要局部用力过大，避免出现畸形，影响织物的整体效果。

4.冷却 冷却通过抑制面料纤维分子的运动来达到定型的目的，是熨烫中不可缺少的因素。普通家庭熨烫常采用自然冷却法，即熨斗离开衣物后使其自然降温。但要使自然降温加快，就需要在熨烫时将水烫干，同时在熨斗刚烫过的地方用口吹气。吹气时不要用力过猛，要使气细而长。尤其在烫毛料西裤的裤线时，熨斗往回撤时应对刚熨烫过的部位吹气，以达到冷却的目的。

二、衣物的熨烫要领

服装的面料特性不同，其熨烫方法和熨烫温度也不同，家政服务员应掌握各种面料的熨烫温度，以免损伤服装的外观和使用性能。为了正确掌握熨烫温度和熨烫方法，还应注意识别衣服上的熨烫标识。

1.棉、麻服装 棉、麻服装熨烫前后的效果较明显。但深色或有毛绒的服装，如灯芯绒、平绒等，应在反面熨烫。

2.毛料服装 毛料服装不宜直接在正面熨烫。应先烫反面，烫挺括后再在正面垫布熨烫整理。要注意袋边、衣缝等有高低的部位，应避免出现"极光"或烫焦。

3.丝绸服装　丝绸服装一般在反面熨烫，并在熨烫时垫一层白布。个别丝绸面料熨烫时会产生水渍，所以烫时不能喷水，宜采用干烫或少量蒸汽熨烫。

4.化纤服装　化纤服装的不同纤维面料对熨烫温度的要求差距很大，所以熨烫前一定要仔细加以区别，防止因没掌握好熨斗温度而使服装面料局部收缩、发硬或变色。

5.混纺服装　熨烫混纺服装时，要根据不同面料的成分决定熨烫温度。一般以耐热性最低的纤维来决定熨烫温度。

三、家庭熨烫设备

1.电熨斗　电熨斗是现代家庭中不可缺少的熨衣工具。

（1）分类　电熨斗的功率从150瓦到1000瓦不等，按功能分为普通型、调温型和蒸汽型三大类。

①普通型电熨斗因不能调节温度，已渐趋淘汰。

②调温型电熨斗是在普通型电熨斗的基础上增加了可调式温度控制器和指示灯等元件而制成的，这种熨斗调温范围为60~230℃，可以满足尼龙、合成纤维、丝、羊毛、棉、麻等各种纤维的熨烫要求，使用方便、安全。

③蒸汽型电熨斗，因其具有喷气能力，能同时满足熨烫时对温度、湿度、压力的要求，所以是家庭理想的熨烫工具，被大多数家庭使用。

（2）蒸汽型电熨斗常用操作键的使用说明

①使用前先将熨斗水箱里的水灌满。加水量的多少视熨斗储水器的容积大小而定。一般注水至最高水位线。

②当被熨烫的衣服较厚或衣服上褶皱较多时，可启动手柄前上方的拨动式喷雾按钮，使其指向"喷雾"挡，电熨斗的前方便立即喷出水雾。

③转动调温旋钮时用力要轻，缓慢地旋至所需熨烫的织物名称位置上。由于织物名称较多，织物指示牌所示织物名称有限，在熨烫几种不同织物时，调节温度要从较低温度位置开始熨烫，当觉得温度不够时可适当地提高。

（3）蒸汽型电熨斗使用须知

①严禁在无人照管情况下接通电熨斗电源。加热时不要将电线绕在熨斗上，以免损坏电线。磨损的电线一定要及时更换。

②当要开门、接电话和处理小孩哭闹等事情时，必须切断电源，不要随便扔下熨斗就跑开，也不要把热的熨斗放在小孩能接触到的地方。

③蒸汽熨斗如无特殊阀门不要使用自来水。若蒸馏水已用完，可用凉开水代替。蒸汽熨斗不能在电源接通的情况下注水，否则有可能造成触电事故。

④在熨烫衣物的间歇应将电熨斗竖立放置，或者放在专用的电熨斗架子上。切不可将电熨斗放在易燃的物品上，以免着火；也不要把电熨斗放在铁块或砖石上，以免划伤底板的电镀层。

⑤熨斗使用完毕，不可将其浸入水中冷却，以免生锈或影响电器绝缘性。等电熨斗完全冷却后再用软布将其擦净，收藏在干燥处。

（4）蒸汽型电熨斗的清洁　清洁电熨斗时，最好用海绵蘸上温水及清洁液来清洁熨斗表面和底板，不能用粗糙的物品（如自洁布、钢丝球等）擦拭，熨斗底板上的浆迹可在熨斗温热时用橄榄油擦除。

2.烫板　烫板即熨烫衣物用的普通案板和穿板式烫板。

（1）普通案板　一般为自制，同普通写字台的面积差不多，高度为90~100cm，案上铺毛巾、棉毡均可。再用纯棉白布做案面。可烫大型棉、丝织品及窗帘、衬衣、风衣等。

（2）穿板式烫板　穿板式烫板用架子支撑，可以伸缩。它比案板窄一半，一头呈尖圆形，可以烫上衣的肩部、胸部，还可以把西裤的裤腰穿上烫，使用方便，所以在家庭里也较普及。

3.棉馒头　棉馒头是熨烫必备的辅助工具。一般规格为长25cm、宽15cm、厚4cm。内装棉絮，用白布缝成椭圆形，棉絮要填充饱满。棉馒头用于上衣肩头和胸部垫烫。

4.挂烫机　挂烫机又称挂式熨斗，就是能挂着熨衣服和布料的机器。挂烫机通过内部产生的灼热水蒸气不断接触衣服和布料，达到软化衣服和布料纤维组织的目的，并通过"拉""压""喷"的动作整平衣服和布料，使衣服和布料完好如新。挂烫机适用于各种质地衣服、窗帘、毯子的熨烫和消毒除尘。

（1）使用方法

①用手抓住衣服的下部往下拉烫，使衣物表面呈平整状态。

②用蒸汽喷头贴近衣物，轻轻往下压，然后上下拖动喷头，利用高温蒸汽先软化纤维，后通过拉力定型。

③熨烫衣服最下面时要抓住衣服两侧，拉紧左右上下压烫。熨烫衣服的衣领或褶皱厉害的地方时，可稍微用力往下压，同时使蒸汽喷头停留的时间长一点。

（2）缺点　挂烫机不能将衣服烫挺，只能使纤维舒展、平整，对褶皱严重的衣物无法烫平整，对裤缝有要求的服装也无法达到要求。

技能3　衬衫的熨烫

【操作准备】

1.工具准备：蒸汽型电熨斗、穿板、凉开水。

2.插上熨斗电源，根据衣服内侧的熨烫标识和面料纤维的特性设置熨斗温度。

【操作步骤】

1.烫左右门襟。将衬衫放平，反烫，避开纽扣。

2.烫袖口。先烫里面，再烫外面，同时把两个开衩处烫平。

3.烫袖管。把袖子的缝线两两对齐，沿缝放平熨斗进行熨烫，同时把袖口褶皱烫好，最后再烫整个衣袖。

4.烫衣领。将衣领摆平，里面朝外，一手拉住领端，一手拿着熨斗，由衣领底部向上端熨烫，熨斗的前半部要稍用力压烫，并且边烫边移动。烫完之后，换面再烫，趁热将领子弯下去，最终使衣领呈圆弧形。

5.烫肩部。在穿板上把衬衫肩部至背后领肩（即背部的横向缝线）部分摊平，用熨斗从衣领底部向外压烫。熨斗不要压得太紧，以便于移动。

6.烫前片。里外都要烫。有扣眼一边先由上往下，把衣服烫平，然后拿起熨斗从衣袖往扣眼方向重新整烫，最后翻面再烫一次。一只手将衣物拉直，另一只手微提熨斗滑烫，才能达到又快又好的效果。钉有纽扣的部分高低起伏大，整烫时熨斗的尾部要提高，以熨斗尖避过纽扣轻轻滑压。全部完成后，再回到第一颗纽扣，仔细地多烫一遍，可增加重点修饰的效果。

7.烫后背。将衣服放平，将后背烫平整。

【注意事项】

1.熨烫结束须及时切断电源。

2.熨斗放在儿童触摸不到处，自然冷却。其余物品归位。

3.衬衫整烫后，宜挂于通风处冷却或吹干水蒸气。

4.根据客户习惯，挂于衣橱或折叠存放。

技能4　领带的熨烫

【操作准备】

1.工具准备：蒸汽型电熨斗、穿板、白布、凉开水。

2.插上熨斗电源，根据领带内侧的熨烫标识和面料纤维的特性设置熨斗温度。

【操作步骤】

1.将领带里的衬布用手摸平整。

2.盖布熨烫背面。

3.盖布轻烫正面，注意不要烫出"极光"和小裥，尤其不能重压商标处、中间拼缝处、开衩处。

4.烫大端。将领带下口烫成活型，大小对称，无死褶印。

【注意事项】

1.熨烫结束须及时切断熨斗电源。

2.熨斗放在儿童接触不到的地方，自然冷却。其余物品归位。

3.领带整烫后，挂于通风处冷却或吹干水蒸气。

技能5 西裤的熨烫

【操作准备】

1.工具准备：蒸汽型电熨斗、穿板、白布、凉开水。

2.插上熨斗电源，根据西裤的熨烫标识和面料纤维的特性设置熨斗温度。

【操作步骤】

1.烫西裤的反面。

（1）烫所有的口袋，包括小口袋。

（2）烫四缝，分开烫实。

（3）烫裤里，将西裤放在床板上，掀开袋布，烫前、后裤裆部位。

（4）烫后腰缝及腰里，绕西裤后腰一圈烫平，确保里衬不外露。

2.翻转西裤，烫正面。

（1）烫上腰部，包括左、右门襟和左、右后腰部。前门襟小裥子与口袋一样长，成一个尖角；靠门襟的大裥子上下一致。

（2）对四缝烫裤身，将裤脚的四条踏缝对齐，口袋翻平，里衬整理平服，一折三放在穿板上。脚口、横裆位、中裆位对齐并履平。从裤内侧开始烫。

（3）翻过来，同法烫另一裤腿内侧。

（4）将裤腿合起来烫外侧，要求烫平、挺，裤线直。后裤线往上延伸到后袋口。

（5）烫通腰裥，前裤线往上延伸与第一个大裥相连，从上到下烫平直。

（6）修饰烫，把两个裤腿合起来进行修饰。

【注意事项】

1.熨烫结束须及时切断熨斗电源。

2.熨斗放在儿童接触不到的地方，自然冷却。其余物品归位。

3.西裤整烫后，须挂于通风处冷却或吹干水蒸气。

技能6 西装外套的熨烫

【操作准备】

1.工具准备：蒸汽型电熨斗、穿板、白布、凉开水。

2.插上熨斗电源，根据西装外套内侧的熨烫标识和面料纤维的特性设置熨斗温度。

【操作步骤】

1.烫西装的反面

（1）烫袖里，注意温度，确保袖口衬里不外露。

（2）烫左前里，将口袋布放平，内衬铺平，门襟须垫布烫。

（3）烫后背，后背中间的褶皱要顺着烫。

（4）烫右前里，将口袋布放平，内衬铺平，门襟须垫布烫。

2.翻转，烫西装的正面

（1）烫袖子，袖子要垫布烫。

（2）烫领子，先垫布轻熨领子的正面，消除边角的碎褶；然后翻过来垫布熨领底；后领往后翻盖住领脚，中间用熨斗压一下。

（3）烫左前片，将胸衬铺平，明兜摆正，暗兜布也摆平，前襟拉正与底边成直角；然后垫布烫，翻下驳领。上端可压死，近扣眼的下端不要压死。

（4）烫后背，烫平。

（5）烫右前片，将胸衬铺平，明兜摆正，暗兜布也摆平，前襟拉正与底边成直角；然后垫布烫，翻下驳领。上端可压死，近扣眼的下端不要压死。

（6）左、右肩部修饰烫，用棉馒头垫烫肩袖头，再烫前、后肩。

（7）检查，将西装外套挂在衣架上，对不满意处做修整。

【注意事项】

1.熨烫结束须及时切断熨斗电源。

2.熨斗放在儿童接触不到的地方，自然冷却。其余物品归位。

3.西装外套整烫后，须挂于通风处冷却或吹干水蒸气再收藏。

项目二 居家清洁

任务 日常居家清洁

岗位情景描述

　　小华正在开展墙面清洁的工作，他遇到一面被画花了的墙，他记得好像可以使用百洁布清洁墙面笔渍，于是他用百洁布蘸了点水就开始用力地擦墙。

　　讨论 请猜猜小华的擦墙效果会怎样？

　　居家清洁是指通过使用清洁设备、工具和清洁剂，对居室内地面、墙面、顶棚、阳台、厨房、卫生间等部位进行清扫保洁，对门窗、玻璃、灶具、洁具、家具等进行针对性的处理，以达到环境清洁、杀菌防腐、物品保养目的的一项活动。

一、居家清洁流程及标准

　　居室的清洁主要是客厅、书房、卧室、厨房、卫生间的整体清洁，按照"从里到外，从上到下，从左到右，先易后难"的顺序进行。一般情况下清洁的顺序是：客厅→卧室→厨房→卫生间→阳台。清洁时，若需要移动家具和其他物品，要轻拿轻放，避免造成地板划痕和物品的破损，并记住物归原处。用于清洁居室中各个单元的清洁工具和清洁剂不能交叉使用。

　　1.客厅的清洁要求　客厅是家人日常休闲、会客、聚谈、视听和娱乐的场所，一般有沙发、组合柜、电视机、音响系统、家庭影院、立式空调等。客厅中央常铺有艺术地毯。有些家庭的客厅还有装饰性的壁炉、壁画、艺术挂件、花卉盆景等。客厅的清洁要求如下。

　　（1）整理前要开门窗通风。整理过程中需要移动的物品，要轻拿轻放，并记住物归原处。

　　（2）清洁沙发、组合橱柜、电视机时要用柔软的干布擦拭表面。墙面、墙上的绘画、饰品等，要根据其材质定期用鸡毛掸子掸扫或用吸尘器清洁表面和背面（名贵的书画作品要根据客户意见处理）。

　　（3）对客厅里布置的各种花卉，要根据客户的要求做好浇水、换水等日常的养护工作。

（4）客厅中的地毯要用吸尘器清洁，如不慎沾上果汁、咖啡等要及时处理。

（5）擦拭客厅阳台玻璃门窗时，不应攀高，严禁翻越窗台，如使用家用梯子时应注意安全，防滑防跌，注意个人防护。

（6）在客户聚会时，如没有配合招待的需要，要注意回避。客户和客人离开后，应及时收拾垃圾，清洗使用过的茶具等，晾干后放进橱柜。

2.卧室的清洁要求　卧室一般分为主卧室、次卧室，有的还有专门接待客人的客房。主卧室是居室中最具私密性的场所，次卧室常作为子女用房。

卧室清洁与否，直接关系到居住者的健康，因此在清洁时必须做到认真、细致。应按照开窗→整理→清扫的基本程序完成清洁工作，使房间空气清新，无异味。卧室的整理工作必须等主人起床离开后进行。卧室整理前，务必了解客户对卧室的整理要求。

（1）床是卧室的中心，需要每天整理和清洁。卧具摆放应尊重客户习惯，符合客户喜好。

（2）每次清洁时要用柔软的干布对室内家具的表面进行擦拭，包括化妆镜面、镜灯、床头板。化妆台背面、床底等接触不到的地方要经常用吸尘器清洁。

（3）清洁电视机、音响设备和灯具时要注意安全，清洁前要关闭电源或拔下插头。

（4）凡擦拭与移动过的化妆品、装饰品，都要根据客户的习惯放回原来的位置。整理时如发现首饰未放入首饰盒内，要及时提醒客户；如客户不在，首饰应放在原位。

（5）儿童用的玩具，在整理的同时要注意定期清洗、消毒，保持玩具的清洁卫生。

3.厨房的清洁要求　厨房是膳食烹饪的场所，一般都安装抽油烟机、燃气热水器、放置炊餐具的橱柜和日常烹饪操作台，有的还放置冰箱等家用电器。也有不少家庭厨房和餐厅相通，构成开放式厨房。厨房里经常要使用水、电、气，因此它不仅是必需的生活空间，更直接关系到家庭成员的健康与安全。

在日常的烹饪过程中，厨房设施很容易沾上油污，是日常生活中清洁的重点。厨房的清洁要求如下。

（1）卫生　在厨房工作的时候，只要手接触了脏东西，就要马上洗手。洗的时候，手指、指缝、手腕都要洗干净。清洗餐具、炊具，擦拭灶台、橱柜的抹布一定要分清，做到分开使用、分开清洗、分开晾晒。刷子、抹布应挂放于通风处。

（2）安全　烦琐的整理清洁工作要做到忙而有序，安全第一。煤气点燃的情况下需要在旁照看。电炊具使用时要注意操作安全，不常用的电器用过之后要马上切断电源，不用湿布抹擦开关面板及电源面板。

用洗洁精清洗的餐具和食物一定要用清水冲洗干净后方可使用和食用。各种厨房清洁剂应集中放置在厨房某个位置，远离食物和餐具，远离儿童。

（3）整洁 炊具、餐具洗涤后，可放在餐具架上让其自然晾干。盆、碗等按大小归类后，有序放入橱柜，不常用的放在里面，常用的放在外面，随手可取。要小心摆放，防止磕碰、摔坏。

4.餐厅的清洁要求 餐厅是客户家人用餐和招待亲朋好友的地方，一般配有餐桌椅、餐具柜、酒柜等。餐厅的地面有的铺大理石、玻化砖、地砖，有的铺木地板、地毯。保持餐厅整洁、美观很重要。餐厅的清洁要求如下。

（1）用餐前，要用干净的清洁布擦拭桌面，按客户习惯摆放好餐具。

（2）用餐后，收拾完餐具，先用蘸着稀释洗洁精的清洁布擦拭餐桌，再用清水将清洁布搓洗干净，再次对餐桌进行擦拭。

（3）用餐时若有洒落的饭菜、汤水应及时清扫、擦拭。

（4）擦拭餐桌的清洁布要专用，用完后要搓洗干净，单独晾挂，以免交叉使用产生细菌。

（5）用干净清洁布擦拭餐具柜、酒柜和餐桌椅的表面，餐具柜、酒柜的背面和底下要定期用吸尘器清洁积尘。清洁完毕后将桌椅放置整齐。

5.卫生间的清洁要求 卫生间常分主卫和次卫，浴缸或淋浴房、台盆、坐便器是其基本配置。卫生间比较潮湿，易产生污浊气味和霉菌，整理清洁要特别注意先后顺序，避免造成交叉污染。应按照台盆→镜面→浴缸→坐便器→墙面→隔门→门→门框→地面的顺序清洁。浴帘、沐浴品搁架、防滑踏脚垫等都要冲洗干净并整理好。墙面有积垢，可先喷洒瓷砖清洁剂，用清洁布擦洗，再用清水冲净并擦干。定期使用带伸缩竿的工具擦拭、清洁卫生间的顶部。保持卫生间清洁、干燥、无异味。

卫生间各部位的清洁工具要各司其职。清洁用的清洁布一定要根据用途做到分开使用，分开洗涤，分开晾晒和分开放置，切不可混用。

二、家庭清洁注意事项

1.进行居室整理时，首先要注意不打扰客户的正常生活，应选客户不在的时候进行清理。

2.做好清洁工作首先应注意做好自身的卫生防护，戴上手套，穿专用工作服。

3.清洁时应注意安全，防止触电，防止从高处跌落。

4.居室中卧室、卫生间、厨房等不同区域所使用的清洁工具（清洁布）和清洁剂不能混用，以免交叉感染细菌。

5.不要随便拉开客户家的抽屉、衣柜，不要私自拿取客户的任何物品。

6.尽量不动客户家的陈设布局，需移动物品应先请示客户，待同意后再作移动，移动时应轻拿轻放，保洁完毕后及时复原。

7.保洁完毕后，应注意关好照明开关、水龙头开关；复查一遍，确保工作无遗漏后再收拾好作业工具（例如：清理扫帚、簸箕上缠绕的灰尘和头发）。

8.应主动听取客户的意见，根据具体情况灵活掌握。

技能7　客厅清洁

【操作步骤】

1.清洁流程

（1）打开窗户，让房间通风。

（2）清洁壁炉，并准备生火。

（3）清空烟灰缸和废纸篓，取出报纸。

（4）收拾好客厅，存放书籍、玩具等。

（5）掸掉家具上的灰尘并擦亮。

（6）用吸尘器吸窗帘、软垫家具、沙发和地毯。

（7）必要时清洁窗户。

（8）先将灰尘和碎片扫在地板上，再用吸尘器吸尘。

2.空调清洁

（1）早上雇主上班后关闭空调。

（2）关上卧室的门，保持空气凉爽。

（3）使用带软刷的吸尘器，对空调进行清洁使其没有灰尘和积聚的污垢。

（4）每月至少清洗过滤器两次。

3.家具保养

（1）使用带有软刷的吸尘器对沙发进行吸尘处理，并擦拭桌椅的支腿。

（2）特别注意地毯的边缘和与墙壁之间的角落。

（3）使用带软刷的吸尘器，对空调进行清洁使其没有灰尘和积聚的污垢。

4.窗帘和地毯

（1）给窗帘除尘或用吸尘器吸尘，因为它们会收集灰尘和污垢。

（2）地毯需要定期进行吸尘处理以清除污垢。

（3）小心吸尘器边缘的车轮，以免损坏地板踢脚板、清漆或油漆。

（4）蜡烛的蜡和油脂通常可以通过用热熨斗压在几层餐巾纸上来去除。

技能 8 卧室清洁

【操作步骤】

1. 清洁流程

（1）关闭空调。

（2）打开窗帘和窗户。

（3）从离门最远的地方开始清洁。

（4）捡拾所有的垃圾和丢弃的东西。

（5）清空所有烟灰缸。

（6）清洁容器、水桶、垃圾桶或废物筐。

（7）把所有待洗衣物收起来，放入洗衣袋或洗衣房。

（8）接下来，从上到下清洁所有的墙壁，包括窗帘。

（9）清洁所有家具（除尘、上光）。清洁擦拭家具，彻底去除所有灰尘，如写字台、茶几、梳妆台和椅子。对家具进行清洁或除尘之前，要把所有的东西都清理干净，以便能彻底清洁和除尘。清洁后把物品都恢复原状。

（10）使用吸尘器清洁家具装饰品和地板、地毯。

（11）关闭全部窗户和拉上窗帘。

（12）使用空气清新剂。

（13）检查并反复检查一切正常。

（14）关门。

2. 床品清洁 床单和枕套应每周至少更换和清洗一次。被子通常应该在白天客户不在的时候清洗或干洗。

技能 9 浴室清洁

【操作步骤】

清洁流程

1. 把所有脏的物品分开。

2. 把水和清洁剂混合后，从天花板到墙壁再到镜子的顺序进行清洁。

3. 使用拖把、水和肥皂清洁剂清洁地板。

4. 更换脏的物品，如毛巾、空瓶洗发水、纸巾、牙膏等。

5. 消毒抽水马桶、浴缸、厕所和地板。

6. 始终保持房间通风良好，以尽量减少潮湿。

7.清洁窗台、水管、门、橱柜表面、侧边和百叶窗。

8.检查镜子，擦掉飞溅的污渍。

9.清除排水孔处的毛发，防止堵塞和排水溢出。

10.擦干周围的瓷砖或墙壁。

11.浴帘需要烘干，注意清洗和擦去下半部分的肥皂残留物。

12.注意马桶周围的区域，用刷子和清洁剂清洗内部。

13.擦拭马桶座圈、手柄和水箱。

14.将浴垫挂在浴缸的一侧晾干。

15.准备好折叠的干净毛巾和卫生纸。

16.浴室的所有清洁材料不得在该区域以外使用。

技能 10 厨房清洁

厨房是一个有水、油、调味料和食物配料的地方，所以很容易藏污纳垢。为了保持清洁，也为了让客户保持身体健康，必须习惯每天打扫清洁。煤气炉、水槽、墙壁和地板都是污染严重的地方，必须每天清洗。

【厨房小提示】

1.在开始准备食物前，必须洗手。

2.戴上发网。一定要把里面所有的头发都扎进去。

3.适当佩戴围裙。

4.做饭时，不时用干净的清洁布擦炉子。

5.烹饪后一定要关闭煤气。

6.在提供食物时，要保持浅盘侧面的清洁。如果有溢出，食用前用餐巾清理。

7.把食物放在人的右边，以免越过头部。

【厨房清洁项目】

1.厨房墙壁 先用厨房专用的纸巾擦拭厨房墙上的污渍，然后用喷满洗涤剂的毛巾擦拭墙壁。

2.烤箱 最好在每次使用烤箱后，待冷却后都将其清洁干净。这样，食物的气味就不会留在那里了。如果发现烤箱里已经有了不好闻的气味，可以在烤盘上放一些橘子皮烤一段时间。这样可以让烤箱有一种令人心情愉快的气味。

3.保持砧板的良好状态 使用砧板后，用鬃毛刷清洗，然后浸泡在沸水中，最后干燥。木制的砧板需要干燥后才能进一步消毒。如果切菜板发臭，用柠檬皮擦拭，可以去除异味。

4.**煤气炉** 煤气炉上的油污在温度较热的时候很容易擦拭。因此，烹饪时准备清洁布，油污掉在炉子上时立即擦拭。

5.**炒锅** 如果发现炒锅里面有污渍，可以把它放在火上加热直到出现烟雾。然后，撒上一些盐，再把火关了。在锅还热的时候用纸擦拭。这样，炒锅就会像新的一样干净。

6.**垃圾桶** 在厨房里，由于垃圾桶里还有变质的食物，不仅要每天清理垃圾桶，还要清洗垃圾桶，以去除臭味。

7.**用完清洁布后立即清洗** 脏的清洁布会成为细菌传播媒介，擦得越多，它就越脏。清洗布应经常清洗，并在漂白洗涤剂中浸泡过夜。如果有黑点，应更换新的清洁布。

8.**用沸水冲洗管道** 厨房的水槽排水管很容易被残渣污染，成为细菌的滋生地，并且会堵塞水管。为了防止上述情况发生，通常每周至少用沸水冲洗和清洗排水管一次。

项目三　常见家具、家电养护

任务一　家具养护

一、家具的分类及其基本特性

1.**木质家具** 无论在视觉上还是触觉上，木材都是多数材料无法超越的，木纹独特美丽的纹理，木材易于加工、造型与雕刻，所以，木材一直为古今中外家具设计与创造的首选材料，仍然在现代家具中扮演重要的角色。

（1）实木家具 实木家具在木材家具类型中是最古老也是第一代产品，在家具发展史上从原始的早期家具一直到18世纪欧洲工业革命前，实木家具一直是家具的主要角色。

（2）曲木家具 曲木家具是利用木材的可弯曲原理，把所有弯曲的实木加热加压，使其弯曲成型后制成的家具。曲木家具是19世纪奥地利工匠索内最早发明的，并用大批量生产曲木椅，从此开创了现代家具的先河。曲木家具以椅子为最典型，同时在床屏、滕竹、柳编家具制作上也多采用曲木工艺。

（3）模压胶合板家具 模压胶合板也称之为弯曲胶合板，这是现代家具发展史上一个工艺制作技术上的重大创造与突破。与金属、塑料、五金配件相结合，可以设计制作出品种繁多的家具造型，成为现代木材家具中的主力军。

（4）竹藤家具 竹、藤、草、柳等天然纤维的编织工艺家具的生活用品，是一项有悠久历史的传统手工艺，也是人类早期文化艺术史中最古老的艺术之一。竹藤家具主要有：

竹编家具、藤编家具、柳编家具、草编家具和仿真纤维材料编织家具，在品种上多以椅子、沙发、茶几、书报架、席子、屏风为多。近年来开始金属钢管、现代布艺与纤维编织相结合，使竹藤家具更为轻巧、牢固，同时也更具现代美感。

2.金属家具　金属家具以其适应大工业标准批量生产、可塑性强和坚固耐用、光洁度高的特有魅力，迎合了现代生活试"新"求"变"和求"简"求"实"的潮流，成为推广最快的现代家具之一。它是采用金属构造的部件和零件，再结合木材、塑料、玻璃等组合成灵巧优美、坚固耐用、便于拆装、安全防火的现代家具。应用于金属家具制作的金属材料主要有：铸铁、钢材、铝合金等。

3.塑料家具　塑料是对20世纪的家具设计和造型影响最大的材料，可回收利用和再生。它具有天然材料家具无法代替的优点，色彩丰富，防水防锈，成为公共建筑、室外家具的首选材料。塑料家具除了整体成型外，更多的是制成家具部件与金属、玻璃配合组装成家具。

4.玻璃家具　玻璃是一种晶莹剔透的人造材料，具有平滑光洁透明的独特材质美感，现代家具的一个流行趋势就是把木材、铝合金、不锈钢与玻璃相结合，极大地增强了家具的装饰观赏价值。在陈列性、展示性家具以及承重不大的餐桌、茶几等家具上玻璃更是成为主要的家具用料。

5.石材家具　石材是具有不同天然色彩石纹肌理的一种质地坚硬的天然材料，给人的感觉高档、厚实、粗犷、自然、耐久。在家具中主要使用花岗石和大理石两大类。天然大理石多用于桌、台案、茶几的面板，发挥石材的坚硬、耐磨和天然石材肌理的独特装饰作用。人造大理石、人造花岗岩广泛应用于厨房、卫生间台板的一种人造石材。

6.软体家具　软体家具是指以弹簧、填充料为主，在现代工艺上还有泡沫塑料成型以及充气成型的具有柔软舒适性能的家具。主要应用在沙发、座椅、床垫等，是一种应用广泛的普及型家具。软体家具从传统的固定木框架正逐步转向调节活动的金属结构框架，填充料从原来的天然纤维如棉花、麻布转变为一次成型的发泡橡胶或乳胶海绵，外套面料从原来的固定真皮转变为可拆换的布艺。

二、家具养护的注意事项

1.居家家具总是避免不了搬运、改变位置等问题。在搬运家具时，忌硬拖硬拉，应轻抬轻放，放置应平稳，若地面不平，要将家具脚垫实，以防损坏结构。

2.在很多家具顶部放置东西，这是家具保养的禁忌。忌在大衣柜等家具顶上压重物，以免柜门凸出，导致柜门关不严；衣物亦忌堆放过多，超过柜门，以防柜门变形。

3.家具清洗时，忌用水冲洗或用抹布擦拭胶合板制作的家具，更不能放在碱水中浸泡，避免夹板散胶或脱胶。

4.忌用与家具原油漆色泽不同的颜料与油灰拌匀后嵌入家具裂缝堵平，以免留下疤痕。

5.忌用碱水或开水洗刷家具或桌面上放置高浓度的乙醇、刚煮沸的开水等滚烫的东西，以防损坏漆面。

技能11　皮具沙发的保养

【操作准备】

橡胶手套、水盆、抹布、碧丽珠（家具护理喷蜡）、皮质家具清洁剂、软毛刷等。

【操作步骤】

1.真皮沙发的保养

（1）用软布或软毛刷将皮具沙发表面轻轻刷一遍。

（2）涂抹碧丽珠（家具护理喷蜡）后，自然干燥。

（3）采用专用皮质沙发清洁剂将全部沙发表面抹拭一遍，到皮质表面发出光亮为止。对沙发缝隙，则要顺着缝隙擦拭，去掉灰尘。

（4）用干净软布将污垢回收。

（5）晾干后，在沙发皮革表面涂上一层皮革保养油。在潮湿的地区，需涂拭防霉剂，有效防霉。

2.人造皮革沙发的保养

（1）每周一次用干净毛巾蘸水拧干后轻拭。

（2）若皮革上有污渍，用干净湿海绵蘸洗涤剂擦拭，或者用布蘸适当浓度的肥皂水洗擦，然后让其自然干。

【注意事项】

1.真皮沙发保养的注意事项

（1）真皮沙发搬回家后，先用保养蜡把沙发上抹一层保护膜，以免尘垢、汗渍浸入沙发毛孔里，日后就很难清洁。

（2）不要用自来水擦洗真皮沙发，时间长了会使皮质变硬，失去柔软的感觉。

（3）冬季每月用保养蜡将沙发清洁保养一次，夏季应每周保养一次。

（4）不要随便用清洁剂清洁沙发，否则沙发会皮质褪色、变硬。

（5）真皮沙发上留下的圆珠笔印迹，尽快用橡皮轻轻擦拭可去除。

2.人造皮革沙发保养的注意事项

（1）忌用汽油擦洗，也不要沾染酸碱等有腐蚀性的化学物品。

（2）洗涤时，不可用热水泡，且水温不能超过40℃，因热水会使底布纤维组织受破坏。

（3）不能用阳光暴晒。

（4）切忌使用暖气或明火烘干，易造成老化、开胶、褪色和变形。

（5）不要与坚硬粗糙的物体摩擦、碰撞，以免损坏表面涂膜。

技能12　布艺沙发的保养

【操作准备】

橡胶手套、抹布、清洁剂、软毛刷、吸尘器等。

【操作步骤】

1.定期用抹布对沙发的各个位置进行清洗，如沙发的扶手、座垫、靠背等。

2.用清洁剂清洁沙发，清洁后把清洁剂彻底洗掉，否则容易染上污垢。最好选择含防污剂的专门清洁剂。

3.用吸尘器吸尘，尤其注意去除织物间的灰尘。

【注意事项】

1.所有布套及衬套都应以干洗方式清洗，不可水洗，禁止漂白。

2.如发现线头松脱，不可用手扯断，应用剪刀整齐将其剪平。

📢 小提示 -

1.如沾有污渍，可用干净抹布沾水拭去，为了不留下印迹，最好从污渍外围抹起。

2.丝绒家具不可沾水，应使用干洗剂。

- -

技能13　红木家具的保养

【操作准备】

橡胶手套、抹布、软毛刷、吸尘器等。

【操作步骤】

1.去灰尘。选择干净卫生的纱布将红木家具上的灰尘擦拭干净。要避免使用光亮剂以防漆膜损伤。

2.擦蜡。为了保护红木家具表面的涂料，每三个月用蜡轻擦一次，这样既保护了木质，更增加了美感。

📢 小提示 --

1.红木忌干燥，因此红木家具不可以在阳光下暴晒，也不能放在暖气、火炉附近，空调风也不能对着红木家具吹。

2.红木表面不能接触有机溶剂，如汽油等。

3.红木表面不能用现代清洁用品（油污克星、碧丽珠）保洁保养。

技能14 藤制家具的保养

【操作准备】

橡胶手套、抹布、清洁剂、软毛刷、砂纸、吸尘器等。

【操作步骤】

1.先用吸尘器将藤制家具吸一遍，或者用软毛刷由里向外先将浮尘拂去。

2.用湿抹布由里向外仔细擦一遍，然后用软布擦干净即可。

【注意事项】

1.编织网眼中容易滋生霉斑，最好将家具清洁后搬到有穿堂风的地方去"吹风"，能够避免霉斑生成、保持干爽。

2.花椒面或尖辣椒面可以杀虫防蛀，而且对藤制家具没有损害。

📢 小提示 --

1.藤制家具使用一段时间后，可用淡盐水擦拭，既能去污又能使其柔韧性保持长久不衰，还有一定的防脆、防虫蛀的作用。

2.原色（天然色）藤家具翻新处理方法：先清洁、擦干，然后用砂纸打磨藤家具的外藤架，使表皮去除污渍并且恢复光滑，再上一层光油保护，即焕然一新。

任务二　常用家电使用与清洁

➡️ **岗位情景描述**

　　案例描述　小华马上要进行一次长途旅行，他的朋友提醒他出门前记得关闭所有的电器。于是，小华认真地将所有的电器关闭，用遥控器关闭了空调、电视机。最后，小华在出门前，还对所有电器的关闭情况进行了检查。

　　讨论　小华的做法是否正确？为什么？

一、家用电器安全用电常识

　　随着家用电器越来越多地进入家庭，由于家用电器使用不当而造成的事故也逐渐增多，轻则烧坏电器，重则引起火灾及人员伤亡。作为家庭服务员，很有必要了解一些家电安全使用常识。

二、家电保养常识

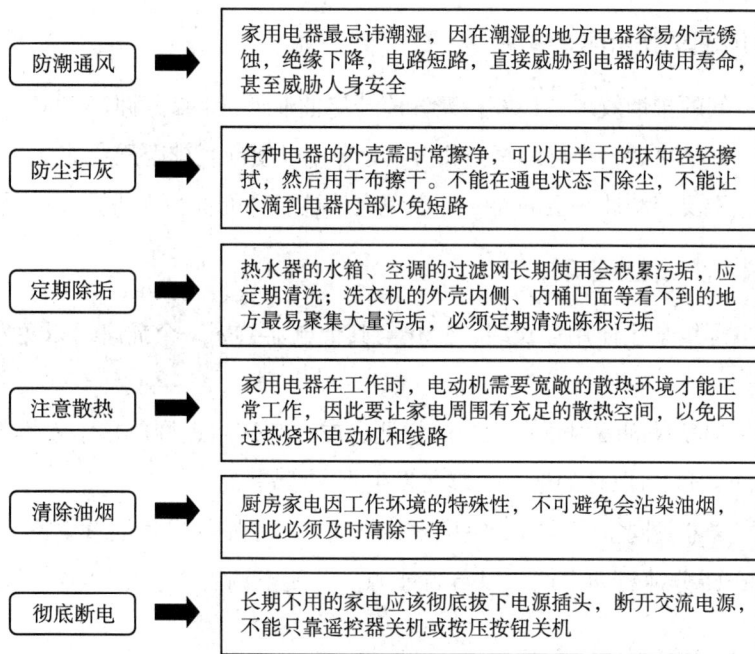

防潮通风 ➡️	家用电器最忌讳潮湿，因在潮湿的地方电器容易外壳锈蚀，绝缘下降，电路短路，直接威胁到电器的使用寿命，甚至威胁人身安全
防尘扫灰 ➡️	各种电器的外壳需时常擦净，可以用半干的抹布轻轻擦拭，然后用干布擦干。不能在通电状态下除尘，不能让水滴到电器内部以免短路
定期除垢 ➡️	热水器的水箱、空调的过滤网长期使用会积累污垢，应定期清洗；洗衣机的外壳内侧、内桶凹面等看不到的地方最易聚集大量污垢，必须定期清洗陈积污垢
注意散热 ➡️	家用电器在工作时，电动机需要宽敞的散热环境才能正常工作，因此要让家电周围有充足的散热空间，以免因过热烧坏电动机和线路
清除油烟 ➡️	厨房家电因工作环境的特殊性，不可避免会沾染油烟，因此必须及时清除干净
彻底断电 ➡️	长期不用的家电应该彻底拔下电源插头，断开交流电源，不能只靠遥控器关机或按压按钮关机

图7-1　家电保养常识

三、家电使用的注意事项

（一）冰箱使用的注意事项

1.存放食物不宜过满、过紧，以利于冷空气对流，减轻制冷系统的负荷，延长冰箱的使用寿命，节省电量。并需定期对存放空间进行清理。

2.避免生、熟食物一起存放。熟食应放入加盖的容器中存放，避免细菌交叉感染。食物不能直接放在隔板上，要放在器皿里。

3.应根据存放时长将食物放在对应箱格中。

（1）鲜鱼、鲜肉要用保鲜袋封装，在冷冻室内储藏。

（2）蔬菜、水果要把外表面水分擦干，用保鲜袋封好，放入冷藏室内，以0~10℃储藏为宜。蔬菜最好放在冷藏室下层靠门处，并与内壁保持一定距离，以免蔬菜发生冻伤。

（3）香蕉、芒果、荔枝等热带水果不适合存放在冰箱里。

4.水果、蔬菜要分开存放。一些水果释放的乙烯可能加速其他蔬果变蔫，应把其放置在不同的箱格中。

5.生鲜鱼、肉先分切再冷冻。

6.鸡蛋若超过2周吃不完，可用保鲜袋包好放入冰箱内冷藏。散装鸡蛋存放前不要清洗，以防清洗时细菌进入蛋内，放置时蛋尖朝下更易储藏。

（二）抽油烟机的使用注意事项

1.为了有良好的排烟效果，最好在烹饪前开启抽油烟机1~2分钟。

2.当每次烹饪结束后，最好继续开机3~5分钟，以便彻底排净残余油烟。

3.煮食时，不要移动灶头上的器皿，以免火焰被启动的抽油烟机直接抽吸而着火。

（三）空调的使用注意事项

1.空调的电源线禁止使用加长线，禁止与其他电器共用一个插座，以免发生触电、火灾等事故。

2.严禁用化学喷雾剂喷射正在运转的空调，或在空调附近堆放化学喷雾剂。化学喷雾剂应存放在距离空调1m以外的地方，以免发生火灾或爆炸。

3.空调与燃烧器具同室使用时，室内要经常通风，否则易发生缺氧现象。

4.在使用前15分钟启动空调，以节省能源。关闭空调后切忌立即再启动使用，应等5分钟后再启动。

5.在使用空调时，严禁堵塞内外机的风口处。

（四）洗衣机的使用注意事项

1.含有挥发性液体（如汽油、煤油、乙醇、稀释剂等）的衣物不允许在机内洗涤或脱水，以防引发爆炸或火灾。

2.洗涤前，应先清除衣袋中的杂物，并根据衣物的种类、脏污程度和颜色做好分类后进行洗涤。

3.带有纽扣或易被勾丝的衣服翻向反面，以防损坏。

4.衣领、衣袖等严重脏污处，需预先用衣领净揉搓。

5.使用漂白剂时，不能直接倒在衣服上，以免褪色。

6.洗衣机工作时，若出现剧烈振动或异常噪声，应立即停机检查，待排除故障后再开机使用。

技能15　冰箱的清洁

【操作步骤】

1.切断冰箱电源，将内部食物一一取出，放置在阴凉处。

2.用软毛刷清理冰箱背面的通风栅，用干燥的软布或毛巾擦拭干净。

3.将冰箱内的所有搁架、抽屉等附件取出，用抹布蘸着混有清洁剂的水擦洗，待其自然风干，或用干布擦干。

4.用柔软的湿布擦拭冰箱外壳和拉手。

5.用软布蘸1:1醋水擦拭冰箱门密封胶条，也可用消毒剂浸过的软布擦拭密封胶条。

6.用软布蘸上洗洁精轻轻擦洗冷藏室的内胆，然后用清水将洗洁精擦拭干净。

7.待冷冻室内的冰融化后，用软布擦洗干净。

8.清洗干净、让冰箱自然干燥后，将取出的附件放回原位后插上电源。

【注意事项】

1.如果油渍较多，可蘸洗洁精擦洗，效果更好。

2.清洁冰箱的开关、照明灯和温控器等设施时，抹布或海绵应拧干一些。

3.不要用尖锐的物品铲除冷冻室的冰，容易铲伤内壁，导致冰箱出现故障。

4.冰箱运行1小时后，检查冰箱内部温度是否下降，再将食物放入。

技能16　抽油烟机的清洁

【操作步骤】

1.表面清洁。在清洗时要用干净的软布擦洗，不能用强腐蚀性的洗涤剂，以免不锈钢面板组件造成损伤。

2.滤油网清洁。先把滤油网取下，然后放在滴入洗涤剂的温水中冲洗5~10分钟，再用软刷把网孔隙中的污垢清除干净，最后用软抹布擦干。

3.扇叶清洁。在扇叶上喷洒洗涤剂，待几分钟后用抹布擦干净。也可取下后浸泡在洗洁精和食醋混合的热水中约20分钟，再用软抹布擦洗干净。

4.集油杯的清洗。将集油杯中存积的废油倒掉，然后将其浸泡在滴入洗涤剂的温水中3分钟，再用抹布擦洗干净。

【注意事项】

1.在清洗抽油烟机前一定要切断电源。

2.不要使用乙醇、香蕉水、汽油等易燃、易挥发的溶剂，容易引起火灾。

技能17　空调的清洁

【操作步骤】

1.切断电源。清洁前需先断开空调电源，拔下空调电源插头。

2.清洁面板及出风口。空调的面板及出风口的海绵都很容易积尘，可用吸尘器或柔软的干布清洁。

3.取出过滤网。扣住面板突出部分，将面板打开到面板停开的位置约60°，然后抽出空气过滤网，稍向上提起空气过滤网中央的手柄，向下方抽出。

4.清洁过滤网。积灰较少时，用水洗或用吸尘器吸干净；积灰严重时，可先放在含有中性清洁剂的水中浸泡10~15分钟，待洗干净后甩干水分并放置在阴凉处晾干。

5.装上过滤网。将过滤器的爪部插进前格栅内，装上过滤网，合上前面板静置10分钟后，开启空调并把风量及制冷量调至最大，保持开启空调30分钟即可。

【注意事项】

1.室外机组也应定期除尘。

2.清洁过滤网时，勿用高温加热或烘干。

技能18　洗衣机的清洁

【操作步骤】

1.先用200ml的米醋浸湿毛巾，并将其放进洗衣机内甩干，这样能让米醋均匀地喷洒在洗衣机内。

2.静置洗衣机1小时，让米醋软化内筒里的污垢。

3.波轮洗衣机调到最高水位，将溶解后的小苏打放入其中；滚筒洗衣机调到洗涤模式，将溶解后的小苏打倒入引导式投放盒中。

4.让洗衣机运转5分钟后暂停，然后再浸泡3~5小时。

5.让洗衣机恢复正常运转，漂洗两次。

6.可直接使用洗衣机槽清洁剂，按照说明书步骤进行清洗。

【注意事项】

1.每次洗涤后，应清理线屑过滤器。

2.要漂洗两次或两次以上，污垢才可以清除。

 目标检测

答案解析

一、单选题

1.纯毛毛毯洗涤时要使用（ ）。

  A.酸性洗涤剂   B.中性洗涤剂

  C.碱性洗涤剂   D.一般的洗衣粉洗涤

2.下列说法不正确的是（ ）。

  A.婴儿的衣物洗涤时要使用婴幼儿专用的洗涤剂，并要彻底漂洗

  B.婴幼儿的衣物不能和成年人的衣物混洗

  C.婴幼儿的衣物应勤换勤洗，最好用热水洗，以便能洗净

  D.新衣服应该洗了以后再穿

3.深度保洁清洁剂使用过程中错误的是（ ）。

  A.全能清洁剂未稀释就使用

  B.使用酸性或碱性清洁剂时带手套

  C.擦拭玻璃时使用玻璃水

  D.擦拭金属配件时使用洁而亮

二、多选题

4.以下属于熨烫要素的是（ ）。

  A.温度   B.材质

  C.湿度   D.压力

5.清洁过程中，洗剂过浓时容易造成（ ）。

  A.浪费洗剂   B.打蜡和洗抹布费时

  C.洗剂残留，蜡水易附着   D.物体表面容易变脏

三、问答题

6.居家清洁四要点是什么?

书网融合······

重点回顾

模块八　茶艺、花艺、香艺

项目一　茶艺

学习目标

通过本章内容的学习，学生能够：

1.知识目标

（1）了解和掌握了解茶文化、插花文化、香文化的起源与意义以及茶叶分类等基础知识。

（2）掌握不同茶叶、花卉、香料的特点与作用。

（3）了解茶艺与花道，了解花艺术与花道，了解香艺与香道。

（4）认识茶叶、花卉、香料的分类及搭配使用的器皿。

2.技能目标

（1）掌握传统茶艺的泡制方法；了解茶艺和茶道的基础知识。

（2）能够掌握插花的基本知识；能够掌握使用插花的常用技巧和工具；掌握插花造型艺术设计进行创作。

（3）了解中国香文化的起源发展，认识常用香料的特点、作用、种类与用途。

岗位情景描述

案例描述1　人类对香的喜好，乃是与生俱来的天性。香，在馨悦之中调动心智的灵性，于有形无形之间调息、通鼻、开窍、调和身心，妙用无穷。

讨论　作为一名家政服务人员，你知道有哪些常用香料？

案例描述2　熟悉插花文化，对其形态、习性、寓意等有深入的了解和体会，会在插花创作中取得理想的艺术效果。

讨论　作为一名家政服务人员，如何用3种不同的风格来创作《欢聚》为主题插花作品。写出创意及构图方式。

一、茶叶基本知识

（一）茶叶起源

中国是茶的故乡，饮茶已发展并成为极有特色的中国茶文化，并传播到世界各地。茶学专家认为将茶树原产地定位我国西南部的云贵高原、西双版纳地区较为确切。《神农本草经》以传说的形式，收集自远古以来，劳动人民长期积累的药物知识，其中有这样的记载："神农尝百草，日遇七十二毒，得荼而解之。"据考证，这里的荼是指古代的茶，大意是说，远在上古时代，传说中的炎帝，亲口尝过百草，以便从中发现有利于人类生存的植物，竟然一天之内多次中毒。但由于服用茶叶而得救。这虽有夸大之嫌但确是基于原始社会人民长期生活斗争经验上的创作，由此可知人类利用茶叶，可能是从药用开始的，神农时代是母系氏族社会，按此分析中国开始发现并利用茶的历史应当在四五千年以上。

茶叶作为一种饮料，是从唐朝开始的，之后流传到我国西北各个少数民族地区，成为当地人民生活的必需品，"一日无茶则滞，三日无茶则病。"我国是茶树的原产地。然而，我国在茶业方面对人类的贡献，主要在于最早发现并利用了茶这种植物，并把它发展成为我国和东方乃至整个世界的一种灿烂独特的茶文化。如我国史籍所载，在未知饮茶前，"古人夏则饮水，冬则饮汤"，恒以温汤生水解渴。以茶为饮则改变了人们喝生水的陋习，较大地提高了人民的健康水平。至于茶在欧美一带，它一直都是商业贸易的主要角色，搭建起欧洲与亚洲、美洲和欧洲、亚洲和美洲之间的桥梁。世界各国饮茶及茶的生产和贸易，除朝鲜、日本以及中亚、西亚一带是唐朝前后就从我国传入外，其他地方多是16世纪以后，特别是近200年以来才传入发展起来的。

（二）茶叶的分类

（1）按色泽（或制作工艺）分类　　见表8-1。

表8-1　茶叶以色泽（或制作工艺）分类

名称	制作特色	代表产品
绿茶	不发酵的茶	龙井茶、碧螺春
青茶	半发酵的茶	武夷岩茶、铁观音、文山包种茶、冻顶乌龙茶
黄茶	微发酵的茶	君山银针
白茶	轻度发酵的茶	白牡丹、白毫银针、安吉白茶
红茶	全发酵的茶	祁门红茶、荔枝红茶、正山小种
黑茶	后发酵的茶	六堡茶、普洱茶

（2）按季节分类

春茶。是指当年3月下旬到5月中旬之前采制的茶叶。春季温度适中，雨量充分，再加上茶树经过了半年的养息，使得春季茶芽肥硕、色泽翠绿、叶质柔软，且含有丰富的维生素，特别是氨基酸。春茶滋味鲜活且香气宜人，富有保健作用。

夏茶。是指6月初采制的茶叶。夏季天气炎热，茶树新的梢芽生长迅速，使得能溶解茶汤的水浸出物含量相对减少，特别是氨基酸等的减少使得茶汤滋味、香气不如春茶强烈，由于带苦涩味的花青素、咖啡因、茶多酚含量比春茶多，不但使芽叶增加色泽不一，而且滋味较为苦涩。

秋茶。就是8月中旬以后采制的茶叶。秋季气候条件介于春夏之间，茶树经春夏二季生长，新梢芽内含物质相对减少，叶片大小不一，叶底发脆，叶色发黄，滋味和香气显得比较平和。

冬茶。大约在10月下旬开始采制。冬茶是在秋茶采完后，气候逐渐转冷后生长的。因冬茶新梢芽生长缓慢，内含物质逐渐增加，所以滋味醇厚，香气浓烈。

（3）按其生长环境分类

平地茶。茶芽叶较小，叶底坚薄，叶张平展，叶色黄绿欠光润。加工后的茶叶条索较细瘦，骨身轻，香气低，滋味淡。

高山茶。由于环境适合茶树喜温、喜湿、耐阴的习性，故有出好茶的说法。随着海拔高度的不同，造成了高山环境的独特特点，从气温、降雨量、湿度、土壤到山上生长的树木，这些环境对茶树以及茶芽的生长都提供了得天独厚的条件。因此，高山茶与平地茶相比，高山茶芽叶肥硕、颜色绿、茸毛多。加工后的茶叶，条索紧结、肥硕，白毫显露，香气浓且耐冲泡。

（三）我国茶叶的基本特色

（1）基本茶类

绿茶。这是我国产量最多的一类茶叶，属于不发酵茶。绿茶具有香高、味醇、形美、耐冲泡等特点。其制作工艺都经过杀青→揉捻→干燥的过程。由于加工时干燥的方法不同，绿茶又可分为炒青绿茶、烘青绿茶、蒸青绿茶和晒青绿茶。我国绿茶花色品种之多居世界首位，每年出口数万吨，占世界茶叶市场绿茶贸易量的70%左右，我国传统绿茶——眉茶和珠茶，以其香高、味醇、形美、耐冲泡而深受广大消费者的欢迎，尤其以安徽、湖北、湖南、江西、贵州、浙江等地居多。

红茶。与绿茶的区别在于加工方法不同。红茶加工时不经杀青，而且萎凋时使鲜叶失去一部分水分，再揉捻（揉搓成条或切成颗粒），然后发酵，使所含的茶多酚氧化，变成红色的化合物。红茶因其干茶冲泡后的茶汤和叶底色呈红色而得名。我国红茶品种主要有祁红、川红、英红、滇红等，其中尤以祁红最为著名。

青茶。又名乌龙茶。属半发酵茶，即制作时适当发酵，使叶片稍有变红，是介于绿茶与红茶之间的一种茶类。它既有绿茶的鲜浓，又有红茶的甜醇。因其叶片中间为绿色，叶缘呈红色，故有"绿叶红镶边"之称。青茶目前主要产于福建、台湾和广东等地，在浙江、四川、江西等地也有少量种植。根据产地以及制茶工艺的不同，乌龙茶可以分为闽北乌龙茶、闽南乌龙茶、广东乌龙茶和台湾乌龙茶。其中，闽北乌龙茶的代表名茶为大红袍、铁罗汉、水金龟、白鸡冠以及闽北水仙等；闽南乌龙茶的代表名茶为安溪铁观音、黄金桂等；广东乌龙茶的代表名茶头凤凰单枞等；台湾乌龙茶的代表名茶为冻顶乌龙、东方美人等。

白茶。是我国的特产，它加工时不炒不揉，只将细嫩、叶背满茸毛的茶叶晒干或用文火烘干，而使白色茸毛完整地保留下来。白茶主要产于福建的福鼎、政和、松溪和建阳等县，有银针、白牡丹、贡眉、寿眉等品种。

黄茶。在制茶过程中，经过闷堆渥黄，因而形成黄叶、黄汤。分"黄芽茶"（包括湖南洞庭湖君山银针，四川雅安、名山县的蒙顶黄芽，安徽霍山霍内芽）、"黄小芽"（包括湖南岳阳的北港、湖南宁乡的沩山毛尖、浙江平阳的平阳黄汤、湖北远安的鹿苑）、"黄大茶"（包括安徽的霍山黄芽）三类。

黑茶。原料粗老，加工时堆积发酵时间较长，使叶色呈暗褐色。是藏族、蒙古族、维吾尔族等不可缺少的日常必需品。目前，黑茶产区主要分布在湖南、湖北、云南、广西、四川等地，黑茶的主要品种有湖南的黑毛茶、湖北的老青茶、云南的普洱茶以及广西的六堡茶。

（2）再加工茶　以基本茶类——绿茶、红茶、乌龙茶、白茶、黄茶、黑茶的原料经再加工而成的产品称为再加工茶。它包括花茶、紧压茶、萃取茶、果味茶和药用保健茶等，分别具有不同的品味和功效。

（3）药茶　将药物与茶叶配伍，制成药茶，以发挥和加强药物的功效，利于药物的溶解，增加香气，调和药味。这种茶的种类很多，如"午时茶""姜散茶""益寿茶""减肥茶"等。

二、泡茶的茶具大全

以泡茶的过程为主体进行茶具的分类，泡茶所使用的茶具主要有以下几种。

（一）煮水器

（1）水壶（水注）　用来烧开水，目前使用较多的有紫砂提梁壶、玻璃提梁壶和不锈钢壶。

（2）茗炉 即用来烧泡茶开水的炉子，为表演茶艺的需要，现代茶艺馆经常备有一种"茗炉"，炉身为陶器或金属制架，中间放置酒精灯，点燃后，将装好开水的水壶放在"茗炉"上，可保持水温，便于表演。

另外，现代茶艺馆及家庭使用最多的是"随手泡"，它是用电来烧水，加热开水时间较短，非常方便。

（3）开水壶 是在无须现场煮沸水时使用的，一般同时备有热水瓶储备沸水。

（二）置茶器

（1）茶则 则者，准则也，用来衡量茶叶用量，确保投茶量准确。多为竹木制品，由茶叶罐中取茶放入壶中的器具。

（2）茶匙 一种细长的小耙子，用其将茶叶由茶则拨入壶中。

（3）茶漏（茶斗） 圆形小漏斗，当用小茶壶泡茶时，将其放置壶口，茶叶从中漏进壶中，以防茶叶洒到壶外。

（4）茶荷 茶荷与茶匙、茶漏的作用相似，但它的功能较多元化。以茶荷取茶时，可判断罐中茶叶多寡，由此决定置茶量。其次，将茶叶倒入茶荷中，主人可借此视茶，决定泡茶方法，而客人则可欣赏茶叶、闻茶香，最后将茶叶置入壶中。

（5）茶擂 当茶叶倒入茶荷后，以茶擂适度压碎茶叶，可使茶叶冲泡的茶汤较浓。

（6）茶仓 即分茶罐，泡茶前先将欲冲泡的茶叶倒入茶仓，兼具节省空间与美观作用。

（三）理茶器

（1）茶夹 用来清洁杯具，或将茶渣自茶壶中夹出。

（2）茶匙 茶匙除了置茶，也可用来掏出茶渣，而尖细的一端则可用来疏通壶嘴。

（3）茶针 用来疏通茶壶的壶嘴，保持水流畅通。茶针有时和茶匙一体。

（4）茶桨（茶簪） 茶叶冲泡第一次时，表面会浮起一层泡沫，可用茶桨刮去泡沫。

（四）分茶器

一般分为：茶海、茶盅、公道杯、母杯。茶壶中的茶汤冲泡完成，便可将之倒入茶海。有时会在茶海上放置一个滤网，以过滤倒茶时随之留出的茶渣。茶汤倒入茶海后，可依喝茶人数多寡分茶，人数多时，可利用较大的茶海冲两次泡茶；而人数少时，将茶汤置入茶海中，也可避免茶叶泡水太久而生成苦涩味。

（五）盛茶器、品茗器

（1）茶壶 主要用于泡茶，也有直接用小茶壶来泡茶和盛茶独自饮用的。

（2）茶盏　在广东潮汕地区冲泡工夫茶时，多用茶盏作泡茶用具，一般一盏工夫茶，可供3~4人用小杯啜茶一巡。江浙一带以及西南地区和西北地区，有用茶盏直接作泡茶和盛茶用具，一人一盏。茶盏通常由盖、碗、托三件套组成，多用陶器制作，少数也有用紫砂陶制作。

（3）品茗杯　品茗所用的小杯子。

（4）闻香杯　此杯容积和品茗杯一样，但杯身较高，容易聚香。

（5）杯碟　也称杯托，用来放置品茗杯与闻香杯。

（六）涤茶器

（1）茶船、茶池、茶承　盛放茶壶的器具，当注入壶中的水溢满时，茶船可将水接住，避免弄湿桌面。茶船多为陶制品，更有古朴造型的茶船，增添喝茶的乐趣。茶船也是养壶的必需品，以盛接淋壶的茶汤。

（2）茶盘　用以盛放茶杯或其他茶具的盘子，向客人奉茶时也使用，常用竹、木制作而成，也有用陶瓷制作而成。

（3）渣方　盛装茶渣的器皿。

（4）水方、茶盂、水盂　盛接弃置茶水的器皿。

（5）涤方　放置使用过而待清洁杯盘的器皿。

（6）茶巾　茶巾主要的作用是为了擦干茶壶，将茶壶或茶海底部残留的水擦干，也可用来擦拭清洁桌面的水滴。

（7）容则　摆放茶则、茶匙、茶夹等器具的容器。

（七）其他器具

（1）壶垫　纺织制品的垫子，用以隔开茶壶与茶船，避免因摩擦碰撞发出声音。

（2）盖置　放置茶壶盖、茶盅盖的小盘子，多以杯碟替代。

（3）奉茶盘　奉茶用的托盘。

（4）茶佛　置茶后，用以拂去茶荷上的茶沫。

（5）温度计　用来判断水温的辅助器。

（6）茶巾盘　可将茶巾、茶佛、温度计等放于茶巾盘上，使桌面更为整齐。

（7）香炉　喝茶时焚点香支，可增加品茗乐趣。

三、茶艺概述

（一）饮茶方式的变化

"志于道，据于德，依于仁，游于艺"，茶是一种物质，但绝不仅仅是一种物质，更是一种精神文化的载体。在历史的演变过程中，茶的方法和技艺成为感悟修行的功夫，可通过习茶之艺，反观内心，体道德之真意，悟仁义之根本。中国传统茶术共有十种，包括：煮叶法、笔茶法、淹茶法、煮茶法、点茶法、撾茶法、煎茶法、瀹茶法、调茶法、萃茶法。随着茶文化的兴起和发展，茶在唐朝发展成为深受社会各阶层喜爱的饮品，就在这一时期，茶圣陆羽发明了煎茶法。到了宋仁宗年间，煎茶法逐渐被点茶法代替。尽管饮茶方式已经发生了变化，但是由于茶的制作方式并没有改变，还是以饼茶为主，所以无论是煎茶法，还是点茶法，在煮茶之前都必须先将茶饼研碎。当时各地的贡茶沿袭的是宋朝的做法，所有的茶叶都要碾碎之后揉制成龙团。由于制作工序复杂、制作成本很高，使得茶远离了平民百姓的生活。明朝朱元璋认为这种制茶方式过于劳民伤财，下令停止龙团的制作，改用芽茶作为贡茶。

龙团停止生产之后，人们喝茶之前再也不需要将茶饼碾碎，可以直接利用散茶成品，使得散茶成为今后茶业发展的潮流。制茶方式的变化直接引发了茶具茶器的变化，饮茶方式也随之发生变化，人们可以直接用开水来冲饮茶叶。时至今日，我们的饮茶方式还是深受全叶冲泡法的影响。

（二）传统泡法

明太祖朱元璋罢贡团饼茶，令散茶代替龙团凤饼，使炒茶工艺逐渐流行，六大茶类开始逐步确立，饮用方法也改为冲泡。明清壶泡，即置茶于茶壶中，以沸水冲泡，再分到茶盏（瓯、杯）中饮用。据张源的《茶录》、许次纾的《茶疏》等记载，壶泡的主要程序有备器、择水、取火、候汤、投茶、冲泡、品茶等。现今流行于闽、粤、台地区的"功夫茶"就是典型的壶泡法。我们在居家泡茶时可以选用传统泡法。这种方法道具简单，泡法自由，非常适于大众饮用。使用传统泡法冲泡茶叶的工序共有九道。

1.**第一步：烫洗茶壶** 清洗茶具是冲泡开始之前最重要的准备工作。茶具的清洁度直接影响着茶汤的成色和质量好坏。因此，在烫洗茶壶时一定要用沸水。同时，还要注意必须保证让沸水充满整个茶壶。这样做的目的主要有两个：一是保证将茶壶清洗彻底；二是使茶壶均匀受热，以便在冲泡过程中保住茶性不外泄。

2.**第二步：倒出沸水** 将茶壶清洗干净之后，泡茶者需要将烫洗茶壶时所产生的废水倒进茶船中。

3.**第三步：放置茶叶** 放置茶叶时需要注意两个方面的内容：一是要注意放置茶叶的容器，二是茶叶用量。因为居家泡茶时所用的泡茶容器通常情况下会有茶壶和茶杯两种，所以放置茶叶的方法也各有不同。当容器是茶壶时，泡茶者需要先从茶叶罐中取出适量茶叶，然后用茶匙将茶叶拨入茶壶中。当容器是茶杯时，泡茶者需要按照一匙一茶杯的标准进行茶叶的放置。

4.**第四步：注入沸水** 放置完茶叶之后，泡茶者需要向壶中倾入沸水，要等到泡沫从壶口处溢出时才能停下。

5.**第五步：倒出茶汤** 向壶中注入沸水之后，泡茶者要先刮去茶汤表面的泡沫，然后再将壶中的茶倒进公道杯中，使茶汤均匀。在此过程中需要注意的是倒茶时不能一次就将杯子倒满。

6.**第六步：分茶** 泡茶者需要将均匀后的茶汤倒入面前的几只茶杯中。不过，杯中的茶汤并不是越满越好，而是以七分满为最佳。

7.**第七步：敬上香茶** 分茶过后，围坐的家人们可以自由地端起茶杯品茶，也可以由泡茶者手中接过茶杯逐一品尝。

8.**第八步：清理茶渣** 敬茶完毕后，泡茶者需要将冲泡过程中产生的茶渣从茶壶中清理出去。清理茶渣的最佳工具是茶匙。

9.**第九步：清理茶具** 品茶过后，泡茶者要清理茶具，并在茶具收起来之前一定要进行及时的消毒处理，以备下次使用。而剩余的那些没有使用过的茶叶则需要放回茶叶罐中，并将罐口拧紧。

（三）茶艺与茶道

茶艺是在饮茶活动中形成的文化现象，包括对茶叶品评技法和艺术操作手段以及整个品茶过程美好意境的鉴赏。它拥有悠久的历史和深厚的文化底蕴。

茶艺有广义和狭义之分。其中狭义的茶艺是指掌握泡好一壶茶的技艺并能感受到其的艺术魅力。实际上，它就是将人们饮茶的习惯进行艺术加工之后，展现给喝茶者及宾客的冲、泡、饮的技巧，并赋予了更强的灵性和美感。广义上，茶艺是指通过钻研产茶、制茶、买卖茶、饮茶的方法和探究茶的原理和法则来满足人们的物质精神需要的一种学问。随着社会经济水平的提高，茶艺和茶文化逐步渗透到人们的生活中，家庭茶艺并没有传统茶艺那么复杂，往往道具更为简单、实用，且冲泡方法自由。

1.**环境布置** 家庭茶艺环境布置的大体要求是安静、清新、舒适、干净。人们可以利用家里现有的条件，营造出适合饮茶的环境，如书房、阳台、小墙角等都是可以利用的地方。

2.**基本技巧** 泡茶是一门技术，需要用心学习才能掌握。一般来说泡茶有三个重要环节，就是茶的用量、泡茶的水温、冲泡的时间。把握好这三个环节，就能泡出好茶。

各类茶叶有不同的特点，有的重香，有的重味，有的重形，因此在泡茶时一定要根据茶的性质而有所侧重。茶艺的大致程序是净具、置茶、冲泡、敬茶、赏茶、续水，这些是茶艺必不可少的程序。在冲茶时，要将水壶上下提三次，可以使茶水的浓度均匀，俗称为"凤凰三点头"，而冲泡的水只需要七分满就可以了。

3.**水温控制** 泡茶的水温，直接影响茶汤的品质。烧水时，以金属器具煮水为佳，须大火急沸，切忌小火慢煮，并时刻留意水的变化，具体以水中升起气泡的大小及水沸时的声音判断。

一般来说，水以刚刚煮沸起泡时为最佳，水温过低不利于茶中有效成分的浸出，茶味寡淡；若煮得过久，水中的二氧化碳就会挥发掉，这样的水会使冲泡出的茶汤鲜味尽失。此外，不同的茶叶也有着不同的水温标准，如绿茶以80~90℃的水冲泡最好；红茶和花茶适宜用刚刚煮沸的水冲泡。

4.**浸泡时间** 茶叶的浸泡时间要根据不同的茶叶来制定，不同的茶叶浸泡时间不相同，同一种茶叶在不同的浸泡时间也会呈现出不同的味道。

茶叶的浸泡时间，一般在第一道时需要5分钟左右。如果浸泡的时间过短，溶水成分还没有完全释放，茶汤也就体现不出茶叶本身的香味。细嫩的茶叶较不耐泡，要适当缩短浸泡时间；耐泡的茶叶可适当延长浸泡时间。当水温高时，浸泡时间可适当缩短；水温低时，浸泡时间要适当延长。茶叶越多，所需浸泡的时间越短，反之就越长。

5.**冲泡次数** 茶叶在第一次浸泡时，可溶性物质浸出能达到50%~55%；第二次浸出30%左右；第三次浸出10%左右；第四次几乎没有浸出。因此，一般情况下，泡茶冲三次即可废弃。茶叶的冲泡时间和次数，和茶叶的种类、水温、茶叶用量、饮茶习惯等也有关系。一般来讲，普通的红茶、绿茶，每杯放3g左右的茶，用沸水200ml冲泡，需要4~5分钟即可饮用。当杯中剩余1/3茶汤时，可以续水，反复冲泡三次最佳。

6.**保存方法** 茶叶中多酚类化合物的氧化、维生素C的氧化以及茶黄素、茶红素的氧化聚合都和氧气有关。这些氧化作用会产生陈味物质，严重破坏茶叶的品质。茶叶最好存储在紫砂罐、陶罐（后发酵类的茶，如普洱茶等）、陶瓷罐（半发酵和全发酵茶，如乌龙茶、红茶等）或者锡罐里，避免长期打开或者多次打开，以免茶叶接触到空气进行氧化，这样子最明显的变化就是茶叶的气味、香味会减少，且破坏茶叶内的有机成分。

项目二 花艺

花艺作品不仅应用领域广、历史源远流长，更已成为人们日常生活中不可缺少的必需品。一件成功的花艺作品，花材未必名贵、花器未必奢华，但一定要在视觉上令人悦目，在心灵上引人共鸣，不仅具备观赏价值，也需具有一定的实际功能。下面我们就来了解一下插花艺术。

一、插花艺术

插花起源于佛教中的供花，同雕塑、园林、建筑等一样，均属于造型艺术的范畴。插花看似容易，然而要真正完成一件形神兼备、融合生活与艺术为一体的作品却并非易事。

（一）插花艺术的含义

插花艺术是利用花材，即植物可供观赏的枝、叶、花、果、根、种子及人造花材、干花花材，通过插摆来展现其艺术、技术与自然美的一门造型艺术。

插花艺术的广义范畴是指凡利用鲜花或干花等材料进行造型，具有装饰性、欣赏性的作品，都可称为插花艺术。插花艺术的狭义范畴是指将花材进行插、作、切等方法放置在器皿中，用于固定场合装饰的摆设花。

（二）插花艺术的特点与作用

1.插花艺术的特点　插花所选用的花材具有自然、鲜美和芬芳的生命特征，这使得插花艺术作品能够展现独特的艺术魅力，呈现出生命的灿烂与可贵。插花的创作过程在于动感，花材、花型、立意构思与插作技巧等的不同，决定插花艺术作品的不同呈现形式和艺术效果，插花艺术体现出极强的创作性。插花作品集众花之美而造型，随环境变化而陈设，艺术感染力强，在装饰上具有画龙点睛的作用。

2.插花艺术的作用　花是和平、友谊和美好的象征，用插花作品装点厅堂、卧房、宴会厅、台桌、几案或墙壁等，可改善居住和工作环境，从而起到观赏、美化的作用。插花作品不仅具有实用性、知识性和趣味性，更可以表达情绪、思想，甚至寄托着人们美好的愿望，因此，插花作品不仅可以净化心灵，更可以提升制作者自身文化修养与欣赏者的生活品质。插花艺术的作用体现在改善生活环境、调节精神状态、提高艺术修养和促进社会经济发展等多个方面。

（三）插花艺术的分类

1.按艺术风格分类

（1）传统东方式插花　以中国和日本为代表，以线条造型为主，注重自然典雅，构图活泼多变，讲究情趣和意境，重写意，用色淡雅，插花用材多以木本花材为主，不求量多色重，但求韵致与雅趣。

（2）传统西方式插花　以美国、法国和荷兰等欧美国家为代表。其特点是色彩浓烈，以几何图形构图，讲究对称和平衡，注重整体的色块艺术效果，富于装饰性。用材多以草本花材为主，花朵丰腴，色彩鲜艳，用花较多。

（3）现代式插花　糅合了东西方插花艺术的特点，既有优美的线条，也有明快艳丽的色彩和较为规则的图案。更渗入了现代人的意识，追求变异，不受拘束，自由发挥，追求造型美，既具装饰性，也有一些抽象的意念。

2. 按使用目的分类

（1）礼仪插花　是指用于各种庆典仪式、迎来送往、婚丧嫁娶、探亲访友等社交礼仪活动中的插花。

（2）艺术插花　是指用于美化、装饰环境或陈设在各种展览会上供艺术欣赏的插花。

3. 按插花器皿分类

（1）瓶花　是指使用高身的花器，如陶瓷类花瓶、玻璃类花瓶等来进行创作的插花形式。日本也称为投入花。

（2）盘花　是指使用浅身阔口的容器进行创作的插花形式。因像盛放着的花一般，故日本称之为盛花。

（3）钵花　钵可以看作是介于瓶与盘之间的一类花器。使用钵为容器进行的插花即为钵花。

（4）篮花　使用篮子为容器进行的插花称为篮花式花篮。

（5）壁挂式插花　把花吊于栋梁或挂于窗壁的插花称为吊花或挂花。

（6）敷花　不用器皿，直接把花敷放于桌面上称为敷花。多用于宴会餐桌等的摆设。

4. 按装饰部位分类

（1）桌摆花　摆放于桌子、台面等部位的插花称为桌摆花或摆设花。又可分为厅堂花、书房花、佛前供花、茶几花等。

（2）服饰花　用于装饰人体的插花称为服饰花。又有头花、胸花、肩花、手腕花、花环等类型。

5. 按花材性质分类

（1）鲜花插花　指利用鲜切花进行的插花。最具插花艺术的典型特点，既具有自然花材的形态之美，又充满了真实的生命活力，艺术感染力最强。适于多种场合，特别是盛大而隆重的场合或重要的庆典活动，必须用鲜花插花，以烘托气氛。其缺点是水养时间短且暗光下效果不好，不宜使用。

（2）干花插花　利用干花花材进行的插花。干花既不失植物自然形态之美，又可随意染色，插作后经久耐用，管理方便且不受采光限制，暗光下也可用。一般多用于走廊、底楼、无采光大厅、灯光暗的餐厅以及楼梯平台角落，咖啡厅、酒吧间等光线较暗处也常用其装饰。其缺点是怕潮湿环境。

（3）人造花插花　所用花材为人工仿制的各种植物材料，有绢花、涤纶花、塑料花等多种材质，有仿真的，也有随意设计和着色的，种类繁多。其特点是使用时间长，方便管理。适合于大型舞台、橱窗的装饰，家庭居室中也多有应用。

二、花艺设计与花道

（一）花艺

主要指切花花材的造型艺术设计。花艺设计以理性投入为主，属于带有商业性的一种产品设计，也是专业花店的用语。花店行业为了工作方便，按一定用途或客户的要求进行策划，创作出一些样板（蓝图），以供顾客选购，制作者不一定是设计者本人，这种经过工艺制作过程或有他人来体现构思的称为设计。西方称为"flower design"，花艺设计的名词也是由此而来。其作品较多强调观赏性、装饰性，主要以推销和盈利为目的。

花艺设计与插花艺术有某种意义上的不同。现代的插花艺术包括两个方面内容，一方面是纯欣赏性的艺术创作，它不受任何目的要求制约，完全取决于作者的主观意念、情感和兴趣，是由作者本人一次性完成的作品，以情感投入为主，更强调作品的艺术性，故又称为艺术插花。艺术插花作品都是一种自娱或供人欣赏的艺术品，不刻意追求作品的装饰效果，更不以别人的喜好、意志为转移，具有鲜明的个性，可充分展示作者的艺术风格。它是以传统的东方插花艺术为基础的一种插花艺术形式。另一方面，现代的插花艺术也包括了花艺设计所涵盖的内容。

（二）花道

花道是日本人对插花的别称。日本的花道与剑道、柔道、茶道一样，都是一种"道"，它有着确切的缘由典故。

日本人善于学习别人的东西，并将其总结归纳出条理，使之成为便于传授继承、帮助入门学习的规范。这种经条理化、规范化的经验，称之为"道"。

日本的插花开始时称为"立花"，到了14世纪末的町室时代，产生了较完整的插花构型，改称为"立华"。16世纪后期的桃山时代，茶道开始流行，所以又有了"花道"之称。

日本人把插花作为修身之道，对插花抱有一种尊敬的心情和虔诚的态度，从中寻求一种哲理，这就是花道精神。随着时代的变迁，日本产生了许多插花形式与流派，但现在不管哪种形式的插花，都统称为"花道"或插花。

三、插花工具及插花技能

一盆花插得成功与否，首先要有好的构思，但只有设想，没有熟练的技能，也无法把创意表达出来。所以，插花者必须掌握插花的基本技能，即修剪、弯曲、固定三个基本功。

（一）家庭插花常用花材

花材其实就是制作花艺作品的材料。不仅包括活的植物材料，如鲜花、果实，也包括枯枝及干的花卉，如各种质地的人造花、绢花、塑料花、纸花、金属花等，虽没有鲜花的生机盎然，却经济实惠且易于保存。

总之，只要具有美丽的形态和色泽，都可以用来制作花艺作品。

1.按花材的观赏性来分

（1）观花类　植物中以花朵、花序、花苞片供观赏的称之为观花类，如月季、菊花、杜鹃、梅花、茉莉花等。

（2）观叶类　不同植物的叶子大小、形状各不相同，但只要具备可观赏性，就可以作为陪衬材料用来制作花艺作品，如一叶兰、文竹、高山羊齿、巴西木、散尾葵等。

（3）观果类　以果实供观赏的花卉称之为观果类植物，如苹果、橘子、火棘等。

（4）观芽类　有许多花材在花朵或叶片尚未开放的时候，具有一定生命萌动的美感，最为典型的是银芽柳和蕨芽。

（5）观茎类　随着花卉材料的广泛开拓，许多观茎植物也成了重要的花材，如龙柳红瑞木、木贼、红瑞木、水葱等。

2.按花材形态来分

（1）团状花材　通常是以点成团、以块成团、以面成团，完整的花朵或叶子比较大，富有重量感，一般是花艺作品的焦点，也可以用来做重叠、铺垫等效果。常见的花材有：玫瑰、白头翁、荷花、向日葵、非洲菊、菊花、百合花、康乃馨、现代月季、洋桔梗、朱顶红、绣球花、黄金葛、小天使、星点木、唐棉等。

（2）线状花材　线状花材主要包括植物的枝条、根、茎、长形的叶片、蔓状的植物以及长条形或枝条形的花，通常利用直线形或曲线形等植物的自然形态，来做花艺造型的基本构架。整个花材呈长条状或线状，构成造型的轮廓，也就是骨架。常见的花材有：金鱼草、飞燕草、龙胆、蛇鞭菊、大花蕙兰、文心兰、情人泪、香蒲、富贵竹、巴西铁、虎尾兰、龙柳、云龙桑、水葱、钢草、巢蕨、芦苇、椰树、散尾葵、连翘、唐菖蒲等。

（3）散状花材　散状花材也称为雾状花材，通常花形个体小、分枝较多，常以松散或紧密的形态集结而成，起到填补造型的空间、连接花的作用，也用作平衡花艺作品的色彩。常见的花材有：满天星、情人草、勿忘我、鹊梅、茴香、六月雪、小莎草、蓬莱松、文竹、风车草、山茜、小丁香、小苍兰、白孔雀等。

（4）定状花材　定状花材的花形较大、形态特殊、造型奇特、易引人注目，因此，是花艺作品的视觉焦点。常见的花材有：百合花、红掌、天堂鸟、芍药、马蹄莲、帝王花、针垫子花、红掌、小鸟、五彩凤梨、红花焦等。

3.人造花　人造花也叫仿真花，是以纸、绢、丝绸、天鹅绒、通草、塑料、涤纶等为材料制成的人工花卉。常见的人造花有绢花、通草花、涤纶花以及纸花、羽毛花（以鸟禽羽毛制成）、绒花、塑料花等。其中绢花、通草花和涤纶花是最常见的。

（二）插花造型的程序（鲜花插花）

1.准备工作　泡花泥，让花泥自动吸水下沉，3~5分钟即可。修剪叶材，把叶材上的黄叶剪掉，按造型的不同修剪成需要的形状。

2.定出作品的轮廓　包括高度、宽度、厚度。在制作之前，首先，应根据环境条件的需要，决定插花作品的体形大小，一般大型作品可高达1~2m，中型作品高40~80cm，小型作品高15~30cm，而微型作品高不足10cm。不管制作哪类作品，体形大小都应按照视觉距离要求，确定花材之间和容器之间的长短、大小比例关系，即最长花枝一般为容器高度加上容器口宽的1~2倍。

3.用块状花丰满整个作品　根据构图进行插摆，先选好主视面，用常绿衬叶插出造型的骨架，然后将主要花材按骨架插摆，完成基本造型。

4.插制焦点花　根据花材的长短、色彩和质地，选配大小合适、色彩协调、质地一致的花朵进行点缀装饰。

5.用散装花材和叶材补充空隙　辅助花材和衬叶补插在主要花材的空隙间和花篮口部。最后喷水，系彩带或花结等装饰品。

6.命名　作品命名也是作品的一个组成部分。尤其是东方式插花，赋上题名使作品更为高雅，欣赏价值也随之提高。

7.整理　清理现场，保持环境清洁，这是插花不可缺少的一环，也是插花者应有的品德。可以在插花前都先铺上废报纸或塑料布，花材在垫纸上进行修剪加工，作品完成后把垫纸连同废枝残叶一起卷走，现场不留下一滴水痕和残渣。

8.插花作品的养护与管理　插花之后，对作品的精心养护和管理同样也是延长插花寿命的重要措施。首先，应当经常更换容器中的水，一般每天换一次，水深以达容器的最大水面为佳，可与空气有最大接触面，利于通气。还应当去除浸入水中的枝、叶以保证水质清洁。另外，要经常更新切口，可结合换水，将花材基部重新剪除一小段，保持切口新鲜，以利吸水。

为了延长花材的水养保鲜期，还可以在容器内加施各种保鲜剂，其中各种药物的用量均为每1000g水中的加入量：①20g蔗糖，1/4片阿司匹林，5g食盐或硫黄。②40g蔗糖，150g硼酸或柠檬酸。③硫酸铜5g，蔗糖20g。④食盐100g，蔗糖10g。

另外，可将花枝切口蘸盐或醋或明矾或薄荷油，有防止切口腐烂的作用。

（三）家庭插花制作工具

所谓"工欲善其事，必先利其器"。家庭插花制作除了了解花材以外，更要了解花艺工具，并能够通过手中的工具实现自身的艺术作品。

1.修剪工具

剪刀：花艺制作常见的剪刀有长刀剪、尖嘴剪和日本花道专用剪，修剪草本鲜花可用普通剪刀，修剪木质鲜花则需要用花剪，花剪手柄长、刃短而厚，裁剪硬质花材时较省劲。

刀：常用的花艺刀有弯头花艺刀、平头花艺刀、折刀三种，也有一种用于砍削枝干的削刀，此刀也有刀背有锯齿的，有锯裁的功能。

锯：主要用于较粗的木本植物截锯修剪，还有一种似美工刀的花泥锯，是对花泥进行切割与造型用的。

玫瑰钳/玫瑰夹/拔刺器/除刺器/剥刺夹：用来拔去玫瑰、月季等植物的边刺。

钢丝钳/尖嘴钳：用于剪断金属丝。

截断刀/工具刀。

2.固定工具

花泥：也叫花泉或吸水海绵，是用酚醛塑料发泡制成的一种固定和支撑花材的专用特制用具，形似长方形砖块，质轻如泡沫塑料，色多为深绿，吸水后又重如铅块。

花针：用于稳定花枝的，有方形、圆形，大小也有不同，用得最多的是8cm左右的圆形花针。

插花扦：用于固定花器中的花泥。

铜丝网/铁丝网/金属网：用于制作花艺的骨架，固定花材用。

金属丝/铁丝：用于固定花茎、花枝。

铝丝/铜丝：作为花环芯材。

3.辅助工具

防水强力胶带：用于固定花器里的花泥。

胶枪：一种打胶（或挤胶）的工具。

订书器：用于固定材料。

酒椰纤维：属于植物纤维，用于捆绑花材。

绿胶带：黏性好，耐高温，耐溶剂，保持力强，用于捆绑花材。

竹签：用于延长花茎。

4.包装材料

包装纸：常见的有玻璃纸、麻络水纸、印花纸、折染纸、浮染纸、瓦楞纸、双色皱纹纸、日本印花纸、柳染纸、云龙纸等。

缎带：有塑料、布质、纸质、丝质、嵌丝等材质。

包装绳：有金属、布、丝等材质的。

5. 其他包装材料

有纸亚龙贴布、珠链、金粉、天发丝、日本珠针、各种小球珠等。

（四）家庭插花容器的选择

供家庭插花使用的容器比较广泛，除花瓶外，凡能容纳一定水量、满足切花水养要求的容器均可选用，如生活中使用的盆、碗、碟、罐、杯子，以及其他能盛水的工艺装饰品等。

1. 容器种类 插花容器的种类繁多，数不胜数。从质地上讲，有陶瓷容器、玻璃容器、金属容器、木制容器、竹编容器以及塑料的、大理石的、水磨石的和漆制容器等。形状上有多种形式，大体上可归纳为两类：一类是高身小口的瓶内容器，使用这类容器插花，一般不用花插或花泥，而将花枝直接插入瓶内，稍加扶持固定即可；另一类是浅身阔口的浅盆类容器，用它们插花就必须使用花插或花泥才能固定和支撑花材。每一种材料都有自身的特色，用于插花会产生不同的效果。

（1）陶瓷花器 具有精良的工艺和丰富的色彩，美观实用，品种繁多，是我国的传统插花容器，颇受人们的喜爱。在装饰方法上，有浮雕、开光、点彩、青花、叶络纹、釉下刷花、铁锈花和窑变黑釉等几十种之多。

（2）玻璃花器 常见有拉花、刻花和模压等工艺，车料玻璃最为精美。由于玻璃容器的颜色鲜艳、晶莹透亮，已成为现代家庭装饰品。

（3）塑料容器、景泰蓝容器和漆制容器 用于插花，有独到之处，可与陶瓷容器相媲美。

（4）竹木、藤容器 在艺术插花中，用竹、木、藤制成的花器，具有朴实无华的乡土气息，而且易于加工，形色简洁。

（5）形状与色彩 插花造型的构成与变化，在很大程度上得益于花器的形与色。就其造型而言，花器的线条变化限制了花体，也烘托了花体。现在所使用的花器多以花瓶、水盆和花篮为主，也可选用笔洗、笔筒、竹管、木桶、杯、盘、坛、壶、钵、罐等生活容器。

（6）花瓶的造型 有传统形式和现代形式，我国古典风格的花瓶有古铜瓶、宋瓶、悬胆瓶、广口瓶、直筒瓶、高肩瓶等。现代的花瓶形式讲究抽象形体，形式简练，线条流畅，有变形花瓶、象形花瓶、几何形花瓶等。

（7）水盆 是近代出现的插花容器，式样繁多，形状各异，一般盆口较浅。形状有圆形、椭圆形、方形、长方形、S形、三角形、半圆形等多种形式。水盆有很大范围的盛花能力，但自身无法固定花枝，需要借助于花插座（剑山）和花泥等来固定花枝。

（8）花篮　是一种常见的编制品，外形很美观，如元宝篮、花边篮、提篮等。有时可以根据需要编制花篮。但是，花篮也有不足的地方，它无法盛水和固定花枝，需要另行配置盛花和固花之物。

（9）挂式花器　有悬挂花器和壁挂花器，共同的特点是都有供攀挂的环或洞。不同的是悬挂花器四周都完整美观；壁挂花器，因一面靠墙，所以是平面，完整美观的仅是一半。

2.插花花器的选择　现代插花艺术对花器的选择则超越了花器范畴。插花无定器，用作插花的器物，往往都不是专司花器。凡是具备插花的条件又能体现插花艺术魅力的，都可以充当花器来使用。

（1）选用时，应考虑到时节，讲究"春冬用铜，秋夏用瓷"，正是我国花艺的一种传统，考虑的便是鲜花和花器的气质对应。铜瓶中插上梅花，瓷瓶中插上荷花，十分讲究。

（2）花器的选择要考虑到应用的实际环境，容器的形状、风格、颜色和质地应与花材及周围的环境协调统一。宽敞的空间，如大客厅，鲜花宜插得茂密一些，花器也应较大；反之，在空间比较小的情况下，如书房，鲜花宜简静俊瘦一些，花器也可小一些。

（3）花器的选用还需考虑到色彩的搭配，如果所插的鲜花繁茂，所配的花器可以是色彩较浓重的；反之，较清淡的鲜花，就不宜配香郁繁复的花器。

（4）主干和花器的比例。采用黄金分割比例的近似值为8：5、5：3或3：2。这种比例用以确定线状花材与花器之间、各主枝之间、花材与花材之间的长短比例关系，并进一步确定构图焦点、重心区域。

（五）家庭插花艺术的原则

插花同雕塑、盆景、造园、建筑等一样，均属于造型艺术的范畴。插花是指将剪切下来的植物枝、叶、花、果作为素材，经过一定的技术和艺术加工，重新配置成一件精致美丽、富有诗情画意、能再现大自然美和生活美的花卉艺术品，故也可称其为插花艺术。插花既不是单纯的各种花材的组合，也不是简单的造型，而是要求以形传神，形神兼备，以情动人，溶生活、知识、艺术为一体的一种艺术创作活动。大多数人认为，插花是用心来创作花型，用花型来表达心态的一门造型艺术。

（1）高低错落　花材设计应有立体空间构成表现，即要求在多维空间用点、线、面等造型要素进行有层次的位置，上下、左右、前后层次分明而又趋向统一，力求避免主要花朵在同一水平线或同一垂直线上。

（2）疏密有致　花材在安排中应有疏有密、自然变化。一般在作品重心处要密，远离作品重心处要疏。作品中要留空白，有疏密对比，不要全都插满。

（3）虚实结合　衬材与主花相辉映，有形与无形相呼应，以实隐虚，以虚生境、烘实，给实以生命、灵性和活力。虚实结合可以有多种理解，主要是指视觉可视之处、有形之景为实，思维想象之处、无形之境为虚；花为实，叶为虚，有花无叶欠陪衬，有叶无花缺实体；花苞为虚，盛花为实；藤为虚，中心花为实；正面花为实，侧背花为虚；块状花为实，细碎花为虚；面状叶为实，线状叶为虚等。绘画中的"留白"即是实中留虚的处理手法，应用于插花使人产生空灵玄妙之感，也可以此增强疏密对比。

（4）仰俯呼应　无论是单体作品还是组合作品，都应该表现出它的整体性和均衡感。花材要围绕重心顾盼呼应，神志协调，既要反映作品的整体性，又能保持作品的均衡性。花材的仰俯呼应能把观众视线引向重心，产生稳定感。

（5）上轻下重　花材本无轻重之分，只是因质地、形态和色彩的差异造成心理上的轻重感。质地、外形相似的花材组合在一起，可取得协调，在此基础上将不同色彩的花材配合也可以取得绚丽多彩又协调统一的效果。一般将形态小的、质地轻的、色彩淡的在上或外（距重心较远），反之要插在重心附近，使作品保持均衡、稳定，显得自然而有生命力。花苞在上，盛花在下；浅色花在上，深色花在下，以保持作品的重心平稳。如盛花在上，下面可插成丛花苞；深花在上，下面可插成丛浅花，以达到作品重心平衡。

（6）上散下聚　指花材各部分在安插时，基部要像树干一样聚集，拧成一股劲，似为同根生，上部如树枝分散、发挥个性、适当散开、婀娜多姿，使作品既有多变丰实的个性又要有同一性。古语"插花起把要紧"是指花材的基部聚拢在一起，上部自然分散，犹如丛生灌木，自然有序。

（六）家庭插花的基本步骤

作为一种艺术，插花整个过程对于结果都十分重要。因此，要想插出一个成功的作品，在动手之前，对自己要插出的作品有一个良好构思至关重要。一般来说，插花有以下几个基本步骤。

1.构思　插花的立意构思是指插花时必须先构思后动手，否则拿着花材也无从下手；立意就是明确目的，确立主题。可从下面几方面着手。

（1）确定插花的用途　是节日喜庆用还是一般装饰环境用，是送礼还是自用等。根据用途确定插花的格调，是华丽还是清雅。

（2）明确作品摆放的位置　环境的大小、气氛，位置的高低，是居中还是靠拐角处等，根据位置以选定合适的花形。

（3）作品想表现的内容或情趣　是表现植物的自然美态还是借花寓意、抒发情怀或是纯造型。

2.构图　插花构图形式是指花材插入容器后的形状式样，即插花作品的外形轮廓。

（1）依插花作品的外形轮廓可分为：①对称式构图形式，也称整齐式或图案式构图；②不对称式构图形式，也称自然式或不整齐式构图；③盆景式构图形式，这类构图形式主要采用我国盆景的各种造型手法制作成盆景式的插花；④自由式构图形式，这是近代各国流行的自由式插花的构图方法。

（2）依主要花材在容器中的位置和姿态可分为：①直立式；②下垂式；③倾斜式；④水平式。

构图造型效果，主要包括造型是否优美生动或别致新颖，是否符合构图原理，花材组合是否得体，各种技巧运用是否合理娴熟（如稳定感、层次感、节奏感等）。

3.选材　根据以上的构思选择相应的花材、花器和其他附属品。

花材的选用，古人虽有将花分成等级，几品几命或分什么盟主、客卿、使命，但这都只是把人的意志强加给花而已。花无分贵贱，全在巧安排，只要材质相配，色彩协调，可任由制作者喜爱和需要去选配，没有固定的模式。

花材的选用对插花效果是十分重要的，花材选用得适当可以使作品产生意想不到的效果。花材也分很多种，用途也不同。

（1）呈长条状或线状的花材一般可用来作为插花骨干，用以确定作品的大小，可作为后来插花的参照，如剑兰、金鱼草、蛇鞭菊、飞燕草、龙胆、银芽柳、连翘等。

（2）花朵较大、有奇特形态的花，常用于插花作品的视觉焦点处，用以确定插花作品的风格特征，如百合花、红掌、天堂鸟、芍药等。

（3）花朵集中成较大的圆形或块状的花材，常用于以上两种花材之间，是完成插花作品造型的重要花材，如月季、康乃馨、非洲菊、玫瑰、白头翁等。

（4）分枝较多且花朵较为细小的花材，一般用于填补造型的空间、使花与花得以连接或用于点缀，如小菊、小丁香、满天星、小苍兰、白孔雀等。

4.造型　花材选好后，开始运用三项基本技能，把花材的形态展现出来。在这一过程中，应用自己的心与花对话，边插边看，捕捉花材的特点与情感，务求以最美的角度表现。有时往往超出了最初的设想，只要把人们的注意力引导到你想要表达的中心主题上，让主题花材位于显眼之处，其他花材退居次位。这样，作品才易被人接受，获得共鸣。

一般来说，插花有以下几种常见造型。

（1）水平型　设计重心强调横向延伸的水平造型。

（2）三角形　花材可以插成正三角形、等腰三角形或不等边三角形。外形简洁、安定，给人以均衡、稳定、简洁、庄重的感觉。

（3）L形　两面垂直组合而成，左右呈不均衡状态，给人以开阔向上的感觉。

（4）扇形　在中心呈放射形，并构成扇面形状。

（5）倒T形　纵线及左右横线的比例为2：1，给人以现代感。

（6）垂直型　体形呈垂直向上。此外，还有椭圆形、倾斜形、新月形、S形、圆球形、冠形等。

在日常生活中，应当根据插花作品所要表现的内容，即主题，选用能恰当表现该内容的构图形式。例如表现崇高、景仰、节操高洁、蒸蒸日上、顶天立地之类主题，常采用直立型的构图；表现奋勇前进、归心似箭、风吹浪打之类主题，则多采用倾斜式的构图；表现大自然优美景色，常用盆景式的构图等。这样，形式表现出来的不仅是外在形态轮廓的美，即形式美；而且，透过外在的形态轮廓，反映出包孕在形式中的内容美，即艺术家热情讴歌的自然美和生活美，也就是意境美。

5.插花艺术的设计和构图原理　插花艺术的创作同绘画、雕塑、盆景等艺术创作一样，最主要的问题是考虑如何构思和造型，所谓构思立意，是指如何思考插花作品的思想内容和意义，考虑在自己将要创作的作品中表现什么内容，反映什么情趣和意境，作者必须有一个明确的目标，确立插花的主题思想。

怎样进行构思，表现主题思想，一般有两种方法，即一种是先设想而后创作的方法；另一种方法是因材、因景进行构思设计，并在创作过程中逐渐完成主题思想的表现，即所谓"借景传情""以形传神"的方法。

项目三　香艺

香艺，是历史悠久的传统生活艺术的升华，多流行于古代贵族士大夫及文人阶层。通过识香、六根感通、香技呈现和香法修练等环节，融入各种独特表现形式的中国传统文化，引导人通过嗅觉的感受来感知生命和感悟生活的一种修行。

一、香学文化的起源

中国的香学文化最早可追溯到距今6000多年前。香源于祭祀活动，在后来香文化的不断演变中，香所代表的意义已经不单指一种祭祀的行为，而成为一种嗅觉的感知，这一意义的诞生也促使香品这一概念从祭品中脱离出来。

先秦时期在祭祀中会使用了大量的谷物、植物、香料等进行焚烧，从而将一些独特的、具备其他价值的"祭品"使用到生活之中，这就是早期的生活用香方式。人们开始使用诸多种类的芳香植物用于熏室、香身、佩戴、驱虫、祛秽、沐浴、饮食等，甚至于对这些芳香物的使用逐渐成为一种身份的象征。同时也萌发了"香"化在医药上的运用，人们开始研究一些芬芳型植物对于人体健康的影响，以及其对疾病的作用。

后来除了生活用香和医药用香后，香也开始成为了当时一批文人士大夫的精神寄托，他们用香来比喻美好的事物。香也大量出现在当时的文学作品中,《诗经》中多次用"采香"这一行为来寄托情感。屈原在《离骚》中反复使用多种香草,以此来表明自己的高洁品德。

从香的由来及其含义的源起和转变,可以发现香文化最早的一种形态是从祭祀活动中衍变而来的,因此它的深处包含了祭祀文化中那种对自然的敬畏和崇拜以及对礼仪的崇尚。古代的香虽然也用于祭祀如宗庙、佛寺、道观等,但更多的是用于人们的日常生活,并且功用甚广,包括居室熏香、熏衣熏被、祛秽致洁、养生疗疾等,客厅、卧室、书房,宴会、庆典以及朝堂、府衙等政务场所,茶坊、酒肆等公共场所都常设炉熏香。

中国香文化是中华民族在长期的历史进程中,围绕不同香气对人的作用及个人的需求,由此产生的各种香品的制作、香药的炮制、配伍等,而逐步形成的能够体现出中华民族的精神气质、民族文化、民族传统、美学观念、价值观念、思维模式与世界观之独特性的一系列物品、技术、方法、习惯、制度与观念。香文化渗透在社会生活的诸多方面:如香文化的历史,香药的生产、炮制与配伍,香品的研发,香器(制香用的器物)与香具(用香时的工具)的制作与使用,香与宗教,香与各类文化艺术作品等。

二、对香的认识

(一)常用香料

目前自然界中已发现的香料植物有3600余种,其中能有效利用的约为400种。取材包括植物的根、干、茎、枝、皮、叶、花、果实或树脂等。天然动物香料多为动物体内的分泌物或排泄物,有十几种,常用的有麝香、灵猫香、海狸香和龙涎香。其中在香文化中使用较多的香料主要以下几种。

1.沉香　沉香,又名"沉水香""水沉香",古语写作"沈香"(沈,同沉),即常说的"沉檀龙麝"四香之首"沉",沉香的名称正是来自于其沉于水的特质。主要分布于越南、印度、印度尼西亚、马来西亚等地区,国产沉香(白木香)主产于海南,由于产地分布区不断缩小,已被列为国家二级保护野生植物予以保护。沉香既不是直接取自一种木材,也不是直接取自的一种树脂,而是某些香树在特殊环境下经过千百年"结"出来的,混合了树脂、树胶、挥发油、木质等多种成分。《本草纲目》记载沉香木具有强烈的抗菌效能、香气入脾、清神理气、补五脏、止咳化痰、暖胃温脾、通气定痛、能入药。且其香气具有刺激与兴奋性,可刺激中枢神经平衡情绪。

2.檀香　檀香是取白檀香科檀香属树种,其根、干、枝、果实等都含有油脂,但以木质芯材部分的油脂最好,它含有 α 和 β 檀香醇等成分,可配制香水、香料、香皂和香熏等。檀香的香气相对浓烈,在药理上具有理气和胃、改善睡眠、安和心智的作用,同时也具消炎杀菌的作用。在合香中，檀香也往往被作为主香使用。檀香香气浓而不呛，闻之可安神开窍。

3.**薰陆香** 薰陆香又称乳香，味辛苦，性温，入心、肝、脾经，有活血调气、定痛、追毒之功用。熏陆香树主要产于红海沿岸至利比亚、苏丹、土耳其、伊朗等地。乳香质地润泽，带有淡淡乳品清香，焚烧时烟气较为明显，适合于营造神圣的氛围，因此也被大量用于宗教的祭祀活动，也当作熏香料（制造熏香、精油的原料）使用。

4.**丁香** 丁香又叫鸡舌香、丁子香，是丁香花蕾干燥后制成。主产于马来西亚、印度尼西亚及东非沿海国家等热带地区。丁香流传到我国有两千多年的历史。丁香味辛味烈，古代常用丁香"香口"，含在口中以"芬芳口辞"，盖借公鸡善鸣之意，称之为"鸡舌香"。丁香的药用价值很高，有抗氧化、抗肿瘤、抗胃溃疡、镇痛等作用。同时也作为烹饪香料使用。

5.**龙脑香** 龙脑香也称为冰片、片脑、瑞脑等，是一种十分珍贵的香料。龙脑香是龙脑香科植物中的龙脑香树的树脂凝结形成的一种近于白色的结晶体，古代谓之"龙脑"以示其珍贵。天然龙脑质地纯净，有杉木气息，熏燃时不仅香气浓郁，有清冽香味，而且烟气甚小，闻之可以开窍醒神。在中医上认为龙脑香具有清热止痛，治疗疮疡、肿痛的功效。

6.**龙涎香** 龙涎香是一种动物性香料，它和麝香、灵猫香、海里香并称为四大动物香料。龙涎香是抹香鲸科动物抹香鲸的肠内分泌物的干燥品。由于其复杂又特殊的香味和持久的定香能力，同时具有滋补养身、壮阳、抗炎、镇痛等医疗效用，自古以来一直受到人们的关注与研究。

7.**麝香** 麝香是雄性麝属动物麝香腺中的分泌物。麝香的香气浓郁，具备经久不衰的芳香感，在古代一直是合香中常见的配香。麝香浓烈芳香，香味持久，有苦味，常用来制备香水，也是礼佛的重要香料之一。麝香在药性上具有活血、消肿、醒神等作用，对昏迷、癫痫、心绞痛等病症有着显著的疗效，因此在现代医学有着广泛的应用。

8.**降真香** 降真香又名鸡骨香，取自豆科黄檀属植物根干部的芯材。其香气干闻清淡，用火焚烧有浓烈的香气，香气中有淡淡的辛麻感，穿透力极强。由于其有良好持香作用和挥发较缓慢的特性，常与其他香料一并使用，使香气更加纯正，被誉为"诸香之首"。降真香具有止血、镇痛、消肿、生肌的疗效，因此在中医中也有广泛应用。

9.**安息香** 安息香是由安息香树分泌出的一种红棕色树脂。唐宋时期引入我国，译为"安息香"，一直沿用至今。安息香的香气芬芳，带有像巧克力一样的甜香脂气味，香味闻之使人冷静，适宜供佛、清净堂室、禅坐、净身，制成合香可使烟气呈现青白色、直线上升而不散，且具有开窍清神、行气活血、止痛的功效。

10.**苏合香** 苏合香为金缕梅科植物苏合香树所分泌的树脂，又名帝膏、苏合油、苏合香油、帝油流。苏合香的辛香气烈，同样是一种具有开窍作用的药材，有较好的开窍醒神之效，又可温里散寒、化解湿浊，具有开郁化痰、行气活血的作用。

（二）香器

典雅精美的香器（也称香具），既便利了用香，又能增添情趣，装点居室，堪称生活中的一种妙物。香器的种类很多，除了香炉（包括卧炉、印香炉、柄炉、提炉、熏香手炉等）还有香筒、熏球、熏笼、香插、香盘、香盒、香匙、香箸、火箸、火匙、香瓶、香囊、熏香冠架、玉琮熏炉等。以下介绍几种主要的香器。

1.**香炉**　炉，指"贮火之器"，香炉可样为承纳、熏烧香品的器具，也常称"熏炉"。香炉大致有三类，一是便于"闷熏"的香炉，炉身有一定的封闭性，利于"闷"熏炉内的香品，也能防止火灰溢出；二是用于"熏烤香品"的香炉。此种熏炉不直接点燃香品，而是用热源（木炭、炭饼、电热装置等）间接地"熏烤香品"，催发香气，或有盖、或无盖，炉腹容积不宜太小，也可设置壁孔；三是便于"熏染其他物品"的香炉。此种熏炉使炉外物品如衣物、被褥等浸染香气，熏香时大都不用炉盖，且炉盖、炉腹及炉底有较多孔洞以助燃、散香。例如汉晋时期盛于熏衣炉。且炉耳、炉足、炉腹及炉盖上多设有精美装饰或纹饰，装饰工艺也有很高的艺术价值。

2.**承（香）炉**　"承（香）炉"或"盛（香）炉"，具有两个基本功能：承载、盛纳香品，焚烧香品。自宋代开始尤其是元代之后，较多使用能独立燃烧的香品，如印香、线香、塔香等，随之出现的两类承炉，一是，形状近似汉唐时期的熏炉，但体积较小，焚线香时便于取下；另一类是无炉盖、无壁孔的香炉，其功能主要是"承托、容纳"香品及香灰，而不是"贮火"和"闷熏"，例如，可插焚线香和签香的小香炉，无盖的印香炉和印香盘，焚塔香的无盖香炉。

3.**卧炉**　用于熏烧水平放置的线香。炉身多为狭长形，有多种造型。有盖或无盖。也有类似香筒的"横式香熏"，形如卧倒的、镂空的长方体。以整个上平面作"炉盖"，或将"炉盖"设在一端。

4.**印香炉**　又称"篆香炉"，用于焚烧印香。炉面平展开阔，炉腹较浅，下部铺垫香灰，用印香模在香灰上框范出印香，或有盖或无盖，也多层结构的印香炉，可将印香模、香粉等放在下层。口径较大的普通香炉以及平展的"香盘"也可用于焚烧印香。

5.**印香模**　又称"香印""篆香模"，指制作印香的模具，形如"镂空的印章"，大小不等，造型各异。多以木材、银等制成。

6.**提炉**　又称提梁香炉。是带提梁，便于提带的香炉。

7.**柄炉**　又称"长柄香炉""香斗"，带有较长的握柄，一端供持握，另一端有一个小香炉，香炉有各种样式。熏烧的香品多为香丸、香饼、香粉等。此种香炉可在站立或出行时使用；可手持炉柄，炉头在前；也可一手持柄，一手托炉。此类香炉在佛教中使用较多，魏晋至唐代尤其流行。

8.手炉　主要用于取暖，也可熏香。炉盖镂空成各式纹样，炉身常镌刻图案。外形圆润，呈圆形、方形、六角形、花瓣形等。可握在手中、置衣袖间或有提梁，供随身提带。炉内可放炭块或有余热的炭灰。手炉盛行于明清，制作工艺也十分精湛。

9.熏球　又称"香球"，多以银、铜等金属制成，球壁镂空，球内依次套有三层小球，每个小球都挂在一个转轴上（转轴与外层小球相连），最内层悬挂焚香的小钵盂，常设有提链，可出行时使用或悬挂于厅堂、车轿中；也可加设底座，便于平放。

10.熏笼　在香炉外面罩以"笼"形器物，大小不一，常用于熏手巾、熏衣、熏被，也用于取暖，"笼"的材质有竹、木、陶瓷等。

11.香筒　又称"香笼"，用于熏烧线香或签香，常直立使用，也可纳于怀袖或衣被中。多为圆筒形，带有炉盖。炉壁镂空呈各种纹样，以通气散香，筒内设有安插线香的插座，质材有竹、木、石、玉、象牙等多种。明清时多用线香，香筒也广为流行。

12.香插　带有插孔的基座，用于插放线香。基座的造型、高度、插孔大小、插孔数量有多种样式，可适用于不同粗细、长度的线香。香插的流行似乎较晚，多见于清代。

三、香的应用

（一）香的使用方式

1.隔火空熏　隔火空熏法一般针对油脂型香料使用，其中以沉香和檀香为主。是通过导热媒介隔开火源，同时传导热量催发香料中的发香油脂。这种隔火的熏香方法自唐代便已有。

2.印香　又称篆香，在香印模中填充香粉，将香粉制成一种图案和文字，用火点燃香粉的一端，香粉慢慢燃烧发香，这种模式被称为印香法。由于古时的香印模子多数为篆体字，因此这种用香法也常被称为篆香法。

3.卧香和立香　卧香和立香是线香的两种表现形式。以竹、木等材料作香芯，在香粉中加入天然植物性黏粉，调和成香泥，制作成线状，阴干，便是卧香。如果在香泥中加入竹签，便是立香，也可称为竹香。线香具有使用、携带方便的特点，因此使用范围较为广泛。

4.香丸　香丸也可称为合香丸。在香泥中调入一定比例的天然黏粉，再搓揉成小丸的形状便是香丸。香丸一般不用于加热或焚烧，且多是由香气较为浓郁的香料调和而成的，用于佩戴装饰，能发出淡淡的清幽香气。

5.香珠　是一种或多种香药制成的"圆珠"。先将香药研磨成粉粒状，再糅合成圆珠；或以香木雕成，道家、佛家多用之作佩饰。

6.塔香和盘香 塔香也称为锥香、宝塔香，其制作方法是通过香泥和黏粉粘合，再以塔状或螺旋形进行造型，最后阴干制成。塔香一般被放于大型的香炉器具中进行焚烧，因为其不仅可以散发出浓郁的香气，同时还能制造出一种烟雾缭绕的焚香氛围，因此一般在大型的香典和会场上使用。

7.香囊 香囊也称为香袋、花囊、荷包，是一种可随身携带的包囊，古时将发香的香料存放在香囊中，起到驱邪、保健的作用。使用香囊时，多采用香气较为浓郁的香材，也可根据其所起的保健作用而配比香药。

（二）香在日常生活中的应用

1.礼佛祭祖 在礼佛和祭拜祖先时，人们都拈一炷香，借着缭绕的烟雾，传达心中的那份敬意与追思。

2.香薰治疗 香能清心养性。檀香香熏有助于放松精神、减缓压力；茉莉熏香则助于提高呼吸道机能，帮助解决失眠问题；丁香香熏则可驱蚊灭虫，净化空气。

3.清新空气 馨香清纯，经久不退，且具有祛湿除霉、消除异味、净化空气、改善环境、提神醒脑、裨益健康等功效。

4.驱虫杀菌 香木等诸多类型的名香，可置于香炉燃烧，也可置于袋中，有熏衣防虫的效果。

目标检测

答案解析

一、单选题

1.( ) 是属于不经过发酵的茶。

　　A.绿茶　　　　　　　　　　　　B.红茶

　　C.黑茶　　　　　　　　　　　　D.乌龙茶

2.现代自由式的插花作品，最佳的搭配花器是（ ）。

　　A.花瓶　　　　　　　　　　　　B.异形花器

　　C.吊挂花器　　　　　　　　　　D.代用花器

3.隔火空熏法一般针对油脂型香料的使用,其中以（ ）和檀香为主。是通过导热媒介隔升火源，同时传导热量催发香料中的发香油脂。

　　A.沉香　　　　　　　　　　　　B.薰陆香

　　C.麝香　　　　　　　　　　　　D.安息香

二、多选题

4.使用传统泡法冲泡茶叶的前四道工序有（　　）。

　　A.烫洗茶壶　　　　　　　　　　B.倒出沸水

　　C.放置茶叶　　　　　　　　　　D.注入沸水

5.插花的常见造型有（　　）。

　　A.水平型　　　　　　　　　　　B.三角形

　　C.L形　　　　　　　　　　　　D.扇形

三、问答题

6.插花对花材的选用是十分重要的,不同的插花会有什么用途呢?

书网融合……

重点回顾

模块九　家庭教育

学习目标

通过本章内容的学习，学生能够：

1.知识目标

（1）理解家庭教育的基本特征。

（2）掌握家庭的六大内容和九大方法。

（3）掌握劳动教育的分类。

2.技能目标

（1）能够掌握家庭教育的功能。

（2）掌握新时代的智慧父母应具备的能力。

（3）了解新时代的劳动教育和劳动教育未来的发展。

岗位情景描述

案例描述　小涛是一名初中二年级的住校生，从小家庭环境优越，爸爸是公司高管，经常出差，在家的时间不多，父子俩一起同桌吃饭的次数也不多；小涛的妈妈是全职妈妈，为了培养小涛，几乎一手包办了所有，从小到大给小涛报了各种培训班和学习辅导班，妈妈对他管教非常严厉，要求小涛要事事听话，按要求做每一件事，小到穿衣吃饭，大到交友、择校，都必须听从妈妈的安排，小涛妈妈认为只有学习成绩好，将来才能考上好的大学。小涛的爱好是画画，尤其动漫人物画得特别好，多次参加学校的画画比赛，还获得了名次，妈妈担心画画会影响小涛的学习，不让他继续画画，小涛开始有意识的反抗妈妈，不愿听从安排，使得亲子关系非常紧张，妈妈感到很迷惘，于是到社区向寻求专业的指导。

讨论　1.你认为小涛妈妈在家庭教育中存在哪些问题？

　　　　2.作为社区里的家庭指导师，针对小涛妈妈的个案，你会如何开展工作？

项目一　家庭教育的内涵与功能

一、家庭教育的内涵

家庭教育是指在人类社会家庭生活中，主要是父母对未成年子女进行教育和影响的活动，它既包括家庭成员之间有意识或无意识的教育、经验或认识、有形的或无形等多层面上的影响，也包括家庭环境对其成员产生的无主体影响。

《中华人民共和国家庭教育促进法》的正式实施，把家庭教育从以往传统的"家事"转变过来，提升到新时代的重大"国事"高度，进而深入推进学校教育与家庭教育相结合。通过立法，采取了一系列的举措，做到家庭教育从以家规、家训、家书为载体的传统模式，走向以法治为主导与推动、以社会主义核心价值观为主要内容、以立德树人为根本使命，弘扬中华民族重视家庭教育的优良传统，从单一的家庭教育转变为全面发展的育人目标，形成一个完整、有效的体系；家庭教育应该被重视的是家长发挥的主体作用，不再将家庭教育看作是学校课堂教育的延伸，将家长看作是老师的辅助，贯彻落实"双减"文件精神，实现家庭教育的主体性，有利于促进家校共育的效能，有着极其重要的现实意义。

随着家长对家庭教育指导的需求日益增加，家庭教育成为一门学科，而这门学科的重要组成部分就是家庭教育指导师。随着国家和每个家庭都越来越重视孩子的教育问题，家庭教育指导师作为社会发展到一定阶段的产物，将会是今后三十年内的黄金职业。据相关权威机构的预测，未来我国至少需要百万名家庭教育咨询指导专业人才。家庭教育咨询指导行业必将成为国内最具潜力的热门行业之一，具有广阔的发展前景。现代家庭对家庭教育指导的需求可谓刻不容缓，家长们在成长的道路上对家庭教育指导的需求也日渐规范化、专业化。

二、家庭教育的基本特征

（一）家庭教育是教育体系的根基

《说文解字》中言："教，上所施，下所效也；育，养子使作善也。"意思是父母要通过言传身教，教会孩子做人做事。

习近平总书记指出："家庭是人生的第一个课堂，父母是孩子的第一任老师。"著名教育家苏霍姆林斯基也曾经说过："生活向学校提出的任务是如此的复杂，以致如果没有整个社会，首先是家庭高度的教育学素养，那么不管老师付出多大的努力，都收不到完美的效果，学校里的一切问题都会在家庭里折射出来，而学校复杂的教育过程产生困难的根源也都可以追溯到家庭。"因此，要想促进孩子的身心健康发展，就必须要加强家庭教育。家庭教育具有其独特性和特殊性，在教育体系中是无法被替代的。从历史进程中，可以清楚地了解到我国民族文化的传承和发展，家风和民族文化在家庭教育中得以传承，这是其他教育无法实现的。

家庭教育是学校教育和社会教育的根基，学校教育是教育的四梁八柱，起着承上启下的作用，社会教育是顶层防线、避雷针。家庭教育和学校教育相辅相成、相得益彰、不可或缺。万丈高楼平地起，人们受教育的根本在于家庭教育，这就说明了其重要性。家庭教育和学校教育同样是对孩子德、智、体兼备的教育，而家庭教育作为一个人接受教育之始，是影响最为长远的教育，在孩子的成长过程中起着十分重要的作用，也是学校教育和社会教育不可替代的。

（二）家庭教育具有传承性

教育是人类所独有的一种具有传承性和能动性的活动，它起着促进文化的延续、传承、保存与开发的作用。家庭教育的传承性包括内容和方法的传承，尤其家风和民族文化的传承，主要体现在以下几个方面。

1.家庭教育的方法传承 中国传统家庭教育的最大特点就是言传身教，且身教重于言传。父母辈从小就受到父祖辈的熏陶和教育，当他们长大后组建新的家庭，也同样的用从父祖辈学习的教育内容和方法对下一代进行教育，把从父祖辈身上受到的熏陶、思想观念和行为习惯，对后代施加影响和教育。家长在家庭教育中，需要不断地提高自身素质和学习新的教育方法，给孩子的成长发挥榜样模范作用。

2.家庭教育的家风传承 家庭是人生的第一所学校，父母是子女的第一任教师。父母面对子女的一切言行举止，比如生活习惯、道德品行以及谈吐举止，都不断地在教育和熏陶着子女，终将潜移默化地影响着子女的一生；所以父母不仅仅是子女第一任老师，也是子女终身的老师。一个家庭家风的形成和传承，往往需要几代人，甚至几十代人。

3.家庭教育的文化传承 "天下之本在国，国之本在家"，中华民族历来重视家教家风建设，在历史发展的长河中，形成了丰富的中华传统家训家风文化。以家庭教育为传承中华优秀传统家训文化的载体，传承和弘扬中华优秀传统家训文化中的传统家庭美德，如尊老爱幼、妻贤夫安、母慈子孝、兄友弟恭、耕读传家、勤俭持家、知书达理、遵纪守法等，这些是中华民族传统家庭美德，也是现代家庭美德的基本内容。中华优秀传统家训文化与社会主义核心价值观同根同源，我们要结合社会主义核心价值观将其发扬光大。

（三）家庭教育具有终身性

家庭教育既是摇篮教育，也是终身教育。家庭教育的终身性，是由家庭的性质和固有的家庭观念决定的，在家庭这所学校中，父母有责任教育子女，子女有义务接受父母的教育。

家庭教育开始于孩子出生之日（甚至可上溯到胎儿期），婴幼儿时期的家庭启蒙教育是孩子成人教育的第一课，在人的一生中起着奠基的作用。家庭教育既是学校教育的基本前提，同时也是学校教育的补充部分。真正有效的家庭教育，对孩子人生的塑造有重要的意义。从某种意义上说，孩子最终成长为什么样的人，家庭教育起着主导性的作用。从孩子的出生到成长，处处有家庭教育保驾护航。

家庭教育是终身性教育，它不像学校教育和社会教育那样，总是以一定的时间段规定人必须完成的学业，获得毕业或结业证书。家长的角色定位、教育观念及方法也需要随着孩子的成长、家庭结构的转变以及社会的进步等不断调整，这也要求家长的学习和成长是持续的。在家庭这所学校里，教育没有时间限制，它是人终身接受教育的重要场所。

三、家庭教育的功能

（一）家庭教育在个体发展中的奠基意义

家庭教育对人的一生发展具有重要影响。在教育这个由浅入深的过程中，对于任何人来说，最浅显、最基础的教育都是通过家庭，特别是通过父母来完成的。如果没有家庭教育所传授的那些基本知识、本领作基础，人是很难顺利接受学校教育和社会教育的。而家庭教育在教育体系中，就像是建高楼大厦的基石，基石打得好，才能建优质的高楼大厦，家庭教育搞好了，才能为培养优秀人才打好基础。这种以深厚浓烈的亲情之爱和细致入微的体贴方式进行的家庭基础性教育，是其他任何教育形式所不能取代的，它对任何人一生的成长都起着奠基作用。

与学校教育和社会教育不同的是，学校教育主要是以传播文化、知识为主体的教育，这是家庭教育跟它最大的不同，家庭教育的内容非常广泛，教育形式也非常灵活。它对人的教育，从最基本的生活本领，即吃、喝、拉、撒、睡、喜、怒、哀、乐，到劳动、社会交往、文化知识、人情世故等无不包含在内，凡是父母掌握的知识和社会生活经验，都会毫无保留地、无私地通过家庭教育传授给自己的子女和其他后人，同样，凡是家庭成员所获得的新知识、新经验，都会自觉或不自觉地感染、影响其他家庭成员。

（二）家庭教育是以德育教育为根，以生活教育为本

《家庭教育促进法》明确规定了家庭教育的根本任务是立德树人。家庭教育的核心是以德为先，教育孩子做人，奠定良好的品德和健全的人格。习总书记的"人生第一课"中，讲的就是家庭教育中"最重要的是品德教育，是如何做人的教育"，就是始终帮助孩子扣好人生的第一粒扣子。德育始于家庭，家庭教育中的品德教育往往是从家庭生活中的点点滴滴中融会贯通的，父母对子女的品德教育体现在日常生活中，是学校教育的延续，同时也是实现德育的关键。家庭品德教育是实现德育的关键。

家庭教育的本质应是生活教育。教育家陶行知提出"生活即教育",主张让教育活动回归生活,在生活中进行教育。教育是生活的一部分,而生活也是教育的一部分,两者应是相辅相成、相互融合的关系。家庭教育的发展从注重生活教育开始,让家庭教育回归美好生活,在家庭生活中进行教育。家庭教育要为孩子的幸福生活打下坚实的基础,让孩子在家庭生活中拥有走向独立与幸福的能力,从内心产生出来的一种强大的精神支撑,一种让家庭生活与个人发展更富有魅力的生命力量。

(三)家庭教育是以健全人格为核心

决定孩子一生的不是成绩,而是健全的人格。培养孩子具有健全的人格是家庭教育的核心。家庭教育是父母采用科学、有效的教育方式,不断塑造、完善和优化孩子人格的过程,使父母能够了解和遵循孩子的心理发展规律,满足孩子的心理成长需求,引发孩子成长的内驱力,让孩子不断获得更多积极人格品质的过程。

父母的教养方式、家庭结构、家庭氛围、家庭风气、亲子关系、是否独生子女等都会对孩子人格的形成和发展具有重要的影响作用。在家庭教育过程中,父母应该意识到每个孩子有不同的特点、天赋及成长节奏,孩子的成长成才是自身条件和外部环境相互作用的结果。不同的孩子会有不同的智力与能力结构、不同的阶段性成长特征、不同的性格特质、不同的兴趣爱好,他们的学习能力与学业成绩自然也会有所差异。无论孩子的起点如何、他们的成绩如何、他们未来走向何方,教育的价值取向应在于促进孩子的身心健康成长,未来有能力成为一个幸福的人。

(四)家庭教育是父母与孩子之间的双向教育

完整的家庭教育,是父母与孩子之间的双向教育。家庭教育不应该是"单向模式",即"父母讲孩子听";而应该是"双向模式",在"父母讲孩子听"的同时,还要有"孩子讲父母听"。在现代家庭关系中,由于强调个体的平等,又由于孩子对新思想、新观念、新科技有更敏锐、更良好的接受能力,他们在许多方面胜过长辈,因此父母也应该向孩子学习。在这种"双向模式"中,父母已经不是单纯的施教者,他们同时也是受教者。同样,孩子是受教者的同时也是施教者。"双向教育"强调父母和孩子之间相互尊重、相互扶持、相互教育。

家庭教育是家庭成员间特别是父母与子女间的一种相互学习、相互促进的双向教育活动。家庭教育不再只将促进孩子的成长成才作为唯一的出发点和落脚点,孩子也不再是家庭中的唯一受教育对象,而是强调家庭全体成员的共学互学、共生共长;强调家庭教育首先是对家长的教育,若要孩子天天向上,家长先要好好学习;强调家庭成员基于彼此尊重、相互平等、相互了解的原则,通过相互支持、沟通对话来认识与解决问题,实现孩子和家长的共同进步与成长。由此,家庭成为一个具有知识共享特征的学习共同体。

项目二 家庭教育的常见内容与方法

一、《家庭教育促进法》的实施

2022年1月1日正式实施《中华人民共和国家庭教育促进法》。这是我国首次就家庭教育进行专门立法，是我国第一部专门规范和指导家庭教育的法律。制定家庭教育促进法，是大力弘扬中华民族家庭美德的法治体现，也是促进未成年人健康成长和全面发展的法治保障。

随着很多新生事物的出现，使得教育孩子变得更有挑战。如何把自家的孩子教育好？很多家长也常常犯难。据全国妇联的调查显示：多数父母存在着不同程度的养育焦虑。而这些困扰和焦虑，不仅影响家庭关系，也严重影响着未成年人的身心健康，是一个需要直面的社会问题。《家庭教育促进法》的真正的意义，不是要惩罚家长，而是要为家长赋能，给予家长支持、指导和帮助。对每一位父母来说，教育孩子的过程是家长自我教育、自我成长的过程。

二、家庭教育的六大内容和九大方法

《中华人民共和国家庭教育促进法》明确了家庭教育的概念、内容和方法，规定父母或者其他监护人负责实施家庭教育，国家和社会为家庭教育提供指导、支持和服务，国家机关、国家工作人员带头做好家庭教育工作。

（一）家庭教育的六大内容

1.培养家国情怀。教育未成年人爱党、爱国、爱人民、爱集体、爱社会主义，树立维护国家统一的观念，铸牢中华民族共同体意识，培养家国情怀。

2.培养良好道德品质。教育未成年人崇德向善、尊老爱幼、热爱家庭、勤俭节约、团结互助、诚信友爱、遵纪守法，培养其良好社会公德、家庭美德、个人品德意识和法治意识。

3.帮助未成年人树立正确的成才观。引导其培养广泛兴趣爱好、健康审美追求和良好学习习惯，增强科学探索精神、创新意识和能力。

4.促进身心健康发展。保证未成年人营养均衡、科学运动、睡眠充足、身心愉悦，引导其养成良好生活习惯和行为习惯，促进其身心健康发展。

5.关注未成年人心理健康，增强其自我保护的意识和能力。教导其珍爱生命，对其进行交通出行、健康上网和防欺凌、防溺水、防诈骗、防拐卖、防性侵等方面的安全知识教育，帮助其掌握安全知识和技能，增强其自我保护的意识和能力。

6.帮助未成年人树立正确的劳动观念。参加力所能及的劳动，提高生活自理能力和独立生活能力，养成吃苦耐劳的优秀品质和热爱劳动的良好习惯。

（二）家庭教育的九大方法

未成年人的父母或者其他监护人实施家庭教育，应当关注未成年人的生理、心理、智力发展状况，尊重其参与相关家庭事务和发表意见的权利，合理运用以下方式方法。

1.亲自养育，加强亲子陪伴。父母要亲自教育和培养自己的孩子，不能把教养孩子的责任交给家庭其他成员，比如孩子的外婆、外公、爷爷奶奶及保姆，他们可以配合教育，但教育的主要责任人是父母；父母在养育子女过程中，陪伴至关重要，如果孩子长期得不到陪伴，很容易出现行为偏差及心理问题。

2.共同参与，发挥父母双方的作用。父母在养育孩子方面有着各自的功能，父亲和母亲是无法相互替代，一定要共同养育孩子，才能发挥父母双方的作用。

3.相机而教，寓教于日常生活之中。孩子的综合能力及良好的品德都是在日常生活中慢慢形成的，父母要在日常生活中根据家庭活动、生活中相机教育。

4.潜移默化，言传与身教相结合。父母要以身作则、言传身教，给孩子树立好的榜样，让孩子在父母身上学习到优良的品德。

5.严慈相济，关心爱护与严格要求并重。教育孩子要因材施教，既要严格要求，又要关爱孩子，两者相互结合。

6.尊重差异，根据年龄和个性特点进行科学引导。每个孩子都是一个独立的个体，父母要有发现的眼光，发现孩子的闪光点，尊重孩子的差异性，培养孩子成为独一无二的自己。

7.平等交流，予以尊重、理解和鼓励。与孩子平等交流，及时疏解孩子出现的问题，给予孩子足够的尊重、理解和鼓励，孩子才会身心健康成长。

8.相互促进，父母与子女共同成长。父母要了解不同年龄段孩子的生理、心理发展需求，与孩子一起学习，共同成长。

9.其他有益于未成年人全面发展、健康成长的方式方法。父母要了解和掌握孩子每一个发展时期会出现的问题，比如早恋、青春期叛逆等，及时运用常识和技巧帮助孩子度过每一个发展的关键期。

三、家庭教育的原则

家庭教育的原则是在实施家庭教育的过程中，根据未成年人的身心发展、个性发展、品德的形成规律和社会主义教育的目的，制定与家庭教育相适应的基本要求和基本原则。家庭教育应遵循以下几个原则。

（一）因材施教原则

因材施教的理念源自古代教育家孔子的教育理念，父母要根据每个孩子的自身的特点，给予相应的教育。因材施教是家长的教育素养之一，具体分为"识材"和"施教"两个方面。"识材"，就是真正认识孩子，父母从生理、心理、文化等多个角度认识孩子、理解孩子，从而逐渐形成一套属于自己的教育方式方法，将孩子的潜能和品质发挥出来，让孩子成为独一无二的自己。"施教"是父母在全面认识孩子的独特性后，展开一系列教育行为。不要片面的关注孩子的长处或过度聚焦孩子的短处，父母应引导孩子主动发展，要尊重孩子，因势利导，顺势而为，扮演好辅助角色，助力孩子成长。

（二）言传身教原则

托尔斯泰曾说："全部教育，或者说千分之九百九十九的教育，都归结到榜样上，归结到父母自己的端正和完善上。"对于孩子的最基本的教育就是言传身教，在日常生活中，父母通过语言上的引导和以身作则来教育孩子，应时刻注意自己的言行举止，树立正确榜样，比如，在过马路时要遵守交通秩序，在商场购物结账时要有序排队，在公交车上主动让座等，父母从现实生活中身体力行地引导孩子，孩子自然而然会学到一些道理。所以说言传身教是永不过时的，会滋养孩子健康成长成才。

（三）循序渐进原则

十年树木，百年树人。家庭教育要遵循孩子客观的成长规律，根据不同年龄段的不同认知、不同特点、循序渐进地培养孩子的性格和能力，激发孩子的内在潜力，促进孩子的自由发展。孩子的成长就如大树的年轮一般，一圈一圈的生长，是一个缓慢的过程，短时间内是很难看到明显进步的。父母在教导孩子的时候很容易会陷入盲区，对孩子的期望值过高，从而出现揠苗助长的现象。只有从孩子的实际出发，循序渐进地启发和养育孩子，才能达到教育的目的。

（四）教育一致性原则

教育的一致性，是指家庭成员对孩子的教育观念、要求、方法要一致，相互配合，使孩子的品德和行为按照正确的培养方向发展。对孩子的教育，并不是特定一个人的事，而是多方协作的事情。家庭教育会直接影响孩子的性格品质和人生观的塑造，在孩子的教育方式上，其他家庭成员要配合父母，教育的思想要统一，目标和方法要协调一致，即便在教育过程中出现有分歧，也不要在孩子面前争吵，以免引起家庭冲突，影响孩子的身心发展。

四、家庭教育回归育人本位

最好的教育是家庭本身。让家庭教育回归本质，回归"人之为人"的内核；教育回归家庭，在激活家长的内生动力、发挥家庭教育作用方面起着不可替代的作用。

家庭是社会的基础，父母承担着对未成年人实施家庭教育的主体责任。孩子生活在家庭中，受父母的影响是最直观、强烈的。明确父母的主体性责任，是父母担负起家庭教育责任的需要，更是保证家庭教育成果的迫切需求。归根究底，体现在以下两个方面。

（一）提升父母的自我学习能力

《教育部关于加强家庭教育工作的指导意见》明确指出，"广大家长要全面学习家庭教育知识，系统掌握家庭教育科学理念和方法，增强家庭教育本领，用正确思想、正确方法、正确行动教育引导孩子；不断更新家庭教育观念，坚持立德树人导向，以端正的育儿观、成才观、成人观引导孩子逐渐形成正确的世界观、人生观、价值观；不断提高自身素质，重视以身作则和言传身教，要时时处处给孩子做榜样，以自身健康的思想、良好的品行影响和帮助孩子养成好思想、好品格、好习惯；努力拓展家庭教育空间，不断创造家庭教育机会，积极主动与学校沟通孩子情况，支持孩子参加适合的社会实践，推动家庭教育和学校教育、社会教育有机融合。"

"家长"是什么性质的"职业"？它是一个不经过考核就可以上岗、永远不会因为考核不合格而下岗的职业。家长也是第一次当父母，也没有全面、系统地学习过家庭教育知识。作为家长，除了认真履行自己的职责和对孩子的管教外，还要有责任提高自己的能力和学习正确的教育方法。为人父母，最先要做的课题是自我成长。在不断的学习和自我成长中，以榜样的力量去感染和教育孩子。

（二）为家庭教育引入专业的力量

当今社会对于家庭教育指导的需求日益强烈，无论是政策导向还是市场需求，都在引导全社会重视家庭教育，更揭示了家庭教育指导的重大意义——解决现实问题，为家长服务。

从供给的角度来看，为家庭教育引入专业力量，通过专门的机构，来培养家庭教育及相关学科的专业人才，参与到学校和社区等举办和开展的实践活动中。家庭教育指导服务如何才能有效提供，这与家庭教育工作机制建设、机构实施服务能力和专业人员工作能力等因素密切相关。

从需求的角度来看，为家庭教育引入专业力量，通过专业化的家庭教育指导服务就是要为家长赋能，给予父母支持、指导和帮助。父母也需要学习，对每一位父母来说，教育孩子的过程，往往需要付出许多的心血和耐心，而这个过程，也往往是家长自我教育、自我成长的过程。

家庭教育的主体是父母和孩子，教育者是父母，被教育者是孩子，两者都是主角。父母要不断学习和掌握新的家庭教育理念和科学的教育方法，并通过不断了解孩子的独特个性和喜好，因材施教，才能帮助孩子发现健康健全的人格。孩子作为未成年人，在成年之前都是被教育的对象，需要家长从旁提点，在保障生活品质和安全性的基础上，助力其扬长避短。父母和孩子之间是相辅相成的关系。

五、新时代家庭教育的三大问题

新时代家庭教育，根据家庭教育主体组成部分，可以概况为三大问题。

（一）母亲在家庭教育中的焦虑

有不少家庭，母亲是家庭教育的主要承担者，曾经因为一句"不能让孩子输在起跑线"，为孩子报了一个又一个的课外班……在"双减"政策出台后，作为母亲反而更加的矛盾和焦虑，一方面拍手叫好，一方面又担心落实不到位，担心会迎来新一轮的"地下"培优。"双减"是减少了孩子的作业，却减少不了母亲的焦虑，越减少反而越焦虑；作业量减少了，孩子的练习达不到一定量，很难达到考试的要求，学习成绩跟不上，万一孩子掉队了，考不上好的学校怎么办？焦虑别人家的孩子都在偷偷跑在前面了，自己的孩子还在慢慢走……

过于焦虑，会有负面情绪。做一个情绪稳定的母亲，学会接纳自己的情绪，接受现实，在思考和反思中寻求新的、适合的教育方式；要明白照顾好孩子，首先要照顾好自己，尝试在自己的需要与孩子的需要中寻找平衡点。更重要的是明白：有效的家庭教育应该是培育出有解决问题能力的、有责任担当的、积极乐观并能不断完善自我的人。

（二）父亲在家庭教育中的缺失

腾讯网曾做过这样一个调查，内容就是有关于"父亲的陪伴"这一话题，结果发现78%的被访者认为父亲陪伴孩子的时间是不够的，仅6%的父亲会把自己80%业余时间用来陪伴孩子，所以说中国的孩子父爱缺失可见一斑。

都说"母爱如水，父爱如山"，孩子的成长，需要父母的均衡陪伴。父亲这一角色，不应该单单是提供物质生活的形象所在，更多的时候应该是为孩子树立榜样，提供安全感，引导孩子探索发现世界，鼓励孩子勇敢面对挑战的高大形象所在。在孩子的心目中，父亲都是超人，是能给他们带来安全感的巨人，这是一种与生俱来的潜意识，几乎不必母亲的解释，单单从对父亲的观察和接触中，就会生成这一形象设定。父亲的陪伴高于提供物质条件这一职责，对孩子的成功塑造有着不容忽略的重要意义。一个合格的父亲，应该注重对孩子高质量的陪伴。

（三）孩子在家庭教育中被严苛要求

每位家长对待教育都有自己的见解。有的孩子是在父母的严厉教导下长大的，而有的孩子却是在父母的宽松要求下长大的。一般严格的父母多半会经常指责或者打骂过孩子，孩子的童年都会过得比较紧张和小心翼翼，而对孩子要求不苛刻的父母则会给予孩子自由的成长空间，孩子在父母面前永远都不会因为不小心做错了事而心惊胆战。不断被要求的孩子，一旦形成思维模式后，孩子的内驱力和发展潜力都会被压制，连自己都会挑剔自己，不敢相信自己，更不敢轻易靠近父母，而是逐渐收敛自己的需求，变成一个内向、讨好、胆怯的孩子。

父母对孩子要求过于严苛，总是不停地指责孩子，必然会给孩子带来负面的心理影响。在很多父母的眼里，孩子就是自己的一种精神延续，因此父母总想用最快、最有效的教育方式，让孩子尽早掌握生活的知识、社会的知识。父母总站在大人的角度思考，苛刻要求孩子达到大人的要求，一旦孩子做不到，就会苛刻指责、严厉的批评。过于严苛的要求和过激的言语，会使孩子越来越自卑，失去自信心；让孩子因为害怕自己做错事被责骂，内心极度不安全，容易出现自闭抑郁的倾向；孩子也会越来越疏远父母，不敢或者不愿意跟父母沟通，和父母越来越有距离感。

《父母的语言》作者达娜·萨斯金德说："孩子一生的学习、行为以及健康状况，都建立在与父母积极的、相互回应的、礼尚往来的基础之上。"每一个孩子都应该被父母温柔地善待，睿智的父母会成为孩子成长路上的引路人。

六、新时代智慧父母应具备的能力

父母是有"有效期"的，童年时代父母是孩子唯一的依靠，是父母教育孩子的黄金时期；等孩子长大了，从依赖走向独立，从家庭走向社会并逐步适应社会，更需要一位有智慧的家长作为领路人。新时代的家庭教育是一项智慧工程，父母又需具备哪些能力呢？

（一）高效陪伴

董卿在《朗读者》中说："陪伴很温暖，它意味着这世界上有人愿意把最美好的东西给你，那就是时间。"从家庭教育的角度来说，陪伴是一门学问，陪伴是最好的教育，真正高效的陪伴不在于时间的长短，而在于陪伴的质量。

亲子陪伴是一个过程，这个过程是由各种美好的时光片段组成的。陪伴的形式可以是多样的，时间也可长可短，可以是上学前的一个暖暖的拥抱，可以是在餐桌上的互动交谈、分享一天发生的趣事，可以是睡前讲故事，营造一个轻松而愉悦的氛围；可以和孩子共同去完成一件事，比如一起做手工，一起读书，一起学习；遇到困难的时候，安抚他紧张、焦虑的情绪，引导他如何处理问题等。

陪伴是双向的愉悦，父母不要对孩子有过多的要求或过高的期待，在陪伴孩子的时候，不论是遇到开心的事情，还是不开心的事情，父母都要接受并引导孩子的情绪和情感，与孩子一起分享心灵。在这样充满爱和尊重的氛围里，亲子进行深入的交流，孩子感受到的是丰盈的爱和温暖，父母收获到的是幸福和满足，家庭氛围也变得温馨而美好，双向的愉悦便油然而生。

（二）有效的沟通

有效沟通，可以促进亲子和谐；无效沟通，会造成亲子之间的隔阂。

在亲子沟通中，父母和孩子都是不同的个体，具有不同的个性、角色、知识背景、阅历等，在双方沟通中，只有充分的换位思考，在沟通中达到共情的良好状态，沟通才是有效的。

在亲子沟通中遇到困难时，父母要意识到自己是构建良好亲子关系的第一责任人，要善于从已有的经验中总结反思，尊重孩子的独立性和独特性，稳定自己的情绪，丰富沟通的内容，善用有效的沟通方式，在沟通中增进彼此的情感联结，与孩子共同面对、解决成长过程中出现的问题，最终实现有效的亲子沟通。

亲子沟通是家长与子女双向互动的过程，其目的在于增进情感联结或者解决问题。家长要意识到亲子沟通不是单向的过程，要尊重孩子的独立性。父母要放下高高的姿态，静下心来聆听孩子的心声。可以安排固定的亲密时间进行谈心，如每天睡觉前，以尊重、真诚的态度，和孩子聊天谈心，增进亲子之间相互了解的机会。若是十分忙碌，也可有意识地留出固定时间共同做一项活动，和孩子共度美好时光，增进亲子关系。

（三）尊重与理解

父母要承认孩子是一个真正独立的个体，会有自己的想法和意愿。真正的尊重孩子，不是单纯地理解为不打骂就是尊重，而是将他们看作跟我们一样享有同等决定权的人。父母要懂得信任孩子，给孩子表达自己的权利，赋予孩子自主权，尊重孩子的选择；在与孩子意见发生冲突时，能认真理解和体会孩子的感觉和需求。

尊重孩子的成长规律，孩子每个年龄段都有自己应该做的事情，父母要尊重孩子的生长规律，及时给予帮助和引导。尊重不是一味地满足孩子的需求，而是有一定的约束标准，教养的过程中的给予与要求是两者并重的。使得孩子在不同的阶段做不同的事情，以不同的方式满足自我价值，在不同的事情中感受成长中的挫折感和成功感。

真正给予孩子尊重和关爱，孩子也会回报给父母理解和接纳。家庭是一个人最温暖的港湾，只有让家庭教育发挥应有的积极引导作用，建立起和谐温暖的亲子关系，才能为孩子的人生打造一个幸福的底色，才能让他们在人生道路上自信、勇敢地前行。

（四）善于欣赏

不要低估孩子身上蕴含的潜能，也许给他们一个支点，真的可以撬动我们都无法估量的物体，有时候欣赏会成就一个伟大的人。美国心理学家威廉·詹姆斯说过，"人性最深刻的原则就是希望别人对自己赏识，给予欣赏"。父母要有一双发现美的眼睛，及时地欣赏和发现孩子的闪光点，同时也要善于挖掘孩子的潜能，孩子得到欣赏和认可，会变得更有自信。

欣赏不等于一味地夸奖孩子，父母要分清事情的轻重，不是所有事情都值得表扬，要教会孩子明辨是非。欣赏教育是一种增强孩子的心理体验，纠正孩子不良行为的有效方法。父母要及时发现孩子的变化与需要，给予孩子必要的理解、帮助和支持，学会从另一个角度去欣赏孩子。

有智慧的父母，不会一直着眼于孩子的短处，总是爱与别人家的孩子比较，只会将孩子的今天与昨天比，现在跟过去比。人生是在不断的试错中成长的，允许孩子犯错，父母要耐心帮助孩子认识错误，让孩子去感受自己行为带来的后果，学会对自己的行为负责。

（五）热爱阅读

阅读塑造大脑，阅读也塑造社会、塑造国家。因此有效的阅读素养的培育，对于一个国家来说十分重要，阅读不仅仅是个人问题，群体阅读能力是国家的核心竞争力。

最好的家庭教育，应该从"亲子共读"开始，从父母与孩子的分享开始。亲子共读，是父母与孩子一起成长的重要途径。智慧的父母会让儿童适当远离电视。因为儿童在成长的最关键时期，如果养成了对电视和手机的依赖是很危险的。只有当孩子对书的兴趣远远大于对电视和手机兴趣的时候，才能自然而然的远离电视和手机。

（六）理念一致

近年来，大城市的年轻父母工作压力日益增大，祖辈则成为教养孩子的"主力军"。隔代教育的最大弊端在于"重养轻教"。"双减"背景下，父母更需要与祖辈联合教养，保持教育的一致性。作为孩子的父母，更应理清自己的养育责任，千万不要让老人完完全全代替父母第一责任人的角色。

父母的教育理念是在不断学习、实践和磨合中形成的，每个家庭都会有其独特的教育方式，当父母在家庭教育中产生分歧时，不宜当着孩子的面争吵，可以提前沟通和协调好，父母保持教育的一致性比事情的对错更重要。父母双方当着孩子的面，应该是团结一致的，这样既能保证父母在孩子面前教育的权威性，又能让家庭氛围更加和谐。

项目三　劳动教育

一、劳动教育的内涵

劳动教育一般被划分为学校劳动教育、家庭劳动教育和社会劳动教育。具体而言，学校劳动教育的目标是培养符合时代发展需求的劳动者；内容上以培养学生劳动素养为核心；其实施是以劳动实践为主。

教育部将《劳动教育》教材纳入教科书目录时指出，劳动教育以实践为主，全国各地情况差异较大，全国不统一使用一种教程，由各省级教育行政部门基于劳动教育教学的实际需要，明确劳动实践指导手册编写要求，满足不同地区学校的多样化需求。

劳动教育的范围主要包括日常生活劳动、生产劳动和服务性劳动中的知识、技能与价值观。日常生活劳动教育立足个人生活事务处理，结合开展新时代校园爱国卫生运动，注重生活能力和良好卫生习惯培养，树立自立自强意识。生产劳动教育要让学生在工农业生产过程中直接经历物质财富的创造过程，体验从简单劳动、原始劳动向复杂劳动、创造性劳动的发展过程，学会使用工具，掌握相关技术，感受劳动创造价值，增强产品质量意识，体会平凡劳动中的伟大。服务性劳动教育让学生利用知识、技能等为他人和社会提供服务，在服务性岗位上见习实习，树立服务意识，实践服务技能；在公益劳动、志愿服务中强化社会责任感。

二、劳动教育的分类

（一）学校劳动教育

《中共中央国务院关于全面加强新时代大中小学劳动教育的意见》印发，中小学劳动教育课每周不少于1课时，近年来被淡化、弱化的劳动教育又有了"硬指标"，德智体美劳的最后一个"劳"字，不再是可有可无。

《义务教育劳动课程标准（2022年版）》作出了新的修订，赋予了新的内涵。新版劳动课程标准更加贴近生活实际，具有很强的参与性和操作性，同时要求学校在劳动教育和劳动实践中务必要把握好新的要求和新的标准，在立足全面育人的基础上，将劳动教育课程和国家教育方针政策融合在一起，强调劳动教育的重要性，充分探索劳动教育的方式，深入开展劳动教育。教师在日常教学中，将劳动教育渗透到与学生密切相关的生活中，学生也应主动参与劳动实践，在劳动中体验和感悟生活。比如，城市里的学生通过参加农耕劳动实践活动，学习农耕文化，感受丰收的喜悦，更在辛苦的劳作中深刻感悟到"一粥一饭,当思来之不易;半丝半缕,恒念物力维艰"。这是在传统课堂中无法切身感悟到的,这就是劳动教育的意义所在。

劳动教育是立德树人的重要途径,学校落实"双减"工作的重要抓手,应将劳动教育摆在"五育并举"的重要位置,将劳动教育理念融入教育教学全过程,从"课本"到"生活",从"认知"到"实践",让劳动教育全面培养学生的劳动技能、劳动观念、劳动兴趣,为学生成长赋能。主要体现在以下几个方面。

1.将劳动教育的理念融入教育教学全过程　学校要推进课程融合和学科渗透,注重知识内在关联及与生活实际的有机联系,全面提高劳动教育的综合育人价值。学校劳动课程设置分为国家课程、自主发展课程和社会参与课程三个部分。课程内容有了新的变化,主要围绕日常生活劳动、生产劳动、服务性劳动3类,结合学生不同的年龄特征和认知水平,在劳动实践活动中设置不同层次的活动内容和活动方式,循序渐进地开展各种类型的实践活动。有针对性地对不同年级的学生实施综合实践活动,使学生的体验和认识不断深化。

让学生学会尊重劳动和热爱劳动,且在教学中如何培育学生的劳动观念。如何将劳动价值融入课程中,这是学校劳动教育的关键。在教学中要注重以大概念为理论基础,将核心知识融入学科或跨学科的主题、项目或任务中,运用新颖的教学设计和教学方法,系统地梳理教学内容和归纳知识点,从而促进劳动教育的高质量开展。劳动教育与各专业知识紧密相关,有助于培养学生的综合素质和实践运用能力,让学生在走入社会前能够拥有积极的劳动观念和基本劳动技能。

学校教育与家庭教育紧密结合,积极探索形成家庭、社会、学校密切联系的劳动教育体系和模式,发挥劳动树德、增智、强体、育美的作用,提高学生的综合素质。

2.培养学生良好的劳动习惯　培养学生正确的、完整的劳动认知,劳动技能很重要、劳动情感很重要,但最重要的还是劳动习惯;对于学生而言,劳动教育不是某时某刻的热闹,而是每时每刻的唤醒和激发。

引导学生树立热爱劳动、热爱生活等正确的劳动价值观,摒弃不劳而获、虚荣攀比等错误思想;必须提高学生的家庭劳动素养,增强其生活自理能力和独立生活能力,养成吃苦耐劳的优秀品格和热爱劳动的良好习惯。教师在劳动教育和劳动实践中激发学生主动劳动的意愿,鼓励他们完成力所能及的家庭劳动,养成自觉承担家庭劳动的习惯,为促进学生全面发展和健康成长厚植根基。

3.培养专业的劳动教育师资队伍　开展劳动教育,教师是实施的关键,建立一支专业化的劳动教育教师队伍至关重要。教师队伍的建设,既要加强专业劳动教育师资的培养,同时也要充分利用现有的家政学专业师资,对劳动教育师资进行补充,提升家庭劳动教育实践教学质量,满足家庭劳动教育师资需求。学校要加强教师的劳动理论知识和实践知识的学习，提升专业素养，让教师真正理解劳动教育的价值和意义；在教学和科研中，教师要积极主动地探索和敢于创新，将劳动教育融入各学科建设，以课堂教学为突破口，在教学中渗透劳动教育，在科研中探索劳动实践的意义；健全考核激励机制；通过专业的培训，提升教师劳动教育的业务水平，同时，学校也要紧跟社会变化，不断拓展社会资源，及时更新劳动实践内容。

4.劳动教育协同育人 劳动教育存在于学生生活的家庭、学校和社会三个空间，只有密切合作、三方联动，共同营造良好的劳动教育氛围，形成家校社协同的劳动教育共同体，才能实现劳动教育独特的价值和功能。

劳动教育要以学校为主导，以家庭为主阵地，在社会的支持和政府统筹下，使劳动教育贯通课堂内外、校园内外，让学生从课堂走入真实生活，解决生活中的真实问题，感受劳动价值。学校、家庭、社会合力协同，才能真正有效开展家庭劳动教育，培养学生正确的劳动价值观、良好的劳动习惯和品质，培养懂劳动、会劳动、爱劳动的新时代青少年。

（二）家庭劳动教育

《中共中央国务院关于全面加强新时代大中小学劳动教育的意见》特别强调，"家庭要发挥在劳动教育中的基础作用"。家庭应该是教育的主战场。尤其是，孩子的德性养成，人品素质，健全人格塑造等综合"情商"培养方面，家庭的作用往往比学校和社会更加重要。劳动教育更主要的是价值观、人生观、世界观的"情商"培养问题，更多涉及的是做人的问题。所以，没有家庭参与，劳动教育是不会有效果的。

在劳动教育中，家庭劳动教育是必不可少的一个环节。在激烈竞争的时代，我们无法预测未来的人们会面临怎样的挑战，以家庭劳动教育为起点，让孩子从小树立正确的劳动价值观，养成良好的劳动习惯，培养独立的生活自理能力，是未来竞争能力的基础。

家务劳动是生活的一部分，孩子有承担义务；家务劳动的能力，会锻炼孩子的动手能力，培养孩子的耐心、爱心、感恩之心。中国教育科学研究院一项家庭教育状态调查报告显示，孩子爱做家务的家庭中，孩子成绩优异的比例是86.92%；而认为"只要学习好，做不做家务都行"的家庭中，孩子成绩优异的比例是3.17%。所以家庭劳动教育对孩子的成长有着重要的意义。

1.在家庭劳动教育中树立正确的劳动观 家庭教育在帮助孩子树立正确的劳动观上具有重要位置。家长应该在家庭劳动教育中帮助孩子树立正确的劳动观，即劳动光荣、劳动者可敬、尊重劳动。尊敬劳动者，要以劳动为荣，要与一切轻视劳动、歧视劳动者的观念和行为决裂，要坚决反对好逸恶劳、不劳而获的思想和行为。

2.在家庭劳动教育中建立和谐的亲子关系 孩子在生活劳动中既能收获成长又能体验劳动的快乐，更重要的是，在潜移默化中让责任心也得以养成。此外，这些源于家庭的劳动，能够让孩子体会到父母的不易，懂得体谅他人、珍惜生活，在家庭劳动中建立和谐的亲子关系。

3.家庭劳动教育让孩子拥有幸福生活能力　做家务能培养孩子自信心和责任心，促进人际交往能力的发展，改善情绪状态，促进情绪健康，增强心理韧性或意志力，增强社会适应能力。劳动素养是进入社会必不可少的素养，当孩子体会到了劳动带来的参与感、成就感和价值感，统合在一起就是满满的"幸福感"。

（三）社会劳动教育

社会劳动教育在广阔的社会中，在丰富多样的实践中，在各种以身体力行的行动中，在以劳育人中培养学生的担当和责任意识。社会劳动可以是深入到田间地头、工地等劳动场所，与普通劳动者一起经历劳动过程；到社区、福利院、医院、博物馆等场所参加志愿服务、公益劳动；到现代服务性企业见习实习；到社会参加勤工助学活动；大学生的社会实践还可以结合暑期"三下乡""三支一扶""西部计划"等社会实践开展服务性劳动；可以参与实习实训专业服务和创新创业活动。社会劳动教育能让学生动手实践、锻炼意志，从中更加深刻地了解国家和社会，增进家国情怀。

劳动无处不在，可以随时随处进行，劳动教育需要校内外新形态劳动资源的支持，学校可以多渠道拓展校内外新形态劳动实践基地，保证日常劳动教育的有效开展，可以整合现有的校本资源，加速推进校内劳动实践基地的建设和改造，增加一些现代农业、现代工业的元素，以适合新形态劳动教育的开展；学校可以拓展校外劳动实践基地，比如跟当地的企业、职业技术学校、校外活动机构合作开发新型的劳动教育项目，共同建设形态多样的校外劳动实践基地。

新时代社会的构建，离不开社会各界的支持和配合，更离不开各行各业对社会的责任和使命。我们在各种重大节日和突发事件中，可以看到劳动教育已经潜移默化地渗透其中，通过网络直播、新闻采访、传统文化播报、开展主题展览以及系列社会实践活动等形式和手段，有意识地打造全社会范围的劳动教育大讲堂，形成劳动最光荣、劳动最崇高、劳动最伟大、劳动最美丽的良好社会氛围。

三、新时代的劳动教育

《中共中央国务院关于全面加强新时代大中小学劳动教育的意见》的发布表明，劳动教育已经被正式作为中国特色社会主义教育制度的重要内容，纳入整个国民教育体系；2021年新修订的《中华人民共和国教育法》第五条将新时期的教育方针调整为："教育必须为社会主义现代化建设服务、为人民服务，必须与生产劳动和社会实践相结合，培养德智体美劳全面发展的社会主义建设者和接班人"。

教育部印发的《义务教育劳动教育标准（2022版）》，明确将劳动课从综合实践活动中独立出来，将"整理与收纳""烹饪与营养""传统工艺制作"等劳动内容纳入到全国中小学课堂。

新时代，要将培养孩子的劳动观念、劳动能力、劳动习惯和品质、劳动精神贯穿教育教学全过程，引导孩子热爱劳动、热爱人民、德智体美劳全面发展，成为勇于担当民族复兴大任的时代新人。这才是新时代劳动教育的真正意义所在。

全面贯彻落实党的教育方针，大力加强新时代的劳动教育，做好全面部署，明确劳动教育的主要任务和方向，充分认识劳动教育的重要意义，加速高质量发展劳动系统，是强国教育的重要举措，也是办好人民满意教育的主要体现。新时代劳动教育，是让学生在实践中培育劳动素养，培养创新意识，学会生存和创造劳动价值。当前，我国已进入新的发展阶段，劳动形态也有了前所未有的变化；同时，科学技术的发展，让科技劳动已逐渐成为第一生产劳动。以"立德树人、实践育人"为原则，以劳动教育为导向，发挥劳动教育的引领功能，培育全面发展的未来建设者，是新时代劳动教育的意义所在。

四、劳动教育未来的发展

"教育与生产劳动相结合"是我国教育的基本方针，习近平总书记在全国教育大会上的讲话将劳动教育提到一个新的高度，从促进青少年全面发展的有效途径提升为与德智体美并举的、全面培养的教育体系。这种新的提升既是对国民教育体系的进一步完善，也是对新时代国家发展与个体发展所面临新问题的主动回应。

在多元化、现代化、工业化、信息化和人工智能等持续推进的时代浪潮中，劳动已经分化出越来越多、越来越复杂的形态，原有劳动教育政策在新时代中面临着诸多新的挑战。劳动教育未来的发展，旨在将劳动教育融入生活体验中，在实践中通过多种形式、依托网络化和智能化，最终实现劳动教育目标。主要体现在以下几个方面。

（一）劳动教育融入人才培养

党的二十大报告指出："培养造就大批德才兼备的高素质人才，是国家和民族长远发展大计。"德才兼备的人才成长背后，离不开劳动和劳动教育。

坚持"以劳树德、以劳增智、以劳强体、以劳育美"的五育融通价值取向，把劳动教育纳入人才培养全过程，贯通大中小学各学段，贯穿家庭、学校、社会各方面，促使不断丰富劳动教育内涵，将劳动教育融入人才培养全过程，坚持立德树人，促进学生形成正确的世界观、人生观和价值观，坚定劳动创造美好生活的信念，培养德智体美劳全面发展的社会主义建设者和接班人。

在学校劳动教育中，充分利用社会、家庭、企业等优质资源，整合各方力量投入到劳动教育中来。通过校园劳动、社会实践、校内实训、顶岗实习、实践基地等途径，让学生有真实的、充分的劳动体验，增强劳动意识。以劳动教育为载体来培养人才，把劳动教育提高到与德智体美同样重要的地位，注重将"劳动育人"融入践行立德树人的根本任务中，多措并举推动劳动教育"劳动育人"理念贯穿于学生教学培养与实践过程。不断构建和完善劳动育人体系，实现理论教学和实践课程的完美融合，从而使学生理解劳动的深意、培养劳动品质、提高综合素质、增强社会责任感，更加注重在实践中达到自身的全面发展。学校劳动教育可以促进学生知行合一，积极践行社会主义核心价值观，实现人才培养的目标。

（二）劳动教育要贴近现实生活

生活即教育。劳动教育贯穿于孩子成长的全过程，应将劳动教育从学校拓宽到家庭、社会，劳动教育就在日常生活中，如：植物种植，浇水、拔草、施肥、松土、除虫；每天打扫教室卫生；在家做家务劳动；随父母下工厂；参加社区志愿者活动等，在劳动中探索生活、主动观察、亲身体验、在劳动中收获快乐，懂得尊重劳动、珍惜劳动成果。

在劳动课程规划中，打破了教育空间的限制，创新利用社会实践、校内技能比拼、家庭劳动作业等进行教学探索，让学生们在大自然、教室里、家庭中，"解锁"更多劳动技能。将劳动教育与学生的个人生活、校园生活和社会生活有机结合起来，劳动与德育、美育、体育、智育相融合，丰富劳动体验，提高劳动能力，深化对劳动价值的理解。

近代教育家陶行知先生曾经说过："劳动的生活就是劳动的教育"。可见，劳动教育的内容要与学生的学习和日常生活紧密接轨，要尽可能地贴近现实生活来开展劳动教育。学校以综合实践活动的方式融入劳动教育，根据学生的心理和生理发展规律，制定循序渐进的劳动教育体系，让学生在亲身体验和实践中，感受劳动的乐趣和感悟劳动的价值。劳动是一种学习历程，学生在劳动教育中能主动地参与群体活动，在团体生活中能与同伴和睦相处，学会协作和分享，发展人际交往能力，建立归属感和认同感；同时，也能在劳动教育中培养学生"热爱祖国"的家园情怀，学习中国传统文化知识，激发学生对我国文化遗产的自豪感。

（三）劳动教育的形式多样化

针对不同地域、不同年龄、不同专业的学生，满足多样化和个性化的劳动实践需求，从知识到实践、从课堂到生活，将劳动的观念和习惯融入其中，学校、家庭和社会协同育人，让劳动教育落地生根。充分利用校内、外的劳动训练基地以及其他社会资源，拓展实践渠道，丰富实践形式，让劳动教育贯穿整个育人过程，与德育、智育、体育、美育相结合，坚持五育并举，培育时代新人。

常规的劳动课程是由教师指导和学生实践两部分组成，课程是实施劳动教育的主要载体，主要是通过课堂授课形式完成。综合实践活动课程是以实践为主，各学科知识相融合，根据不同的项目科学、合理地确定劳动场所；从培养学生劳动技能和劳动素养出发，制定劳动教育课程计划和操作方法，将劳动与教育有机统一，有效拓展劳动实践体验。部分院校还结合地域特色，挖掘社会劳动教育资源，制定符合学生实际的劳动教育内容。

无论用哪一种形式开展劳动教育，都只是一种载体、一种手段而已，不是劳动教育所要追求的最终目标，劳动教育的目的在于帮助学生找寻学习的内在乐趣、追求个性自由与创造性、求索人生意义。

（四）劳动教育的创新性

新时代劳动教育的创新性，是在原有的基础上创新劳动教育的开展方式，打造一个科学的、系统的职业劳动体验场所，让学生在这种职业体验环境中开展劳动实践，让学生充分运用五大感官亲身感受职业劳动辛苦与乐趣，从而培养学生的动手能力和实践能力。职业体验式劳动课程能做到与学生职业生涯规划、兴趣、未来发展相结合，使学生的参与性更高。

在具有开放性的劳动实践体系中，让学生充分利用新的知识、技能、工具、设备等为他人和社会提供服务，特别是在社会公益活动和志愿者服务中，担当社会责任，增强社会公德意识。让学生在劳动实践中，有效掌握最新劳动科技成果，增强独立生活的能力；让学生在劳动实践中确立劳动价值观、涵养健康人格，懂得尊重劳动者和热爱劳动。

在新技术时代，脑力劳动和创造性劳动的比重不断增加，高科技含量的劳动变得越来越重要。许多简单而重复的劳动，必然会被人工智能所替代；而未来也会有相当一部分创造性的劳动，也会人工智能化。随着社会分工的细化，高科技含量的劳动比重也在不断增加，所以提高创造性劳动势在必行。向创造性劳动转型，要注重在劳动教育中培养学生的劳动创新意识，而高创造性的劳动需要人类根据具体情况创造性地解决，这是智能机器无法替代的。

新时代的劳动教育需要融合其他教育实施，实际教育生活中的"五育"其实是一体的，那就是"教育"。将劳动教育与生活联系在一起，同时还要引导学生跨学科学习，在带来精神上的收获与社会生活的美感体验的同时，为培养全面发展的复合型人才做准备。

（五）人工智能时代的劳动教育

随着科技的发展和产业结构的调整，劳动形态出现了新变化，劳动也随之被赋予了新的内涵。人工智能时代的劳动教育，首先体现在教育模式的改革、教育课程资源平台的建设、教育的数字化转型、高质量教育体系的构建以及线上线下教育的融合发展。新一轮的科技革命和产业变革正在深入推进、驱动着劳动教育的形式向数字化和网络化拓展；不断创新迭代的人工智能化，为新的劳动内涵注入了新的能量，引领着劳动教育向高质量教育发展迈进，它标志着人类文明的发展，将会为人类生活带来了翻天覆地的变化。

人工智能时代，劳动教育被赋予了更为广阔的内涵，劳动教育需要有新的超越。新时代的劳动教育必将帮助学生以更为综合的视野、更加多元的途径、更加灵活的方式开展教育。人工智能的发展突破了时空的局限性，创造了新的劳动需求，更加为劳动教育带来了新的机遇和挑战。

人工智能时代，很多体力劳动岗位在未来都会被机器人替代，为何还要让学生做体力劳动呢？难道学习就不是劳动吗？这是对劳动教育的片面理解，体力劳动不是劳动教育的单一表现形式，学习基本的劳动知识、掌握不同的劳动技能，可以从课堂上获取，可以从网络平台上了解，也可以在社会实践服务中习得。劳动是人类生存的最基本的方式，在劳动中主动地获取知识和技能，这是机器无法替代的，是人类智慧的体现。

目标检测

答案解析

一、单选题

1.（　　　）承担着对未成年人实施家庭教育的主体责任。

A.教育行政部门　　　　　　　　　B.父母

C.学校　　　　　　　　　　　　　D.父母和其他家庭成员一起

2.家庭教育具有传承性，下列选项中有误的是（　　　）。

A.家庭教育的方法传承　　　　　　B.家庭教育的家风传承

C.家庭教育的文化传承　　　　　　D.家庭教育的能力传承

3.下列关于劳动教育说法正确的是（　　　）

A.劳动教育要以学校为主阵地，以家庭为主导

B.在劳动教育中，家庭劳动教育可有可无

C.家务劳动是生活的一部分，孩子没有义务承担

D.劳动教育是家校社协同的劳动教育共同体

二、多选题

4.家庭教育的基本原则是（　　　）。

A.因材施教原则　　　　　　　　　B.言传身教原则

C.循序渐进原则　　　　　　　　　D.教育一致性原则

5.家庭教育的基本特征是（　　）。

A.家庭教育是教育体系的根基　　　　B.家庭教育具有传承性

C.家庭教育具有终身性　　　　　　　D.家庭教育具有可替代性

三、问答题

6.讨论劳动教育的分类。

书网融合……

重点回顾

模块十　现代家庭保健

项目一　现代家庭保健的内涵与功能

学习目标

通过本章内容学习，学生能够：

1.知识目标

（1）熟悉现代家庭保健的概念。

（2）了解亚健康的影响因素。

（3）熟悉运动保健的作用、原则。

2.技能目标

（1）掌握常见的家庭保健基本方法。

（2）掌握常见的家庭急救基本方法。

岗位情景描述

案例描述　陈女士，38岁，某公司销售部经理。平时工作压力大，经常加班。近一年来总觉得身体越来越差，头晕乏力、经常失眠、做噩梦，只要上班，就感觉精神难以集中，有时甚至什么事也不想做，整天无精打采。为不影响工作，她不得不去看医生。就医诊断后，才知道自己长期紧张工作，精神负担过重，过度劳累而导致亚健康综合征。

讨论　1.陈女士目前主要健康问题有哪些？

2.适合陈女士的家庭保健方法有哪些？

健康是人类的基本需要和共同追求的目标，是促进人全面发展的必然要求。家庭是社会的最基本的单位，是人类生活的主要场所，并随着社会生活水平的提高，人们的自我保健意识日益增强，越来越多的人开始注重生活品质。所以，维护和促进人们健康是家庭的重要责任，在预防疾病中起着重要作用。

一、健康

（一）健康的概述

健康是一个复杂、多维和不断演变的概念，随着社会经济、科学技术的发展和生活质量的提高，人们对健康内涵认知不断提高。

1948年，世界卫生组织（WHO）提出："健康不但是没有疾病或身体缺陷，而且还要有完整的生理、心理状态和良好的社会适应能力。"良好的社会适应能力取决于人的心理和生理的状况。身体健康是心理健康的物质基础，心理健康又是身体健康的精神支柱。良好的心理状态可以使生理功能处于平衡的状态；反之，可促使身体机能处于异常从而引起疾病；身体状况的异常改变也可使人产生焦虑、恐惧或抑郁等不良情绪，引起不正常的心理状态。

人类对健康的认识是不断深化的。1989年，世界卫生组织又提出了健康新概念，指出："健康不仅是没有疾病，而且包括躯体健康、心理健康、社会适应良好和道德健康"。首次将"道德健康"归纳为健康的主要内容，形成"四位一体"的四维健康观，得到一个全面的、广泛的、明确的和科学的健康新概念。健康的"四位一体"，其内涵包括躯体健康、心理健康、社会健康和道德健康。

1.躯体健康 躯体健康指身体器官、组织、细胞等形态结构完整和功能良好的状态，躯体生理反应正常且没有疾病和残疾。

2.心理健康 心理健康指个体能够保持一种良好的心理动态，能正确认识自己，情绪稳定、自尊自爱和积极乐观等。

3.社会健康 社会健康指能有效适应不同环境，个人在社会生活中具有良好的人际关系并能胜任各种社会角色，保持一种良好的心理状态。

4.道德健康 道德健康指能按照社会道德行为规范约束自己的思维和行为，不损害他人利益满足自己的需要，履行对社会及他人的义务。

从现代健康观的角度出发，适应性的良好状态能有效地平衡人与自然、社会环境之间的关系，使人处于最理想的健康状态。道德健康的提出，强化了人在社会大环境中的功能，要求个人不仅要成为自己健康第一责任人，而且要对社会群体的健康承担社会责任。现代健康观把健康的内涵扩展到一个新领域，使人们对健康进一步地深化认识。

（二）影响健康的因素

人类在自然与社会的环境中，健康会受其影响与制约。根据世界卫生组织研究提示，影响健康的因素主要包括以下五方面。

1.生物因素　是影响人类健康的最主要因素。

（1）遗传因素　是指由遗传因素引起的免疫功能异常、代谢障碍、发育异常、内分泌失调等疾病，如肿瘤、高血压等。

（2）生物致病性因素　指由病原微生物如病毒、细菌、寄生虫等引起的疾病。现阶段人类虽然可通过预防接种、合理使用抗生素等措施，能有效地控制和治疗各种传染病，但病原微生物依然可危害人类健康。

（3）生物学特征　根据个人的年龄、种族和性别等特征，也会影响人的健康。例如骨质疏松症、皮肤癌、乳腺癌等。

2.心理因素　积极的情绪可以促进人的健康，但消极的情绪可以损害人的健康，从而导致疾病。如焦虑、恐惧、忧郁等可引起人体各系统的功能失调，引起失眠、心动过速、血压升高、食欲下降等症状。

3.环境因素　包括自然环境和社会环境，是人类生存和发展的重要条件与基础，几乎所有的健康问题都与环境因素有关。

（1）自然环境　是人类生存和发展的重要物质基础，如阳光、空气、水和土壤等。自然环境中存在许多损害人类健康的因素，如雾霾、水污染和农药残留等。

（2）社会环境　如经济、政治制度、文化程度和科技发展等因素都可危害人类健康。比如文化程度会影响人们对健康和疾病的认知从而导致延迟就医。

4.行为与生活方式　包括危害健康行为与不良生活方式。生活方式是指在一定文化因素、社会经济、社会规范及家庭环境等条件下所形成的生活意识和生活行为习惯的统称。不良生活方式和危害健康的行为现已成为损害人们健康，导致疾病或死亡的主因，如高血压、冠心病、糖尿病和恶性肿瘤等疾病都与不良生活方式和有害健康的行为息息相关。

5.卫生保健服务体系　医疗资源分布的不合理、医护人力资源分配的不均匀和医疗制度的不完善等问题，都会直接危及人们的健康。

（三）促进健康的措施

促进健康的活动，是指客观上有利于个体或群体健康的行为措施，包括以下6个方面。

1.日常健康行为措施　是指在人们日常生活中，有利于促进健康的一系列基本行为活动，是维持和促进健康的基础。如合理营养膳食、适当的运动、控制标准的体重和保持充足睡眠等。

2.日常保健行为措施　是指人们在日常生活中需要正确合理地利用卫生医疗保健服

务，来维护自身健康的行为措施，如定期体检和预防接种等。

3.避开有害环境措施 是指人们需要主动地避开自然环境或社会环境中对自身健康有害的各种因素，如远离污染源、其他危险环境，做好职业安全防护措施及积极应对各种突发事件等。

4.戒除不良行为措施 是指人们戒除对健康产生危害的个人喜好的行为，如戒烟限酒、不滥用药物等。

5.求医行为措施 是指人们发现自己可能患有某种疾病时，应科学可靠地向医院寻求医疗帮助，如及时到医院就诊、主动向医护人员咨询和向医护人员提供本人的真实病史等。

6.遵医行为措施 指人们在确诊疾病后，应保持乐观的心态，积极配合医护人员实施医疗或护理活动，如遵从医嘱、规律地服药和积极地康复等。

二、亚健康

（一）亚健康的概述

亚健康是医学界近年来提出的一个新概念，它介于健康与疾病之间的中间状态，也称为"第三状态"。中华中医药学会于2006年发布的《亚健康中医临床指南》中指出："亚健康是指人体处于健康和疾病之间的一种状态"，这表明处于亚健康状态者，机体在内外环境不良刺激下引起心理、生理发生异常变化，如表现为在一定时间内的活力降低、功能和适应能力减退等症状，经各项的医学检查所有生理、生化指标均无明显异常，不符合现代医学有关疾病的临床或亚临床诊断标准，不能达到健康的一种状态。

从健康发展到疾病，是一个由量变到质变的过程。亚健康状态是介于健康和疾病之间的一个动态的变化，因此，亚健康本质上还不是疾病，但很大可能是亚临床疾病的更早期形式。所以，亚健康的发生和发展处理得当，及时调整身心可恢复到健康状态；反之，因为处置不当则可发展为各种疾病。

（二）亚健康的原因

1.疲劳过度 因当代社会日趋激烈的竞争，生活上、工作上的节奏异常加快，导致人们身心长期处于超负荷状态，从而造成了身体和心理疲劳。如长期过度劳累容易出现疲倦、精力不足、记忆力减退、注意力不集中、睡眠质量不佳等症状，会造成人们出现亚健康状态。

2.压力过大 人们因工作任务重、事业发展不顺、人际关系紧张、家庭婚姻矛盾等情况的出现，容易使人的精神高度紧张、压力过大，出现焦虑、抑郁、躁狂等情绪波动，造成人们头痛、肠胃失调、睡眠质量差等。

3. 机体功能失调　由于年龄的增长引起的组织结构及生理功能减退，人体各机体器官开始老化，出现体力不支、精力不足、社会适应能力降低等现象。这时，人体各器官系统没有病变，但已处于亚健康状态。

4. 饮食结构不合理　饮食应遵循进食均衡的原则，以达到合理有效地进食。由于人们的饮食结构不均衡或不合理的行为，导致身体处于亚健康状态。如常进食油腻食物、食品卫生差、饮食不规律、过度节食减肥等行为。

5. 工作、生活环境　机体所处的环境不佳，如工作场所嘈杂、工作时间过长、同事之间关系淡漠等，都可引起烦躁、虚弱、情绪低落、注意力不集中、工作能力下降等症状。

6. 心理失衡　社会生活复杂多变，人与人之间的情感交流减少，严重影响人们的情感生活，使人们对感情生活失去信心，导致人们容易产生孤独感。

7. 疾病前期　某些疾病发病前的生理病理学有所改变，如心脑血管疾病、肿瘤等发作前期，有可能出现胸闷、气短、头晕目眩、失眠健忘、心悸等亚健康症状。但人体各器官系统没有明显病变，各种仪器和检验手段都不能给出器质性病变和阳性结果，不能得出相应的诊断结论。

（三）亚健康的调理方法

世界卫生组织提出：要实行"预防性健康策略"，重点防治亚健康状态，将预防和调治亚健康定为21世纪的一项预防性健康策略。现在，越来越多的人也逐渐意识到亚健康防治的重要性，对亚健康问题给予了足够的重视。

1. 缓解压力　现代人面临着学习、就业、生活及人际关系等方面的压力，而不同年龄人的压力也有不同，适量的压力是一种动力，但压力过大就会成为一种消极因素，损害身体。因此，要根据个人压力的特点学会解压。人们可以求助专业的心理医生，寻求解决的方法；也可以与朋友或家人沟通，得到发泄、理解和支持。

2. 规律饮食　合理安排饮食，保持营养均衡，注意饮食选择的多样化，以谷类为主，辅以蔬菜、水果、薯类、乳制品、鱼类及海产品、豆类及其制品，补充人体所必需的各种蛋白质、脂肪、维生素和微量元素。另外，要注意对消化系统的保护，应根据人体不同时期的特点进食，防止消化功能的受损，以达到保护胃肠功能的作用。最后，需要充分咀嚼，通过咀嚼促进唾液的分泌，减少胃的机械消化负担，更有助于人体消化食物。

3. 作息规律　按照生物钟规律作息，根据昼夜人体生命体征、代谢功能特点，合理安排每天的活动，使进餐、工作、学习、娱乐和休息的时间保持相对合理。良好的作息时间会形成良好的生物钟规律，每个人都应该按照生物钟的生理要求合理安排工作、学习等日常活动。

4. 锻炼身体　锻炼身体是保证健康的重要方法，锻炼对人体具有多方面的积极影响。

通过锻炼，增加皮肤的呼吸功能，排出尿素等代谢废物；加速乳酸的代谢，缓解躯体的疲劳；促进自由基及乳酸等有害物质的排泄，缓解大脑疲劳。

5.传统的中医药调理　针灸、按摩、中草药等对亚健康的调理具有明显的作用。通过针灸、按摩缓解肢体的疲劳，促使乳酸的代谢，缓解疲劳；通过中草药辨证施治，调理亚健康，如健忘、精神紧张、焦虑、便秘等。

三、现代家庭保健

家庭是整个社会的重要组成部分，是人类社会的细胞。每个家庭的幸福与健康，是人类社会的进步和发展的动力与证明。由于现在社会的工作节奏加快，环境的污染、气候的变化、传统道德观的改变等因素，引起家庭成员的健康受损。关注家庭的每一个成员的健康生活和日常保健，并保证家庭各个成员的健康是最为重要的。

根据世界卫生组织确定的衡量健康的10项标准：①精力充沛，能从容不迫地应付日常生活和工作；②处事乐观，态度积极，乐于承担任务不挑剔；③善于休息，睡眠良好；④应变能力强，能适应各种环境的变化；⑤对一般感冒和传染病有一定抵抗力；⑥体重适当，体态匀称，头、臂、臀比例协调；⑦眼睛明亮，反应敏锐，眼睑不发炎；⑧牙齿清洁，无缺损，无疼痛，牙龈颜色正常，无出血；⑨头发光洁，无头屑；⑩肌肉、皮肤富有弹性，走路轻松。然而，现实生活中达到10条标准完全健康的人是少数，WHO的全球性调查显示，完全健康的人只占人群的5%左右，患病的约占20%，多达75%的人处于亚健康状态。因此，做好家庭保健关心家庭成员的健康变化尤为重要。

（一）健康家庭氛围

在健康家庭氛围中，家庭里每一个成员都是精神健康，相互间感情深厚，积极地沟通交流，共享家庭相处的美好时光。另外，在健康的家庭氛围中成员们都能相互帮助共同应对压力和处理危机。在这样的家庭里，一般能起到促进家庭成员健康的作用。因此，在健康的家庭里，家庭成员能彼此分享感觉、理想，并能相互关心，使用语言或非语言的沟通方式促进相互了解，并能化解冲突；且家庭给各成员有足够的自由空间和情感支持，使每个成员有成长机会，并且每个成员能够随着家庭的改变而调整角色和职务分配，可以起到促进家庭成员发展的作用；另外，每个成员都能对家庭负责任，并能积极地面对矛盾及解决问题，在遇到有解决不了的问题时，会向其他家庭成员寻求帮助；最后，每个成员能认识到家庭内的安全、膳食营养、运动等对健康的重要性，努力去改善家庭的居住环境及生活方式。

（二）家庭保健的内涵

家庭保健是以家庭为中心，注重家庭成员间的互动支持，通过健康教育、健康检查、健康咨询等方式，增进家庭及其成员健康。其内涵是增强家庭健康的观念、引导家庭健康的行为、提高家庭健康的能力、开展家庭健康服务的健康促进活动。因此，一个家庭需要做到为家庭成员提供最基本的物质保证，如足够的食物、稳定的居住地和衣物，满足家庭成员的基本生活需要，保证其健康地生长发育；创造促进健康的生理、心理居住环境，促进家庭成员健康成长，增加家庭成员的安全感，减少或避免家庭成员的生理和心理创伤；提供保持家庭成员健康的相关资源，如家庭卫生清洁用具、个人洗漱用品和沐浴用品等；为家庭成员提供报纸杂志、书籍、学习用具和音像娱乐设施等相关资源以满足家庭成员的精神需要，也可提供参加学习和聚会等机会；通过饮食营养，指导、督促家庭成员参加锻炼，向家庭成员传播健康保健相关知识等措施，提高家庭成员的健康水平，促进健康意识和进行健康教育，预防疾病的发生；在家庭里发生意外时，能够给予及时、正确的处理，为进一步医治创造良好的条件，且在用药中起到监督指导作用，定时观察用药的反应，并针对用药不良反应能及时做出正确的处理；及时发现家庭成员的个人发育、发展问题与健康问题，如家庭成员出现发育缺陷、偏离行为、社会或心理方面等问题，在其成员患病时能及时发现问题，并及时做出处理的决定；家庭对出现功能减退的家庭成员提供相应的康复照顾，并实施适当的康复治疗技术和康复护理，以保存家庭成员残存的功能和促进已丧失功能的恢复。

（三）家庭保健的功能

1.家庭环境健康 家庭环境是指围绕家庭及其成员并对该家庭产生某些影响的所有外界事物，如家庭周围的情况和条件等。家庭环境中有毒有害物质的接触直接影响人类的生活质量、疾病负担和健康长寿，只有家庭环境和谐发展，身心才能健康。为维持家庭环境健康，我们需要做到家庭卫生行为、家庭饮食卫生和家庭环境卫生三个方面。

2.慢性非传染性疾病防护 如肿瘤、高血压、糖尿病、心脑血管病、精神疾病等，在环境因素和遗传因素交互作用下，这类疾病具备病程长、病因复杂、迁延性、难自愈和极少治愈、健康损害和社会危害严重等特点。因此，慢性非传染性疾病已经成为全球性的重大公共卫生问题，是当前致死、致残的首因，严重威胁人们的生存质量，其疾病负担居各种疾病的首位。针对高血压、糖尿病、血脂异常和常见肿瘤的可改变的行为危险因素，如吸烟、酗酒、不合理膳食、静坐生活方式等，开展的家庭保健与预防，遵循良好健康的生活方式，起到预防疾病、提高生活质量、延长寿命的重要作用。

3.优生与避孕 需向各家庭成员做好优生优育等相关的健康措施或宣教。如提倡优生，改进人的遗传素质把已有的不良遗传素质阻断，防止先天性畸形和遗传性疾病的孩子出生；做好避孕，避孕是夫妇双方的事，不能把避孕的事完全推给女方。避孕方法的选择应因人、因地、因时而异，可选择避孕药膜、阴茎套、避孕胶囊、口服避孕药或注射避孕针剂等方法避孕。

4.婴幼儿保健　帮助年轻父母做好婴幼儿的保健，助其尽早进入父母的角色。如引导妈妈坚持母乳喂养，定期对婴幼儿进行体格检查，包括身长、体重、头围等各项指标；进行计划免疫，如乙肝、结核、麻疹、百日咳等疫苗，以预防传染病；在早期婴幼儿发育期间要防止婴儿期贫血、佝偻病、营养不良的发生。为了培养德、智、体全面发展，必须重视开展早期培育工作，可根据神经系统发育的规律，适当安排培育活动以促进婴幼儿的发育。因此，我们在早期培育活动中要着重注意婴幼儿的动作发展、语言发展、认知和智力发展、情感发展、社会性发展等；最后，要注意婴幼儿的教育方式与习惯培养，在游戏中结合启发婴幼儿的创造力与思考力的内容，以促进婴幼儿的智力发育及形成良好的习惯。

5.青少年生殖健康　生殖健康是指人类生殖系统及其功能和过程所涉及的有关身体、精神和社会等方面的完好状态，而不仅仅是没有疾病或虚弱。我们应关注青少年的生殖健康问题，并向青少年提供必要的生殖健康信息和服务，保障他们获得生殖健康教育和保健的权利，帮助他们确立规避风险的行为模式和健康生活方式。除了学校教育青少年以健康积极的态度、科学的知识来对待性与生殖健康问题外，在家庭中家长与孩子有着紧密的血亲联系，更要对孩子进行适时、适当的性与生殖健康教育，为青少年开展良好的性与生殖健康教育，从而提高青少年性与生殖健康水平，减少青少年早恋、早孕等现象，预防艾滋病、性传播疾病在青少年群体蔓延，杜绝青少年因青春期性教育的缺乏及道德法制观念的淡薄导致的涉性犯罪问题。

6.中老年保健　人体的新陈代谢按一定的生物化学规律进行着，如果新陈代谢失调，就会出现很多代谢性疾病，如水和电解质的紊乱、酸碱平衡的失调、糖尿病、肥胖症、高脂血症等。随着人年龄的增长，身体机能会慢慢衰弱，要特别注意中老年人的营养与膳食，如中老年人膳食与养生、高血压、糖尿病、骨质疏松和便秘等常见疾病的膳食康复。

更年期是一个特殊的生理阶段，它标志着中年阶段即将结束，老年阶段继之而来，如果这一过渡良好而自然，无疑对老年人保持良好体质和健康的精神状态、延年益寿有着莫大的作用，但如果这一工作没有妥善处理好，也势必会损害老年人身体、精神健康。因此，要消除顾虑，排除紧张，减少思想负担，保持愉快的情绪，以科学的态度正确认识更年期，使自己比较顺利地度过这一时期。而家中的亲人，应多加给予关怀、谅解和照顾。对于更年期忧郁症患者，会想着不愉快的事情，回忆往事，灰色暗淡，甚至自责不已，面对现实处处不满，想像将来，茫然失望，严重的还会产生轻生的念头，必须做好患者心理安抚与调整。

精神因素是更年期重要的发病原因，在更年期调整心理状态对身心健康有着重要意义，保持良好的心理状态，这有利于增强机体的抗病能力，会使神经内分泌系统与免疫系统密切协作，从而使机体的健康水平保持在最佳状态。生活中的烦恼是难以避免的，更年期应尽量避免劣性心理的刺激，因为精神上的刺激极易导致更年期诸多疾患。所以，应通过对心理活动的自我调整，使不良情绪得以缓解，要理智地息怒排忧，保持心理上的相对安定。

处于中老交替时期的更年期，应重视身体锻炼努力增强体质。身体锻炼可促进新陈代谢，吐故纳新、延缓衰老。步入更年期的人，不宜选择激烈运动，宜选用登山、散步、长跑、体操、家务劳动等项目，或者如气功、太极拳、八段锦、五禽戏等传统体育项目，不仅具有保健作用，而且具有治疗效果。因此，更年期运动锻炼时应该注意循序渐进，运动量要由小到大；动静适度，活动量应根据自己情况选择，避免快速、旋转、低头或有可能跌倒的动作。

7.老年安全用药　由于老年人机体各器官系统发生功能性的退行变化，导致中老年人体弱多病，因而用药机会相应增加。但由于不少药物易引起老年人不良反应，故应根据老年人自身的体质、原有病史、用药史和药物对机体的作用特点合理用药。在家庭保健中，应做好老年安全用药宣教与监督。如明确老年人的诊断，掌握病情后对症治疗用药；选择适宜的剂量，一般从小剂量开始，视病情需要，再调整到个体最适量，以达到最佳疗效；减少用药的种类，患有多种疾病的老年人在用药过程中要注意几种药物的相互作用，尽量减少用药种类；开始用药时应合理选择药物，尽量减少或消除副作用；勿擅自使用非处方药物，单凭主观经验或症状进行自我诊断与评估，自行用药可导致产生药物副作用引起不良反应或疾病潜在发展、恶化而酿成严重后果；患有慢性病的中老年人长期应用某些药物，停药或换药都应在医生指导下进行，勿擅自停药、换药；不可滥用抗生素、维生素和激素；勿偏信贵药、新药、进口药；应慎用地高辛、普萘洛尔、氨茶碱、硝苯地平、阿托品及山莨菪碱、甲氧氯普胺、利尿药、催眠镇静药、解热镇痛药、某些抗菌药物、激素类、泻药、口服抗凝血药等，这些药对老年人有较大刺激作用。

项目二　现代家庭保健常用方法

一、运动保健法

（一）概述

运动保健法是指长期参加传统功法或现代体育运动等锻炼，通过自身形体活动、呼吸吐纳、心理调节等方式，以畅达经络、疏通气血、调和脏腑、调节情志，从而达到增强体质、延年益寿目的的一种保健方法。

（二）运动保健的主要项目

运动保健选择项目的首要原则要让自己的身体保持健康的状态，达到强身健体的目的；选择自己感兴趣的，可使运动得以持久；要符合自身生理、体力特点；以平稳为主，避免剧烈性竞技活动；保证运动的安全性、可靠性，避免出现意外；选择多数人容易接受、喜爱的群体项目，便于互相督促，可感受到集体运动的娱乐性、趣味性。

运动保健方法不仅包括以形体锻炼为主的易筋经、八段锦、五禽戏、太极拳、峨眉桩、鹤翔桩、长拳、短拳、金刚拳等功法，也有以精神锻炼为主的气功等保健方法。

（三）运动保健的作用

1.坚持练习传统功法和体育运动，对肥胖症、高血压、心脏病、骨关节疾病等疾患有一定的治疗和康复保健作用。

2.通过运动康复训练可以使残疾患者的运动功能得到一定程度的改善，如对恢复期的偏瘫、截瘫患者，可以指导其进行卧位、坐位或轮椅上的易筋经、八段锦或太极拳等项目的练习，可以使患者的运动能力得到改善、关节活动范围扩大、平衡能力得到提高，同时还能提高其社会适应能力。

3.经常从事体育活动，能加快血液循环，增强新陈代谢，能有效改善其运动系统、血液循环系统、神经系统、呼吸系统、消化系统功能，提高免疫力，对康复保健、延年益寿具有积极作用。

4.适度运动可以使人欣快、振奋，尤其是练习传统功法能使练习者身、心、息和谐统一，有利于排解其心中忧虑和烦恼，发挥心理治疗作用。

（四）运动保健的原则

1.**循序渐进**　运动保健应由易到难，循序渐进。训练应根据患者现有的身体功能水平和组织情况，逐渐增加运动量和强度，避免突然改变，保证身体对运动负荷的逐步适应。不宜操之过急，欲速不达，甚至对身体造成损伤或产生畏难情绪，失去自信心。

2.**持之以恒**　以功能训练为核心的运动康复保健训练需持续一定时间才能获得显著效果，而停止治疗后，疗效将逐渐消退。古人所谓"功练千遍，其效自见"即是此意。练练停停，或朝练夕改，则难以达到预期效果。同时在运动康复训练时把持之以恒贯彻到全过程之中，可以磨炼意志，更好地实现强身健体的目的。

3.**松静自然**　"松"是指"身"而言，就是放松，是指在保持稳定姿势的情况下，或在缓慢的动作过程中，习练者运用自我调节的方法，使全身上下、左右、表里的皮肤、肌肉、关节以至脏腑和大脑等部位都处于松弛状态。

"静"是指"心"而言，就是心静、心态自然。在运动保健中要排除外部因素的干扰，使自己的心态逐渐回归到无私、无欲、豁达、开朗的境界。"自然"是针对运动康复保健的各个环节提出来的，姿势、呼吸、意守、心情和精神状态都要舒展、自然。松静自然不仅是确保运动康复保健取得功效的重要法则，也是防止练功出现偏差的重要保障。

4.因人而异　由于每一项运动康复保健项目都有不同的适应证或禁忌证，因此在选择运动康复保健项目时，要根据患者的具体情况而定，据其病情及运动障碍点找出主要问题，突出训练内容。如针对截瘫患者，可以指导其进行卧位、坐位状态下的气功锻炼，也可以进行坐位状态下的上肢功法训练，以改善患者坐位平衡能力、强化患者上肢和躯干的力量、提高患者身体耐久力。对呼吸系统、消化系统、心血管系统疾病及老年人常见的失眠、多梦、头晕、头痛等症状，可进行易筋经、八段锦、太极拳等功法训练。五禽戏运动量较大，可使人体筋骨活络、肢体舒展，更适于颈椎、胸椎、腰椎等部位的锻炼。

（五）运动保健的方法

1.八段锦　八段锦功法起源于北宋。其动作舒展优美，有祛病健身的作用。现代的八段锦在内容与名称上均与传统八段锦有所不同。此功法分为八段，每段一个动作，故名为"八段锦"，是一套完整的运动健身方法。此法练习无须器械，不受场地局限，简单易学，节省时间，能够行气活血，调和五脏六腑，适合于男女老少各类人群。

2.五禽戏　华佗五禽戏是中国民间广为流传的、也是流传时间最长的健身方法之一，由五种模仿动物的动作组成，华佗五禽戏又称"五禽操""五禽气功"等。华佗五禽戏包括虎戏、鹿戏、熊戏、猿戏、鸟戏五种仿生导引术。华佗五禽戏不仅使人体的肌肉和关节得以舒展，而且有益于提高肺与心脏功能，改善心肌供氧量，提高心肌排血力，促进组织器官的正常发育。

3.太极拳　太极拳是中国传统辩证的理论思维与武术、艺术、导引术、中医等的完美结合，它以中国传统儒、道哲学中的太极、阴阳辩证理念为核心思想，集颐养性情、强身健体、技击对抗等多种功能为一体，是高层次的人体文化。作为一种饱含东方包容理念的运动形式，其习练者针对意、气、形、神的锻炼，非常符合人体生理和心理的要求。

二、艾灸保健法

（一）概述

艾灸是以艾叶等燃料做成艾（炷），点燃后借助火的热力给人体以温热性刺激，通过经络的传导，激发经气，起到温通经络、益气活血、调整脏腑、扶正祛邪的作用，达到治病和保健目的的一种外治方法。

（二）作用

灸法通过温热刺激、施灸材料的药性，激发经络之气，调节机体各组织器官功能，从而达到防治疾病的目的。根据灸法的特点，其适应证以虚证、寒证和阴证为主。主要作用为温经散寒、扶阳固脱、消瘀散结、防病保健。

（三）原则

艾灸法在临床一般以"盛则泄之，热则疾之，寒则留之，下陷则灸之，不盛不虚以经取之"为原则。一般以虚证、寒证和阴证为主，对于阴虚阳亢的疾病和邪热内炽的患者不宜施灸；咯血吐血、肝阳头痛、中风闭证、热毒旺盛等疾病，皆慎用灸法；凡病属虚寒者多取背部腧穴灸之；凡病实热者多取四肢穴道灸之；凡病在上部者，肩髃、曲池、郄门、外关、内关、合谷皆可用；凡病在下部者，环跳、阳陵泉、太冲、足三里、三阴交皆可用。颜面五官、大血管处、心脏、阴部、重要筋腱等部位不宜直接灸，孕妇小腹部、腰骶部不宜施灸。一般空腹、过饱、极度疲劳和对灸法恐惧者，应慎施灸。对于体弱患者，灸治时艾炷不宜过大，刺激量不可过强，以防晕灸。一旦发生晕灸，应立即停止施灸，及时处理。

（四）方法

艾灸大体上可分为艾炷灸、艾条灸、温针灸等。其中，以艾炷灸最为常用，是灸法的主体部分。

1.艾炷灸　艾炷灸可分为直接灸和间接灸两种。

（1）直接灸（明灸、着肤灸）　直接灸分为瘢痕灸和无瘢痕灸两种，瘢痕灸指的是将皮肤烧伤化脓，愈后留有瘢痕；而无瘢痕灸指的是不使皮肤烧伤化脓，愈后不留有瘢痕。瘢痕灸（化脓灸）法可以改善体质，增强机体的抗病能力，达到防治疾病的目的。一般适用于哮喘、肺痨、瘰疬、慢性胃肠炎、体质虚弱、发育障碍等慢性疾患。无瘢痕灸（非化脓灸）一般适用于虚寒性疾患。

（2）间接灸　间接灸指用药物或其他材料将艾炷与施灸部位的皮肤隔开进行施灸的方法，间接灸根据艾炷与皮肤之间衬隔物的不同分为多种灸法，一般以衬隔物命名，如隔姜灸、隔蒜灸、隔盐灸等。本灸法具有艾灸和药物的双重作用，施灸时火力温和，没有灼痛，患者易于接受，故临床较为常用。

隔姜灸操作简单，一般不会烫伤，对于因寒而致的呕吐、腹痛、腹泻以及风寒痹痛均有效。隔蒜灸在临床多用于瘰疬、肺痨、初期的肿疡等。隔盐灸对急性寒性腹痛、吐泻、痢疾、中风脱证等证具有回阳救逆的作用。隔附子灸针对命门火衰而致的阳痿、早泄、遗精、疮疡久溃不敛等证。

2.艾条灸（艾卷灸）　艾条灸分为悬起灸和实按灸两种。

（1）悬起灸　将艾条悬放在距离穴位一定高度上进行施灸，不使艾条点燃端直接接触皮肤。根据其操作方式的不同分为温和灸、雀啄灸和回旋灸三种。温和灸多用于慢性病、虚证。雀啄灸多用于急性病、实证。回旋灸多用于面积较大的风湿痹痛、损伤、麻木、皮肤病。

（2）实按灸　适用于风寒湿痹、痿证和虚寒证。

3.温针灸　温针灸是针刺与艾灸相结合的，既可留针又可施灸的一种治疗方法。本法通过针身将热力传入体内，达到治疗目的，适用于寒证、虚证、痛证，如风寒湿痹、肩凝症、胃腹冷痛、痛经等。

4.温灸器灸　本法适用于面积较大的痹痛、麻木、痿证；腰、腹部多穴同用；妇女、儿童、畏灸者。

5.天灸　天灸疗法是中医传统的一种外治法，它将中医经络学说（特定穴位）与中药外治法（特定中药）相结合，从而达到预防和治疗某些特定疾病的一种治疗方法，又称药物灸、发泡灸，本法也属于敷贴的一种。将一些具有刺激性的药物，涂敷于穴位或患处，促使局部皮肤充血起泡的方法。其常用的有蒜泥灸、细辛灸、天南星灸等数十种。

6.灯火灸　用灯芯草蘸油点燃后在施术部位焠烫的方法，又称灯草焠、灯草灸、打灯火、油捻灸，是民间沿用已久的简便灸法。取10~15cm长的灯芯草或纸绳，蘸麻油或其他植物油，浸渍长3~4cm，点燃起火后用快速动作对准穴位，猛一接触听到"叭"的一声迅速离开，如无爆焠之声可重复1次。本法主要用于小儿疳腮、乳蛾、吐泻、麻疹、惊风等病证。

7.灸法的注意事项

（1）施灸的先后顺序　《备急千金要方》："凡灸先阳后阴，……先上后下，先少后多"，可见古人对施灸的先后顺序有明确的要求，一般是先灸上部，后灸下部，先灸阳部，后灸阴部。壮数是先少后多，艾炷是先小后大。但在特殊情况下，则可酌情而施。如脱肛时，即先可灸长强以收肛，后灸百会以举陷。因此不可过于拘泥。

（2）灸后的处理　灸后若局部皮肤出现水泡，小水泡可暂不作处理，可自行吸收，切记不要擦破；若水泡过大，可用消毒针或无菌注射器将水泡从泡底刺破，放出液体后，涂以龙胆紫，包敷无菌纱布。灸后不要过饥、过饱、愤怒、过劳、受热、冒寒。灸疮化脓期间要注意休息，严防感染。瘢痕灸者，灸疮化脓期间，要保持清洁，保护疮面，防止感染；一旦感染要及时处理；施灸时要防止艾火脱落，以免造成皮肤衣物的烧损。用过的艾条等要处理好，以防死灰复燃。

三、推拿保健法

（一）概述

推拿是在中医基础理论指导下，根据病情在人体体表特定部位或穴位上，运用各种手法以及某些特定的肢体活动，以调节机体生理、病理状态，从而达到健身防病、消除疲劳、促进疾病康复、提高生存质量、延年益寿的专业技能。

（二）作用

推拿主要通过手法作用于人体体表的特定部位或穴位上，对机体产生影响，具有疏通经络、行气活血、理筋整复、滑利关节、调整脏腑功能、增强抗病能力等作用。

（三）原则

1.推拿的治疗原则

（1）整体观念，辨证施术　在运用推拿手法治疗疾病时，既要注重对局部症状治疗，也要考虑整体对局部的影响。根据辨证确定治疗原则，然后选择相应的手法进行施术。

（2）标本同治，缓急兼顾　在推拿过程中，要分清疾病的"标"和"本"，既要抓住"本"，同时也要注重"标"的处理；既要治疗"急"症，也要治疗"缓"症。

（3）以动为主，动静结合　在手法操作时，把"以动为主"作为治疗原则，同时注意"动静结合"，在操作时，应该根据受术者的具体的病情，制定适宜的运动方式。同时医务人员和患者也应情志安静、思想集中、动中有静，并且在治疗后适当的休息，使机体有一个自身调整恢复的过程。

2.推拿的适应证

推拿广泛应用于骨伤、内科、妇科、儿科、五官科等，同时也应用于美容、减肥和康复、保健等方面。

3.推拿的禁忌证　包括：①各种传染病；②结核和感染性疾病；③所施术部位皮肤有烧伤、烫伤或皮肤病的病变部位；④各种恶性肿瘤，特别是与施术面重合或交叉部位的肿瘤；⑤有严重心、脑、肺病患者；⑥有出血倾向的血液病患者；⑦骨折、关节脱位和较严重的骨质疏松症患者；⑧妇女经期或妊娠期的腹部、腰骶部不宜推拿；⑨大醉或过饱、过饥、过度劳累的患者；⑩患有某种精神类疾病，不能合作的患者；⑪胃、十二指肠等急性穿孔。

此外，诊断尚不明确者、急性软组织损伤且局部肿胀严重者（如急性脊柱损伤伴有脊髓炎症状、急性踝关节扭伤等）以及骨关节结核、骨髓炎等患者亦不适合运用推拿手法。

（四）方法

1.推拿的基本治法　推拿基本治法可以概括为推拿八法，即"温、补、和、散、通、泻、汗、清"八法。在临床中根据不同的治法，运用相应的推拿手法。

2.推拿手法　推拿手法是指用手或肢体的其他部分，通过特定的技巧和规范化的动作，以力的形式作用于体表的特定部位或穴位，以达到防病治病、强身健体的一种治疗方法。每一种手法必须具备持久、有力、均匀、柔和、深透的基本技术要求。根据推拿手法的动作形态将其分为6类，包含摆动类手法、摩擦类手法、挤压类手法、振动类手法、叩击类手法和运动关节类手法，这些手法可以单独使用，也可结合起来使用。

（1）摆动类手法　摆动类手法包括一指禅推法、㨰法、揉法等。

①一指禅推法：本法具有行气活血、解痉止痛、健脾和胃、宽胸理气、镇静安神等作用，多用于头痛、失眠、面瘫、高血压、消化道疾病以及关节酸痛等病证的康复保健。

②㨰法：本法具有疏通经络、活血化瘀的作用，有较好的缓解肌肉痉挛、增强肌肉和韧带运动的功能，此外还具有促进肌肉的血液循环及消除肌肉疲劳等功效。多用于治疗腰肌劳损、腰椎间盘突出症、颈椎病、肩周炎、运动功能障碍等病证。主要适用于颈、肩、腰、背及四肢肌肉丰厚处。

③揉法：本法分为掌揉法、鱼际揉法、指揉法、前臂揉法和肘揉法等。本法具有疏通经络、宽胸理气、行气活血、健脾和胃、消肿止痛等作用，适用于治疗脘腹痛、胸闷、胁痛、腹泻、便秘、背腰痛以及外伤所致的红肿疼痛等病证。

（2）摩擦类手法　包括摩法、擦法、推法、搓法、抹法等手法。

①摩法：本法具有和中理气、消积导滞、温肾壮阳、行气活血、散瘀消肿、宣肺止咳、暖宫调经等作用，适用于治疗脘腹疼痛、食积胀满、遗精、阳痿、外伤肿痛等病证。

②擦法：擦法包括掌擦法、鱼际擦法和小鱼际擦法。本法具有祛风除湿、行气活血、消肿止痛、健脾和胃的作用，适用于治疗咳嗽、胸闷气喘、胃脘痛、小腹冷痛、不孕不育、阳痿早泄、外伤肿痛等病证。

③推法：本法具有舒筋活络、祛风散寒、化瘀止痛、消胀除满、通便除积、平肝降压、通调脏腑的作用，适用于高血压、头晕、风湿痹痛、胸闷胁胀、烦躁易怒、腹胀便秘、食积、软组织损伤等病证的康复保健。

④搓法：搓法是一种辅助手法，常作为推拿治疗的结束放松手法。本法包括夹搓法和推搓法两种。本法具有疏松肌筋、调和气血、解痉止痛及疏肝理气等作用，适用于肢体酸痛和关节活动不利等病证的康复保健。

⑤抹法：抹法包括指抹法与掌抹法两种。本法具有镇静安神、提神醒脑、疏风散寒、舒筋活血、行气止痛作用，适用于感冒、头痛、面瘫及肢体酸痛等病证，作用于颜面又有

保健、美容的作用。

（3）振颤类手法　振颤类手法主要包括抖法、振法和颤法。

①抖法：抖法是一种和缓、放松、疏导的手法，根据抖动部位、姿势以及体位的不同可分为多种，临床一般以抖上肢、抖下肢及抖腰法常用。本法具疏经通络、滑利关节、松解粘连等作用。适用于肩周炎、颈椎病、髋部伤筋、腰椎间盘突出症等病证，为辅助治疗手段。

②振法：振法分为指振法与掌振法两种。本法具有镇静安神、活血止痛、宽胸理气、止咳祛痰、调经活血、祛瘀消积、调节胃肠的作用，主要用于头痛、失眠、胃下垂、胃脘痛、咳嗽、气喘、痛经、月经不调等病证的康复保健。

③颤法：颤法可分为指颤法和掌颤法两种。本法具有消胀除满、消食导滞的作用，适用于腹胀、消化不良等病证。

（4）挤压类手法　挤压类手法包括按压与捏拿两类手法。主要包括按法、压法、点法、捏法、拿法、捻法、踩法等。

①按法：按法是最早广泛应用于推拿治疗的手法之一，是各种推拿流派的常用手法，可分为指按法和掌按法两种。本法具有行气活血、疏经通络、温中散寒、散结消肿、缓急止痛的作用，适用于全身各部位，多用于麻木、疼痛及脊柱功能性侧弯等病证。

②压法：压法分为指压法、掌压法和肘压法，临床一般以肘压法常用。本法具有舒筋通络、解痉止痛的作用，适用于腰臀部、下肢后侧及背部等肌肉发达厚实的部位。

③点法：点法分为指端点法、屈指点法、肘点法。本法具有通经活络、调理气机的作用，适用于脘腹挛痛、风湿顽痹、陈伤疼痛、肢痿瘫痪等病证的康复。

④捏法：捏法可单手操作，亦可双手同时操作。分为二指捏法、三指捏法、五指捏法。对于小儿可进行捏脊法。本法具有调和阴阳、健脾和胃、疏通经络、行气活血的作用，适用于食欲不振、消化不良、失眠、小儿疳积、颈部及四肢肌肉酸痛、臂痛、头晕、牙痛等证。

⑤拿法：本法具有舒筋通络、祛风散寒、发汗解表、开窍明目的作用，适用于颈椎病、四肢酸痛、头痛恶寒等证，拿法刺激较强，常配合其他手法。

⑥捻法：本法具有理筋通络、滑利关节、消肿止痛、活血祛风等作用，适用于耳部、手指、足趾小关节部、浅表肌肉、皮肤筋结处。

⑦踩法：踩法可分为踏步式踩法、倾移式踩法及外八字踩法。本法具有理筋整复、缓急止痛、松解粘连的作用，适用于腰椎间盘突出症、腰骶和骶髂关节紊乱的治疗与康复。

（5）叩击类手法　叩击类手法包括拍、击、弹等手法。临床中以拍、击两种手法最为常用。

①拍法：本法具有疏通经络、宣通气血、振奋阳气、解痉止痛等作用，用于急性扭

伤、肌肉痉挛、腰背筋膜劳损及腰椎间盘突出症等疾病的康复。

②击法：击法分为掌根击法、侧击法、指尖击法、拳击法和棒击法等。本法具有舒筋通络、行气活血、开窍醒脑、缓解肌肉痉挛、消除肌肉疲劳等作用。适用于颈、腰椎疾患引起的肢体酸痛麻木、风湿痹痛、疲劳酸痛等病证的康复。

（6）运动关节类手法　本类手法包括摇法、扳法、拔伸法等。

①摇法：根据操作部位的不同，摇法包括颈项部、腰部、四肢关节（上肢包括肩关节、肘关节、腕关节、掌指关节和指间关节，下肢包括髋关节、膝关节和踝关节）摇法。本法具有舒筋活血、滑利关节、松解粘连、增强关节活动功能等作用，适用于各种软组织损伤性疾病及运动功能障碍等病证。

②扳法：扳法为推拿常用手法之一，也是正骨推拿流派的主要手法，扳法种类繁多，包括全身各关节部扳法，主要有颈部扳法、胸背部扳法、腰部扳法、肩部扳法和肘关节扳法。本法具有舒筋活络、滑利关节、松解粘连、整复错缝等作用，适用于治疗颈椎病、腰椎间盘突出症、脊柱小关节紊乱、肩周炎、四肢关节外伤后功能障碍等病证的康复。

③拔伸法：拔伸法又名牵引法、牵拉法、拉法，为正骨推拿流派常用手法之一，包括全身各部关节的拔伸牵引。本法具有舒筋通络、整复错位和滑利关节的作用。适用于四肢关节伤筋、错位、脱臼以及颈、腰椎关节及椎间盘的病变。

四、拔罐保健法

（一）概述

拔罐疗法古代称为"角法"，近代称为"吸筒疗法"。是以罐为工具，利用燃烧、抽气等方法造成罐内负压，使之吸附于施术腧穴或体表部位，使局部皮肤充血、瘀血，以防病治病的方法。本法具有操作简便、使用安全、适应广泛等优点，临床上常用。

（二）作用

拔罐法是在中医理论指导下发展而成的外治法。中医学认为，本法有祛风除湿、温经散寒、活血化瘀、通络止痛、清热降火、解毒泄浊、吸毒拔脓、祛腐生新、扶正固本等作用。

（三）原则

1.拔罐原则

（1）就近拔罐　病痛处因为局部经络功能失调而出现疼痛，可在病痛处拔罐，以调整经络功能，使经气通畅，通则不痛，从而达到治疗疾病的目的。

（2）远端拔罐　在病变部位所在经络的远端或疼痛所属内脏经络的远端部位拔罐。以调整经气，治疗疾病。

（3）特殊部位拔罐　根据病变特点来选择具有特殊治疗作用的穴位来拔罐。

2.拔罐的适应证　拔罐疗法的应用范围十分广泛，一般多用于风寒湿痹、腰背、肩臂、腿痛、关节痛、软组织闪挫伤、伤风感冒、头痛、哮喘、胃脘痛、呕吐、腹痛、痛经、中风偏瘫等。

3.拔罐的禁忌证　包括：①高热、抽搐和痉挛发作者不宜拔罐；对于癫痫患者则应在间歇期使用。②有出血倾向的患者慎用，更不宜刺络拔罐，以免引起大出血。③有严重肺气肿的患者，背部及胸部不宜负压吸拔。④心力衰竭或体质虚弱者，不宜用拔罐治疗。⑤骨折患者在未完全愈合前、韧带已发生断裂，不可拔罐。⑥皮肤有溃疡、破裂处，不宜拔罐。在疮疡部位脓未成熟的红、肿、热、痛期，不宜在病灶拔罐。面部疖肿禁忌拔罐。局部原因不明的肿块，亦不可随便拔罐。⑦孕妇的腰骶及腹部，以及经期不宜拔罐。⑧恶性肿瘤患者、严重水肿患者不宜拔罐。⑨6岁以下儿童、70岁以上老年人、过饥、醉酒、过饱、过度疲劳者、不合作者均不宜拔罐。⑩精神紧张、精神失常、精神病发作期、狂躁不安、破伤风、狂犬病等不能配合者不宜拔罐。⑪心尖区体表大动脉搏动部及静脉曲张部、五官部位、前后二阴部位、静脉曲张、体表大血管处、皮肤丧失弹性者、肌肉瘦削、露骨不平、毛发多之处均不宜拔罐。

（四）方法

1.罐具的种类　罐具的种类很多，常用的为竹罐、陶罐、玻璃罐和抽气罐。

2.拔罐的分类

（1）火罐法　火罐是指火在罐内燃烧，形成负压，使罐吸附在施术部位。具体方法有以下几种：闪火法、投火法、滴酒法、贴棉法和架火法。其中闪火法比较安全，是最常用的吸拔方法。但需注意切勿将罐口烧热，以免烫伤皮肤。投火法由于罐内有燃烧物质，容易落下烫伤皮肤，故适宜于侧面横拔。

（2）水煮法　将竹罐放入水中或药液中煮沸，然后用镊子夹住罐底，将罐口朝下取出，用湿毛巾速扪罐口，乘热拔在施术部位。本法适用于任何部位拔罐，但吸附力较小，操作时宜轻快。

（3）抽气吸拔法　将抽气罐扣在施术部位，用抽气筒将罐内空气抽出，产生负压，使罐体吸附于皮肤。适用于任何部位拔罐。

3.拔罐方法

（1）留罐法（坐罐法）　一般疾病均可应用，或平素保健以解除疲劳。

（2）走罐法（推罐法）　适宜于面积较大、肌肉丰厚部位，如背、腰、臀、大腿等部位。可用于治疗急性热病、瘫痪、麻木、风湿痹证、肌肉萎缩等病证。

（3）闪罐法 适用于局部皮肤麻木、疼痛或功能减退等疾患，尤其适用于不宜留罐的患者，如小儿、年轻女性的面部。

（4）刺血拔罐法（刺络拔罐法） 一般适用于丹毒、扭伤、乳痈症等。

（5）留针拔罐法（针罐） 即需针刺又需拔罐者，一般适用于治疗风湿痹症。

4.拔罐的注意事项 ①拔罐时室内须保持温暖，避免风寒侵袭。②避免烧灼罐口，以防烫伤皮肤。③操作时必须动作迅速、准确，注意安全。④使用多罐时，罐距不宜太近，以防互相牵拉产生疼痛或脱罐。⑤在走罐时，罐口应光滑，不宜吸拔过紧，不能在骨突出处推拉，以免损伤皮肤。⑥若烫伤或留罐时间太长而皮肤起水泡时，小的水泡无须处理，仅敷以消毒纱布，防止擦破即可；水泡较大时，用消毒针将水放出，涂上碘酒或龙胆紫药水，或用消毒纱布包敷，以防感染。注意不要把水泡的外皮扯掉（严重者到医院就诊）。

五、刮痧保健法

（一）概述

刮痧指在中医经络腧穴理论指导下，用特制的刮痧器具，在体表相关部位进行相应的手法刮拭，通过良性刺激改善局部微循环，起到祛除邪气、疏通经络、舒筋理气、祛风散寒、清热除湿、活血化瘀、消肿止痛的功效，从而达到扶正祛邪、防病治病的作用。

（二）作用

刮痧疗法对机体的作用大致可分为两大类，一是预防保健作用，二是治疗作用。

1.预防保健作用 健康人常作刮痧可增强卫气，卫气强则护表能力强，外邪不易侵表，机体自可安康。当外邪侵表，及时刮痧可将表邪及时祛除，以免表邪不祛，蔓延进入五脏六腑而生大病。

2.治疗作用 刮痧具有调气行血、活血化瘀、舒筋通络、驱邪排毒等功效，已广泛应用于内、外、妇、儿科的多种病证。尤其适宜于治疗中暑、疼痛性疾病，也适用于骨关节退行性疾病如颈椎病、肩周炎的康复，还适用于亚健康、慢性疲劳综合征等疾病的防治。

（三）原则

1.刮痧原则 刮痧是根据中医十二经脉及奇经八脉，遵循中医的辨证论治的原则，如病在经脉、皮肉宜浅刮，病在脏腑、筋骨宜深刮，寒证、虚证行补法或平补平泻法，热证、实证行泻法。

2.刮痧的适应证 刮痧法适用于内、外、儿、妇、五官科病证，还用于预防疾病、病后恢复、强身健体、减肥、养颜美容、消斑除痘、延缓衰老等。

（四）方法

1.刮痧工具 常见的刮痧工具有刮痧板和刮痧油两大类。

（1）刮痧板 由牛角、砭石、陶瓷、玉石等质地坚硬的材质制成的板状器具，是刮痧的主要工具。根据不同的材料其作用不同。

（2）刮痧介质 常用刮痧介质有水剂、植物油、刮痧油、刮痧乳、液体石蜡、滑石粉、凡士林等。刮痧油适用于成人，或者刮痧面积大，或皮肤干燥者。刮痧乳适用于儿童或者面部刮痧。

2.刮痧方法 刮痧根据刮拭方式不同可分为刮痧法、撮痧法、挑痧法和放痧法。

（1）刮痧法 刮痧法指使用刮痧器具沾上介质，刮一定部位，使皮肤局部充血发红，甚至呈现暗紫点。面刮法适用于身体比较平坦部位的经络和穴位；角刮法适用于肩部穴位；点按法适用于无骨骼的软组织处和骨骼凹陷部位；拍打法适用于四肢疼痛、麻木及心肺疾病；按揉法常用于有强壮作用的穴位以及后颈背腰部全息穴区中痛点的治疗；厉刮法适用于头部全息穴区；疏理经气法常用于刮痧结束后或保健刮痧。

（2）撮痧法 撮痧法又可分为挟痧法、扯痧法、挤痧法、拍痧法。挟痧法主要应用于颈、肩、背、腰及胸部，适用于治疗痧证；扯痧法主要应用于头部、颈项、背部及面额的太阳穴和印堂穴；挤痧法主要应用于头部，适用于头痛、脑涨症状，具有清头明目、镇静止痛的功效；拍痧法主要应用于痛痒、麻胀的部位，具有疏经活络、行气活血的作用。

（3）挑痧法 施术者用针刺挑患者体表的一定部位，以治疗疾病的方法。本法主要用于治疗暗痧、宿痧、郁痧、闷痧等病证。

（4）放痧法 以针刺静脉或点刺穴位出血，用于放出瘀血或痧而达到防病治病目的的一种方法，多用于重症急救。

3.刮痧的次序与方向 总原则：由上而下、由前而后、由近及远，即先面部、胸腹，再头部、肩部、背腰部，先上肢后下肢。头部一般采用梳头法，由前向后；面部一般由正中向两侧，下颌向外上刮拭；胸部正中一般由上向下，肋间则应由内向外；背部、腰部、腹部一般由上向下，逐步由内向外扩张；四肢宜向末梢方向刮拭。

4.刮痧时间 用泻刮或平补平泻手法进行刮痧，每个部位刮拭时间为3~5分钟以内；用补刮手法，每个部位刮拭时间为5~10分钟；通常在一个患者身上选3~5个部位；局部刮痧一般20~30分钟，全身刮痧宜40~50分钟。

5.刮痧补泻方法

（1）补法 按压力度小、作用浅、速度慢、刺激轻、顺经络行走、刮拭时间相对较长，宜用于体弱多病、久病虚弱的虚证患者，或对疼痛敏感者。

（2）泻法 按压力度大、作用深、速度快、刺激重、逆经络行走、刮拭时间相对较短，宜用于身体强壮、疾病初期的实证患者以及骨关节疼痛患者。

（3）平补平泻法　介于补法与泻法两者之间，按压力度和速度适中，时间因人而异。适宜于虚实夹杂体质者，尤适宜亚健康人群或慢性病患者的康复刮痧。

6. 刮痧注意事项　①刮痧时应避风和注意保暖；②刮痧后饮热水；③刮痧3小时后洗浴；④不同种类的皮肤病刮拭方法不同；⑤糖尿病不宜用泻刮法；⑥下肢静脉曲张局部及下肢浮肿者，宜用补刮法或平刮法从肢体末端向近端刮拭；⑦不可片面追求痧的出现；⑧危重患者或诊断不明确的疑难病证，须在专业医务人员指导下，应用本法治疗。

项目三　现代家庭急救应对方法

岗位情景描述

案例描述　23岁的小陈与自家小狗玩耍时，不慎被一向温顺的小狗咬伤右脚，当时因伤口不深，小陈并未在意，也没做其他处理。3个月后的一天，小陈突然出现头昏、头痛、行走不便等症状，继而咽喉疼痛，并出现进行性吞咽困难。在当地卫生院按感冒治疗无效后，转入大医院。此时小陈的血压40/20mmHg，脉搏120次/分，同时有怕风、恐水、狂躁不安等症状。经过专家会诊，诊断为狂犬病，后不治而亡。

讨论：　1. 小狗咬伤真的有这么危险吗？饲养宠物的家庭应该注意什么？

　　　　　2. 家庭饲养宠物如何保护自己呢？

一、家庭急救常识

意外伤害和危重急症可以在任何环境和空间出现，当危重病情发生或紧急情况时，只有在1~2分钟内判断患者的病情，才有可能在拨打急救电话时做清楚的描述，并能在呼救的同时，决定应该对患者先采取何种抢救措施，这样才能为医生到来抢救患者赢得时间。如果患者出现以下症状、体征，就说明其病情危重，身边的人应该迅速呼救和采取必要的救命措施。

1. 意识丧失　可以轻拍肩部，同时急呼其名字，也可以呼喊"喂、喂""听得见吗"等。如果对方没反应、不睁眼、不说话，或者反应很微弱，说明可能发生了意识障碍。遇到不明病情的意识丧失患者，切记不要用力摇动，以免造成伤害。

2. 心跳停止　检查脉搏是判断心跳是否停止的指标。心跳停止时，不能扪及大动脉搏动，此项检查一定要在5~10秒内完成。

3.呼吸停止

（1）看　抢救者耳朵贴近患者口鼻处，头部侧向患者胸腹部，眼睛观察胸、腹起伏情况。呼吸停止者，胸、腹部无起伏活动。

（2）听　抢救者在患者口鼻处听呼吸道有无气流响声。

（3）触　抢救者以自己面部接触患者口鼻，感觉有无气体排出。

注意：如果患者胸部有起伏，但感觉不到有口鼻呼出的气息时，也应判断为没有呼吸。此时很可能是呼吸道梗阻，必须先清理呼吸道异物。

4.瞳孔异常　正常瞳孔的直径一般在2~5mm，平均为4mm，最小可到0.5mm，最大可到8mm。小于2mm者称为瞳孔缩小，大于5mm者称瞳孔散大。瞳孔异常的情况有：①双侧散大，濒临死亡；②双侧针尖样，有机磷农药中毒；③一大一小，脑疝发生，病情危重。

5.大量出血　正常人的血液总量约占体重的8%，成人平均约5000ml。根据出血量可作如下判断：①失血量在500ml以下时，很少引起症状；②失血量达1000ml，稍事活动后会有轻微的心血管症状，可表现为头晕、乏力、出汗、恶心、心率缓慢及血压下降或短暂的昏厥；③失血量达1500~2000ml时，出现口渴、恶心、气促、头晕明显甚至短暂的意识丧失；④失血量达2500ml，可以产生休克甚至死亡。

📖 **知识链接** -

家庭呼救知识

急救电话是救护的第一步，急救电话能在患者发生危重急症时，周围的人不用查询（好记、简短）就能立即拨通急救机构电话，报告病情，请求出诊。我国统一的急救电话号码是"120"。急救中心是24小时服务的，只要是在医院外发生急危重症，随时可以打"120"寻求帮助。

1.什么情况下必须拨打"120"

（1）心脏病突然发作，如严重的心绞痛、急性心肌梗死、严重的心律失常、急性心功能不全等。

（2）严重的呼吸困难，如窒息、呼吸道异物阻塞等。

（3）大咯血、大呕血。

（4）急产。

（5）各种急性中毒，如食物中毒、药物中毒、农药中毒、服毒等。

（6）触电、溺水、严重烧伤、创伤等。

（7）突然昏迷、抽搐、急性瘫痪及休克等。

2.拨打"120"电话的要点　拨通急救电话后，简要清楚地说明以下几点。

（1）自己的姓名与电话号码，伤病员的姓名、性别、年龄和联系电话。

（2）伤病员所在的准确地点，尽可能指出附近街道的交汇处，或其他大家都熟悉的显著标志。

（3）伤病员目前最危重的情况，如昏迷、呼吸困难、大出血等。

（4）报告已做过哪些处理。

（5）报告突发事件时，应说明伤害性质、严重程度、受伤人数及现场所采取的措施。

（6）询问一下救护人员到来之前还应该做什么。

（7）为避免打电话时有遗漏，拨电话前可以迅速将上述问题先思考一下。

（8）切记不要先挂断电话！要等急救部门接听电话者先挂断电话，以免接听电话者来不及问清楚需要了解的相关信息。

二、家庭急救常用应对方法

（一）心肺复苏术

心肺复苏术，简称CPR，就是当人呼吸、心跳停止时，使用人工呼吸及心外按压来进行急救的一种技术。心脏病、高血压、溺水、车祸、触电、药物中毒、气体中毒、异物堵塞呼吸道等导致的呼吸、心跳停止，在医生到来前，均可使用心肺复苏术。

实施CPR急救的步骤如下。

1.确保周围环境安全　眼睛环顾四周，避免人群围观，移开危险物品，保证环境安全。

2.判断意识　轻拍患者双侧肩膀，大声在患者两侧耳边呼喊，"同志，同志！您怎么了？能听到我说话吗？"同时判断患者有无呼吸，看胸廓是否起伏（图10-1、图10-2）。

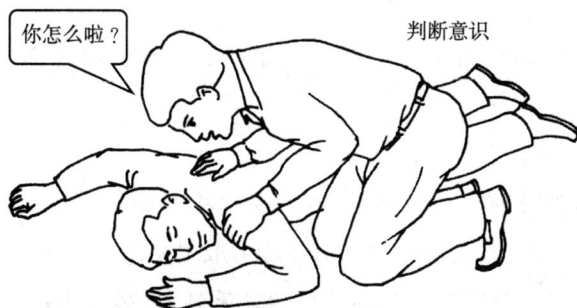

图10-1　心肺复苏术1

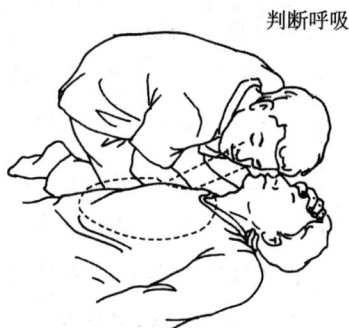

图10-2　心肺复苏术2

3.启动现场急救程序 当患者无意识、胸部无起伏、无正常呼吸时，启动现场急救程序，向周围人群呼救，并嘱他人拨打120，同时记录现在的时间。

4.摆正患者的体位 将患者放置复苏体位：患者仰卧位于地板上，注意头、颈、躯干扶正，使其在一条直线上。暴露胸部，松解腰带。

5.判断颈动脉搏动 用右手中指、示指从颌中点致喉结再向旁移1~2cm，触摸患者近侧的颈动脉，左手保持在前额（图10-3），判断有无动脉搏动，在5~10秒内（无手表等计时工具时，可口述"1001~1010"），若颈动脉无搏动，则应立即胸外按压。

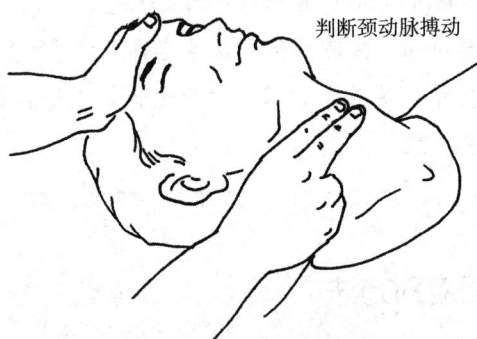

图10-3　判断颈动脉搏动

6.胸外心脏按压术

（1）选择按压部位（两乳头连线中点，左手拇指中指分别放在两乳头，右手示指中指并指指于中点，左手掌根放于中点，另一手抓住着力点的手，手指上翘，掌根贴近胸骨用力按压）。

（2）抢救者双臂绷紧，双肩在患者胸骨正上方，按压整个过程中双手位置放置正确。

（3）垂直向下用力按压，按压应利用上半身重量和肩、臂部肌肉力量，按压有力，不间断。

（4）按压与放松的时间大致相等，按压放松时胸廓充分回缩、膨胀。

（5）按压深度4~5cm。

（6）按压速度恰当，按压30次（可口念1、2、3、4、5，默数至25，口念25、26、27、28、29、30），频率>100次/分。

7.开放气道

（1）检查口腔 左手放在头顶，右手拇指放在下颏中点，示指和中指旁开1~2cm，分开口腔，判断有无分泌物；若有分泌物和义齿，应先清除口腔分泌物或取出义齿。

（2）开放气道 抢救者肘部着地，一手小鱼际压患者前额（注意手势），另一手示指中指放在患者下颏中点旁开1~2cm处上提下颏部，使患者头后仰（防止舌后坠），开放患者气道（注意患者头部不要往上移）。

8.人工呼吸

（1）抢救者捏住患者的鼻孔，口对口人工呼吸：左手小鱼际压患者前额，右手示指和中指放在下颏中点旁开1~2cm处。

（2）保持气道开放状态，给予患者通气2次，每次通气1秒，吹气量为每次400~600ml，可见胸廓明显起伏（呼气时不要捏鼻子，头抬起，偏一侧换气，眼睛看胸廓起伏）。

（3）每30次胸外按压，行2次通气。

（4）每5个循环后，评估复苏效果。

9.复苏效果评价

（1）触摸颈动脉，判断有无搏动，时间1分钟。同时将患者头偏向一侧，看胸廓有无起伏。观察瞳孔有无缩小，面色、口唇是否转红润，末梢肢端是否温暖。若患者颈动脉有搏动，自主心跳恢复，胸廓有起伏，自主呼吸恢复，瞳孔缩小，面色转红、口唇红润，末梢肢端温暖，可见患者有眼球活动，出现睫毛反射和对光反射，少数患者开始出现手脚活动，则表示复苏成功。若未出现上述变化，则应继续心肺复苏术，直至医务人员到来。

（2）若复苏成功，则可为患者取舒适姿势、整理衣服等。

（3）安慰患者，免除焦虑紧张情绪。

（4）等待送入医院进一步治疗。

（二）婴幼儿心肺复苏术

在心肺复苏中，对小于1岁的婴儿、1~8岁的儿童，须采取特殊的急救方法。

1.儿童心肺复苏术操作时应同成人一样先判定意识是否消失，然后判定呼吸是否停止。抢救者看不见患儿胸腹抬起，感觉不到或听不到呼气时的气流声，应立即打开气道，马上进行呼吸急救。抢救者的口必须将婴儿的口及鼻一起盖严，吹气时先迅速连续地呼气两口，以便打开阻塞的气道和小的肺泡，避免肺脏回缩。吹气的力量以胸廓上升为度，人工呼吸的频率，婴儿为每分钟20次，儿童为每分钟15次。

2.一旦打开了患儿气道和进行了2次吹气后，就必须检查脉搏情况。对婴儿，一般检查肱动脉，它位于上臂内侧、肘与肩的中点。

3.婴儿胸外按压的部位在胸骨中部，两乳头之间的连线上；儿童的按压部位较婴儿为低，成人则更低。婴儿用示指和中指进行心脏按压，位置在左右乳头连线中点下一横指下缘处的胸骨体上，胸骨下陷深度为1.5cm，每分钟100次；儿童用一只手掌根，下陷深度为2~2.5cm，每分钟80次。其中，婴儿的心脏按压与人工通气的比值为15：2；儿童的心脏按压与人工通气的比值为30：2。经抢救后呼吸恢复，须立即去医院继续诊治。

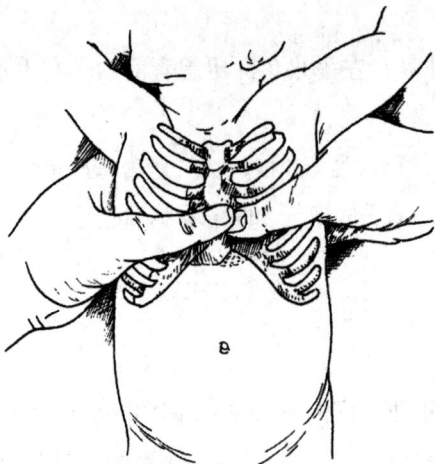

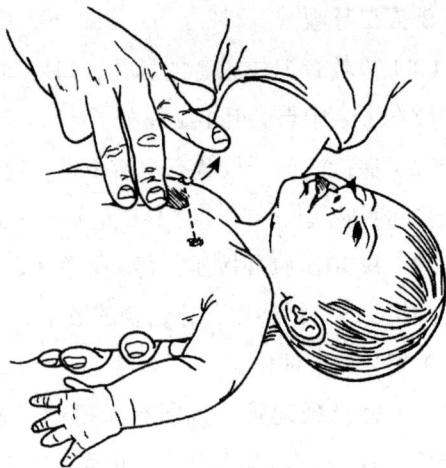

图10-4　新生儿心脏按压　　　　　　　图10-5　儿心脏按压

（三）气管异物

1.气管内异物的识别　呼吸道异物阻塞判断"四部曲"：①脸色发紫——异物阻塞气道；②双眼流泪；③不能说话；④不能呼吸。

（1）喉部异物　异物呛入喉部后，常常出现剧烈咳嗽、胸闷、呼吸困难、声嘶和面色发紫等症状。

（2）气管异物　初发时症状往往和喉部异物相似，接着进入比较平静的间歇期，以后异物可能引起阵发性刺激性咳嗽、呼吸困难和面色发紫等现象。此外，呼吸时可闻及气流通过异物处而发出的喘鸣声，用手扪及气管上部有异物撞击的感觉。如异物阻塞严重，可引起窒息死亡。

（3）支气管异物　除有气管异物的症状外，还可由于阻塞支气管程度的不同而出现肺气肿或肺不张。植物性异物如花生、豆子等，可使气管黏膜发炎而出现高热。如咳嗽不止、肺部炎症不能控制，需进行胸部X线摄片或支气管镜确诊。

2.气管内异物的应急措施　一旦发生异物吸入应立即用急救法快速排出异物，否则几分钟之内就可夺人生命。

（1）急救措施　首先清除鼻内和口腔内呕吐物或食物残渣。

（2）成人排除气管异物方法

立位腹部冲击法（家庭急救三步）：①弓步站姿，救护者站在患者身后，一只脚迈于患者的两腿之间，成弓步；②拳头放在肚脐上方，环绕患者腰部，一手握拳，拳头的拇指侧顶在患者的上腹部（脐稍上方），另一手握住握拳的手；③腹部冲击，向上、向后猛烈挤压患者的上腹部。挤压动作要快速，压后随即放松。（图10-6）

自我救治法：①一手握空心拳，拇指侧置于腹部脐上两指、剑突下处。②另一手紧握住此拳，双手同时快速向内、向上冲击5次，每次冲击动作要明显分开。③还可以选择将上腹部压在坚硬物上，如桌边、椅背和栏杆处，连续向内、向上冲击5次。④重复操作以上步骤若干次，直到异物脱出。（图10-7）

图10-6　立位腹部冲击法　　　　　　　　图10-7　自我救治法

（3）儿童急救法

①弯腰背部叩击法（8岁以上儿童）：低头并大弯腰，救护者用手掌猛拍其背部两肩胛中间4下，如异物仍未排出，可重复上述动作。

②拍背法：让小儿趴在抢救者膝盖上，头朝下，托其胸，拍其背部4下，使小儿咯出异物。

③催吐法：用手指伸进口腔，刺激舌根催吐，适用于靠近喉部的气管异物。

④婴幼儿背部叩击法：宝宝俯卧在两腿间，头低脚高，然后用手掌适当用力在宝宝的两肩胛骨间拍击4次。拍背不见效，可让宝宝背贴于救护者的腿上，然后，救护者用两手示指和中指用力向后、向上挤压患儿中上腹部，压后即放松，可重复几次。必要时送医院。

上述方法未奏效时，应分秒必争尽快送医院耳鼻喉科，在喉镜或气管镜下取出异物，切不可拖延。

3.气管内异物的预防

（1）尽量不要给宝宝吃硬的花生、瓜子及带核的食物，也不要让他们玩耍体积小、锐利的可以含在嘴巴里的玩具或小物品，对拒服药物的宝宝，不要捏着鼻子强迫灌药。

（2）养成良好的饮食习惯，不要让宝宝躺在床上吃东西或者嘴巴里有食物的时候，尽量不要逗他笑，也不要让他蹦蹦跳跳，如果一摔倒，就很容易将食物吸食到气管里去。

（3）在宝宝的活动范围内应避免存放小物品，如小纽扣、图钉等，防止出现意外。

（四）烫伤与烧伤

情境：4岁的小华聪明伶俐，调皮可爱。一天，妈妈正在厨房里做饭，桌面上刚买来不久的新暖水瓶一下子吸引了小华的注意。她踩着板凳，踮着脚尖去拿暖水瓶。手刚碰到壶盖，只听"哇"的一声，刚刚烧开的一整瓶水一下子倒在了孩子的胳膊上。妈妈闻声赶忙跑了出来。看到小华大声的哭叫和那烫得像"红薯"似的小手，妈妈心疼极了，马上帮小华脱下衣服，准备用凉水冲。谁知，袖子脱了下来，把孩子胳膊上的一层皮也随袖子一起褪了下来，妈妈赶忙把小华送到了医院。

烫伤与烧伤每年的发生率为5‰~10‰，多发生于日常生活中，约有1/10的患者需要住院治疗。以儿童为多见，小儿烧伤占同期住院烧伤患者的32%~82%，其中各年龄段略有差异，如1~5岁儿童最易受伤，占整个小儿烧伤的2/3，1岁以内及5岁以后发生率相对较低。此外，值得注意的是儿童烧伤后发生休克、死亡的风险也远高于成人。

1.常见的烧伤种类

（1）烫伤　多发生于日常生活中，如开水、烫粥等引起的烧伤，常见于小孩；也可见于生产过程中的意外事故，如失火、铁水、钢水等。此外还有火焰、蒸汽等引起的烧伤。烫伤占各种烧伤原因的85%~90%，尤其以5岁以下儿童和20~30岁青年最多，夏季（6~8月）发生率高，手、头、面颈、四肢等暴露部位最易烫伤。

（2）化学性烧伤　如酸烧伤、碱烧伤、磷烧伤、电烧伤、放射性烧伤。

2.烧伤深度评估

（1）Ⅰ度烧伤　烧伤部位有红斑，有轻微的疼痛、发烫或火辣辣的感觉，3~5天即可痊愈，不会留下瘢痕，一般短时间内可以恢复原来的肤色，这是程度最轻的烧伤。

（2）浅Ⅱ度烧伤　烧伤部位出现水泡，水泡较大，泡壁薄，水泡底部潮红，疼痛剧烈，1~2周痊愈，一般不会留下瘢痕。

（3）深Ⅱ度烧伤　烧伤部位也出现水泡，但水泡较小或泡壁厚，水泡底部红白相间，痛觉不明显，3~4周愈合，虽然伤者没什么感觉，水泡也小，但会留下瘢痕。

（4）Ⅲ度烧伤　烧伤部位创面苍白、无水泡、硬邦邦的，无疼痛感，伤后皮肤会结一层硬痂，呈焦黑色，3~4周后焦痂脱落，一般需植皮修复，并会留下瘢痕、畸形。

当发生烫伤时，必须掌握"冲、脱、泡、盖、送"的原则，并切记不要乱涂抹药膏，因为有些药膏可能含有刺激性成分或细菌，反而会让伤口发炎更为严重。烫伤不严重（指烫伤表皮发红并未起泡的Ⅰ度烫伤），一般可在家中先做处理，用冷开水（或淡盐水）冲洗清洁创面。对发生在四肢和躯干上的创面，可涂上烫伤药膏，外用纱布包敷即可。

（五）火灾

1.家里发生火灾，如何逃生？　发生火灾时，千万不要惊慌失措，要冷静地确定自己所处位置，根据周围的烟、火光、温度等分析判断火势，理智地采取行动。若火灾为初起，可趁火势很小之际，用灭火器、自来水等灭火工具在第一时间去扑救，同时还应呼喊周围人员前来参与灭火，必要时拨打"119"电话报警。如人多，可一部分人负责灭火，另一部分人清除火焰周围的可燃物，防止、减缓火势蔓延。若火势无法控制时，用湿毛巾捂住口鼻，背向烟火方向迅速离开。

2.主要的自救方法与技巧

（1）湿毛巾捂鼻　火灾烟气温度高、毒性大，一旦吸入后很容易引起呼吸道烫伤或中毒，因此应用湿毛巾捂住口鼻，起到降温及过滤的作用。

（2）匍匐或弯腰前进　由于火灾发生时烟气大多聚集在上部空间，因此在逃生过程中应尽量将身体贴近地面匍匐或弯腰前进。

（3）被褥覆盖身体　用浸湿的棉被或毛毯、棉大衣等盖在身上，确定逃生路线后用最快的速度穿过火场，冲到安全区域。

（4）尽量减少烧伤　如身上衣物着火，可以迅速脱掉衣物，或者就地滚动，以身体压灭火焰，还可以借助附近的水源，将身上的火熄灭，切不可奔跑以免风助火势，尽量减少身体烧伤面积，减轻烧伤程度。

（5）绳索逃离　家住高层者，找出家中备有的绳索，或当即用被单、衣物等制作成绳索，将其一端拴在门、窗、柱子或重物上，沿另一端爬下楼。

（6）跳楼求生　在万不得已的情况下，住在低楼层的居民可采取跳楼的方法进行逃生。但要选择较松软的地面，可从楼上先扔下被褥等增加地面的缓冲，然后再顺柱子等滑下，尽量缩小下落高度，使双脚先落地。

（7）迅速求救　利用手机等通讯工具，在第一时间拨打"119"和"120"急救电话。

（六）中毒的自救方法

1.食物中毒的分类

（1）细菌性食物中毒　细菌性食物中毒大多发生于食入腐败或不洁的食物、饮料后。由于这些食物被细菌及其毒素污染而产生胃肠型中毒、神经型中毒的表现。

①细菌性食物中毒的表现　根据致病菌毒素不同，分为胃肠型食物中毒和神经型食物中毒。

1）胃肠型食物中毒：A.病史。进食可疑污染食物，如淀粉制品、乳类、肉类等，家中或同伴数人同时患病，且食用同一种食物。B.进食被污染食物0.5~3小时后，迅速出现流涎、恶心、呕吐。C.腹泻，大便呈黄水样或黏液状。D.腹痛，呈阵发性绞痛。

2）神经型食物中毒：A.病史。进食罐头等各类食品12小时至几天后，出现软弱无力、头昏、眩晕。B.胃肠道症状不明显，偶有恶心、呕吐。C.视物不清或重影，上眼睑下垂。D.吞咽困难、发音困难、抬头困难、伸舌不灵。E.呼吸困难。

②细菌性食物中毒的预防

1）防止食物被细菌污染：加强食品卫生管理，注意个人卫生；不吃病死家禽、家畜肉；炊事用具容器必须生熟分开，尤其夏季注意容器、砧板、刀具等清洁、消毒及食物的保存。

2）控制细菌繁殖：绝大部分致病菌生长繁殖的最适合温度为20~40℃，在10℃以下繁殖减弱，0℃以下多数细菌不能繁殖，因此吃不完的食物应放入冰箱保存。

3）杀灭病原菌和灭活毒素：若想彻底杀灭肉类中可能存在的细菌，可将肉类煮沸12分钟以上；蛋类煮沸8~10分钟。蒸煮螃蟹时，加热至100℃并保持30分钟，便可杀灭病原菌。

（2）动物性食物中毒　动物性食物中毒常见于进食或误食河豚，或青鱼、草鱼、鲤鱼的鱼胆。河豚的血、皮、内脏、鱼子均含剧毒的河豚毒素，体重仅10g的幼鱼也有很强的毒性；青鱼胆生吃或熟吃最易引起中毒，鱼胆的毒性成分尚不明。

（3）植物性食物中毒

①毒蕈中毒　毒蕈往往色彩鲜艳，味道鲜美。常在春夏季节蕈类采摘季节，食用毒蕈后可出现中毒症状。

1）中毒表现：根据毒蕈所含的毒素不同，中毒表现也各不相同。A.中毒早期多有胃肠道症状，发生在食用后0.5~1小时，呕吐、腹痛、腹泻，严重者因频繁呕吐发生脱水、休克及肝、肾衰竭。B.食用1~6小时后，出现多汗、流涎、幻觉、抽搐等神经精神症状。C.食用6~12小时后，部分患者出现皮肤黄染、血水样尿、急性贫血，甚至瞳孔散大，脉搏缓慢，血压下降。

2）急救措施：催吐，快速饮用清水、浓茶水，用筷子或手指刺激咽喉部催吐，尽量使胃内容物排空，反复多次。但患有器质性心脏病、胃溃疡、食管静脉曲张、高血压患者及孕妇禁用催吐，应急送医院救治。

②发芽土豆中毒　土豆又称马铃薯，土豆发芽后含有毒素，称为茄碱（龙葵素）。其实，土豆本身就含有这种毒素，不过含量很少，不会对人体产生危害。一旦发芽，在芽眼和幼芽上，毒素的含量就大大上升，会提高100~200倍。少吃一点，还不致有什么大碍，吃多了就会中毒。

1）中毒表现：A.进食后数十分钟至数小时，嗓子和口内发痒、发热。不久出现恶心、呕吐、腹痛、腹泻。B.严重者频繁呕吐致脱水，血压下降，体温升高，烦躁、昏迷、抽搐，呼吸困难。

2）急救措施：A.催吐：方法同前。B.已经出现虚脱、脱水者应立即送医院急救。

3）预防：吃土豆要煮烂，发芽的土豆不能再吃。食用发芽的土豆，短则几十分钟，长则几小时，就会发病。

（4）急性酒精中毒　逢年过节，亲友相聚，偶尔小饮，增兴添趣，未尝不可。但狂饮大醉，发生急性酒精中毒，那就得不偿失。酒精中毒俗称醉酒，是一次性饮用大量的酒类饮料导致对中枢神经系统产生先兴奋后抑制的作用，重度中毒可使呼吸、心跳受到抑制而死亡。

酒精中毒是由遗传、身体状况、心理、环境和社会等诸多因素造成的，但就个体而言差异较大，遗传被认为是起关键作用的因素。

①急性酒精中毒的表现

1）早期主要表现为兴奋、欣快、健谈、易激惹、躁动、行为粗鲁、头痛，也可表现为沉默、嗜睡。

2）中期表现为行为笨拙、步态不稳，言语含糊不清，视物模糊，恶心、呕吐，困倦。

3）后期表现为昏睡、昏迷，体温降低，呼吸慢而有鼾音，呼吸、心跳减慢至停止。

②急性酒精中毒的急救措施

1）轻症患者无须治疗。兴奋躁动时加以约束。

2）行为笨拙、步态不稳者让其休息，以免发生意外。

3）沉默、困倦者安静休息，予以宽松衣服，注意保暖。

4）用手指刺激舌根催吐，呕吐时脸朝向一侧。多饮温开水、蜂蜜水和清茶，呕吐后给予清水漱口。

5）户外遇有醉酒倒地者，先判断意识状态，后将其移入室内或安全地带，以免冻伤或发生意外。

6）醉酒者意识丧失时应检查呼吸状态，保持呼吸道通畅，呼叫救护车将其送至最近的医院就诊。

（5）药物中毒　常见的药物中毒以镇静催眠药中毒为主。医疗上应用强安定药（氯丙嗪等）治疗各类精神疾病；用弱安定药（地西泮、硝基安定等）治疗各类神经官能症；以催眠药（苯巴比妥等）治疗睡眠障碍。患者用药不当出现严重的副作用、儿童误服、服毒自杀等均可导致急性中毒。

①药物中毒的表现　镇静催眠药物中毒的表现因药物种类和服药者对药物的耐受性不同而有所差异，但共同表现为意识障碍。轻症或中毒早期出现嗜睡、昏睡或意识模糊；重症则发生昏迷；昏迷过深可出现呼吸心搏骤停。

②药物中毒的急救　急性中毒家庭急救原则：维持生命功能、促进毒物排出、对症处理。无论中毒表现轻重，都应立即送往医院做进一步救治。首要任务是明确何种镇静催眠

药物中毒。即使患者已呈深度意识障碍、服药情况不明，现场救治者也应从患者病史、近期情绪或突发事件或遭遇、服毒现场情况如药瓶、药袋、门诊病历等作出判断。

1）维持生命功能：判断有无意识，若无意识则进一步判断有无呼吸。检查呼吸状态，若无意识但有呼吸，也应密切观察呼吸，以防呼吸抑制。若有呼吸困难，有条件者吸氧。呼吸停止时施行口对口人工呼吸。针刺人中穴、涌泉穴。同时迅速呼叫救护车。

2）促进毒物排出：①催吐，口服的在中毒早期、意识尚清楚者予以催吐。但氯丙嗪具有强烈镇吐作用，故催吐效果不佳。

3）对症处理：A.患者应平卧，尽量少搬动头部，以防直立性低血压，昏迷者头偏向一侧；B.及时清理口腔分泌物，保持呼吸道通畅，防止舌后坠；C.给予保暖，防止体温进一步降低；D.防止舌咬伤及骨折；E.将患者送往医院进一步救治。

（七）咬伤

主要是动物咬伤。全球每年有55000人死于狂犬病，每10分钟就有一个人死于狂犬病，然而狂犬病导致的死亡100%都是可以预防的。狗咬伤的危险性在于其引起的狂犬病。除狗咬人可得狂犬病以外，患病的猫、狐狸、狼也能传播狂犬病。如果被携带狂犬病病毒的动物咬伤，这种病毒会进入人的身体，攻击大脑和脊髓，引发狂犬病导致死亡。目前狂犬病的死亡率仍是100%。

1.动物咬伤的表现　狂犬病毒进入人体后并不立即发病，潜伏期长短不一，一般为1~2个月，短的半个月，长的可达几十年。主要表现是烦躁不安、恐惧、怕风、怕水，在喝水、见水甚至听到水声时即引起咽喉痉挛和全身抽搐（俗称恐水病），还可有牙关紧闭、瘫痪等症状，最后因呼吸肌麻痹而死亡。

2.动物咬伤的急救

（1）要快　分秒必争，出血时用大量肥皂水清洗并消毒，以最快速度把沾染在伤口上的狂犬病毒冲洗掉。时间一长病毒就会进入人体组织，沿着周围神经侵犯中枢神经。

（2）要彻底　狗、猫咬的伤口往往外口小、里面深，这就要求冲洗时尽量把伤口扩大，让其充分暴露，并用力向外挤压伤口周围软组织，而且冲洗的水量要大、水流要急，最好是对着水龙头急水冲洗。

（3）伤口不可包扎　除了个别伤口大且伤及血管需要止血外，一般不用任何药物，也不要包扎。因为狂犬病毒是厌氧的，在缺乏氧气的情况下，狂犬病毒会大量生长。

3.动物咬伤的预防　教育孩子外出回避动物，预防动物咬伤；儿童、少年不宜与动物玩耍；对宠物要预防注射，挂牌标记，登记注册，实行圈养。

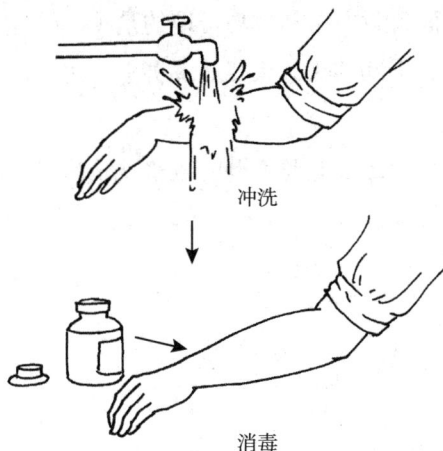

冲洗

↓

消毒

图10-8 动物咬伤的急救

目标检测

答案解析

一、单选题

1.以下内容不属于运动保健方法的是（　　）。

A.易筋经 　　　　　　　　　　B.八段锦

C.五禽戏 　　　　　　　　　　D.刮痧

2.婴儿的心脏按压与人工通气的比值为（　　）。

A.30：2 　　　　　　　　　　B.2：30

C.15：2 　　　　　　　　　　D.2：15

3.关于成人胸外心脏按压，以下描述不正确的是（　　）。

A.抢救者双臂绷紧，双肩在患者胸骨正上方，按压整个过程中双手位置放置正确

B.垂直向下用力按压，按压应利用上半身重量和肩、臂部肌肉力量，按压有力、不间断

C.按压与放松的时间大致相等，按压放松时胸廓充分回缩、膨胀

D.按压深度4～5厘米，按压速度适当，频率<100次/分

二、多选题

4.以下烧伤表现中属于浅Ⅱ度的是（　　）。

A.部位出现水泡，水泡较大 　　　B.疼痛剧烈

C.1~2周痊愈 　　　　　　　　D.愈合后留下瘢痕

5.家里发生火灾时，下面自救方法与技巧可取的是（　　　　）。

　　A.用湿毛巾捂住口鼻，背向烟火方向迅速离开

　　B.匍匐或弯腰前进

　　C.如身上衣物着火，可以迅速脱掉衣物，或者就地滚动，以身体压灭火焰

　　D.乘坐电梯逃生

三、问答题

6.家庭预防婴幼儿预防气管异物的措施有哪些？

书网融合……

重点回顾

参考文献

［1］汪志洪.家政学通论［M］.北京：中国劳动社会保障出版社，2015.

［2］刘潞.我国家庭道德教育的研究进路与未来展望［J］.江苏教育研究，2022（01）：55-60.

［3］崔学鸿.家庭教育是一切教育的基础［J］.人民教育，2022（Z2）：80-83.

［4］陆杰华，林嘉琪.中国人口新国情的特征、影响及应对方略——基于"七普"数据分析［J］.中国特色社会主义研究，2021（03）：57-67+2.

［5］王广州，周玉娇.中国家庭规模的变动趋势、影响因素及社会内涵［J］.青年探索，2021（04）：41-49.

［6］杨玉静，郑丹丹.新时期中国妇女婚姻家庭地位的变迁——基于第三期中国妇女社会地位调查数据［J］.中国妇运，2014（01）：17-19.

［7］张爱华.农村中年女性的温情策略与家庭关系期待——对河北上村隔代照顾实践的研究［J］.妇女研究论丛，2015（05）：19-28.

［8］黄亚慧.并家婚姻中女儿的身份与地位［J］.妇女研究论丛，2013（04）：109-114.

［9］沈奕斐."后父权制时代"的中国——城市家庭内部权力关系变迁与社会［J］.广西民族大学学报（哲学社会科学版），2009，31（06）：43-50.

［10］马春华，石金群，李银河，等.中国城市家庭变迁的趋势和最新发现［J］.社会学研究，2011，25（02）：182-216+246.

［11］於嘉，赵晓航，谢宇.当代中国婚姻的形成与解体：趋势与国际比较［J］.人口研究，2020，44（05）：3-18.

［12］贺光烨，张瑶，吴晓刚.教育程度越高，结婚就越晚吗？婚姻市场上本地户口的调节作用［J］.社会，2021，41（02）：87-112.

［13］吴小英."离婚冷静期"争议背后的几个学术焦点［J］.妇女研究论丛，2020（04）：99-102.

［14］卿石松，陈滔，程丽跃.两孩政策效果追踪评估与未来趋势分析［J］.人口与经济，2021（04）：83-95.

［15］李文珍.1957年以来出生女性群体的婚孕新趋势——以未婚怀孕为中心的分析［J］.人口学刊，2020，42（06）：5-18.

［16］杨菊华.生育政策与中国家庭的变迁［J］.开放时代，2017（03）：12–26+5.

［17］朱雅玲，张彬.人口结构变动下中国消费的未来趋势——基于第七次全国人口普查数据的分析［J］.陕西师范大学学报（哲学社会科学版），2021，50（04）：149–162.

［18］冯新瑞.劳动教育与综合实践活动课程的关系［J］.基础教育课程，2020（13）：4–9.

［19］詹青龙，孙欣，李银玲.混合式劳动教育：数字时代的劳动教育新形态［J］.中国电化教育，2022（08）：41–50.